基于相关模型的保险风险理论
及相关研究

彭江艳 著

科学出版社

内 容 简 介

　　本书主要介绍概率理论在巨灾保险风险理论和非线性计量经济模型方面的应用研究成果.巨灾保险风险方面,在随机投资回报环境中多种风险因素相关的情况下,研究保险公司巨灾风险破产概率的渐近估计问题;计量经济方面,是将概率极限理论应用到金融计量经济学中,为非线性计量模型提供了新的随机积分弱收敛条件.

　　本书主要适用于研究领域为概率理论及其在金融、保险精算、计量经济学中应用的学术同行,包括高校教师、研究所研究人员,也适用于高年级的本科生、硕士生、博士生等.

图书在版编目(CIP)数据

基于相关模型的保险风险理论及相关研究 / 彭江艳著.—北京: 科学出版社, 2019. 12
　ISBN 978-7-03-061122-2

　Ⅰ.① 基… Ⅱ.① 彭… Ⅲ.保险业-风险分析-计量经济模型 Ⅳ.① F840.32

中国版本图书馆 CIP 数据核字 (2019) 第 082435号

责任编辑:李　欣　李香叶 / 责任校对:彭珍珍
责任印制:张　伟 / 封面设计:陈　敬

斜 学 出 版 社 出版
北京东黄城根北街 16 号
邮政编码: 100717
http://www.sciencep.com

北京虎彩文化传播有限公司 印刷
科学出版社发行　各地新华书店经销
*
2019 年 12 月第 一 版　开本: 720×1000　1/16
2019 年 12 月第一次印刷　印张: 10 1/2
字数: 212 000
定价: 78.00 元
(如有印装质量问题,我社负责调换)

前　　言

　　破产论的研究溯源于瑞典精算师 Filip Lundberg 于 1903 年发表的博士学位论文, 至今仍备受推崇, 其基本思想是分析保险公司的盈余过程随着时间的变化问题, 当盈余为负值时, 我们就指 "破产" 发生了. 此时并不意味着保险公司即将倒闭, 因为保险公司可以通过追加资金来维持运营或者通过再保险来避免 "破产" 的发生. 保险公司重视的是 "破产" 事件发生的可能性, 而 "破产概率" 可以作为衡量保险公司财务稳定性的一个非常重要的数量指标.

　　保险公司的实际运营过程中, 保险费是其收入的主要来源, 索赔是保险公司承担风险的主要因素, 所以大多数文献将风险模型分为两种情况: "小索赔额" 和 "大索赔额". 经典风险模型研究的是 "小索赔额" 情形的破产论, 一个很强的约束条件是要求调节系数. 利用 Feller (1971) 的更新理论方法得到破产概率的精确表达式, 利用 Gerber (1973) 的鞅 (martingale) 方法得到破产概率的界. 对于 "大索赔额" 的情形的破产论, 例如, 地震、火险、洪水险等这样风险发生分散、风险较高的灾难性保险, 若调节系数不存在, Feller 的更新论证和 Gerber 鞅方法都不再有效.

　　近年来, 学者们提出了用重尾随机变量来描述索赔额, 通过概率极限理论中的研究方法得到破产概率的尾等价形式. 国内外学者 Klüpplberg 和 Mikosch、苏淳、唐启鹤等对这一问题进行了研究. 事实上, 对于这类大索赔小概率事件现象, Embrechts 等 (1997) 把它称为金融保险中的 20%—80% 原理: 保险公司索赔额的历史数据表明, 对于某个给定的保险公司, 占总索赔次数 20% 的索赔量会达到总索赔量的 80%. 研究发现, 金融保险领域的大多数数据具有极值理论 (extreme value theory) 中重尾分布的特征——尖峰厚尾, 从而重尾分布成为刻画金融保险巨灾分布最重要的理论工具. 随着金融保险快速发展和对保险公司面临巨灾风险度量方法研究的深入, 为了更准确度量风险, 两个方面的重要因素要考虑: 保险产品或金融市场及衍生品种类越来越复杂, 往往具有相关性. 现实中, 除了灾难性风险, 市场风险和营运及其他风险造成风险的相关性广泛存在. 在实际中由于各种因素的作用, 如大自然灾害发生时, 索赔额之间往往是不独立的, 如果忽略这种相依性必然会低估风险, Mikosch 和 Samorodnitsky (2000) 的研究结果表明相依结构对破产概率有显著的影响, 因此对具有相依结构的风险模型进行研究具有很实际的意义. 为此, 人们越来越多地关注对相依风险模型的处理. 实际营运中, 保险公司还要面临投资风险、利率市场风险等因素影响, 如为了资产的安全性, 保险公司把盈余资产主要用来购买国债或储蓄, 或者通过稳健的投资组合以获取稳定的投资回报. 考虑随机投资回报环境下保险公司的破产概率的估计指标, 会造成风险模型的复杂性, 但更符合实际的要求. 如今, 随机投资回报下相依重尾风险模型中的保险公司破产概率问题研究, 已经成为国际性的前沿课题并具有重要的学术价值. 由于保险和金融的复杂性, 现有的关于常数收益率因素的重尾风险模型中保险公司破产概率的理论和方法越来越不能适应实际中的情况. 本书将随机投资回报环境下保险公司面临相依巨灾风险的破产概率问题转化为具有相依结构的随机权和的概率分布的尾概率问题. 这种基于相依结构的随机权和理论与方法是研究随机投资回报下相依重尾风险模型中保险公司破产概率问题的有效途径. 因此, 我们的研究成果对于发展保险公司风险度量的理论和方法具有重要的学术价值, 对于保险公司的资产组合选择也具有重要的参考价值和应用前景, 能够为我国的巨灾风险管理体系提供有价值的理论依据.

具有随机积分的概率极限理论在时间序列计量经济学中起着重要的作用. 早期对弱收敛到随机积分的贡献, 文献通常基于鞅和半鞅结构. 但它们不能充分覆盖许多计量经济的应用, 包含内生性和非线性. 将概率极限理论应用到金融计量经济学中, 为非线性计量经济模型提供了新的随机积分弱收敛的条件. 这些条件允许我们的框架工作能在如门限自回归 (threshold autoregressive)、双线性和其他非线性模型的计量经济学领域中广泛应用, 其中扰动具有长记忆过程、因果过程和近时期相依性结构.

本书内容主要由三部分构成.

第一部分, 包括第 1—3 章, 是全书的背景和预备知识, 主要介绍背景和知识结构, 以及一些必备的准备知识.

第二部分, 包括第 4—8 章, 其中第 4, 5 章在重尾情形下, 考虑常利率, 首次提出用单边线性过程模拟索赔过程, 假定保险费是一个折现总量有限的非负不降随机过程或任意相依非负随机变量列, 分别建立起连续和离散时间风险模型的 (最终) 破产概率的渐近表达式. 众所周知, 单边线性过程是时间序列分析中的一种重要的模型, 而时间序列模型在金融保险中有极其重要的应用, 许多著名的时间序列模型都可表示为单边线性过程, 例如, ARMA 和 FARIMA 过程均可表示为单边线性过程. 这个工作被认为是风险理论到时间序列分析的一个有意义的扩展; 并着眼于相依关系为负相协, 研究了负相协随机变量列的随机权和及其最大值模型, 考察了其在破产概率估计等方面的应用.

第 6—8 章, 保险公司被允许进行无风险和有风险的投资, 其中投资组合的价格过程服从指数 Lévy 过程. 考虑一个具有相依结构的非标准更新风险模型, 其中索赔量服从单边线性过程, 具有独立同分布的步长, 步长和到达时间构成一个具有相依结构的独立同分的布随机对. 当步长分布具有控制变化重尾时, 得到有限和无限时间破产概率的一些渐近估计式. 进一步考虑理论上的完备性, 在一定的条件下, 本书得到此非标准更新风险模型的一些有限和无限时间破产概率的一致渐近估计式. 为避开索赔额和相应的间隔到达时间间相依结构的限制, 本书研究了具有指数 Lévy 过程投资及索赔和间隔到达之间具有相依的更新风险模型的无限时间破产概率. 假设索赔额和相应的间隔到达时间形成一个独立同分布的随机对. 当索赔额和相应间隔到达时间的折扣因子的乘积为重尾时, 建立了无限时间破产概率的渐近公式, 其中对随机对的相依结构没有任何限制.

第三部分, 包括第 9 章, 研究概率理论在非线性计量经济的应用, 因为具有随机积分的极限理论在时间序列计量经济学中起着重要的作用. 在弱收敛到随机积分的早期贡献中, 文献通常使用鞅和半鞅结构. Liang 等 (2016) 通过在扰动中允许线性过程或 α-混合序列, 将弱收敛推广到随机积分. 虽然这些鞅、线性过程和 α-混合结构具有广泛的相关性, 但它们并不足以充分涵盖具有内生性和非线性性的许多计量经济应用. 我们为随机积分的弱收敛提供了新的条件. 我们的框架允许扰动具有长记忆过程、因果过程及近时期的相依性结构, 这些在如 TAR、双线性和其他非线性模型的计量经济学领域有广泛应用.

需要指出的是, 本书是由国家自然科学基金项目和四川省应用基础研究项目资助出版的, 同时也是笔者在国家留学基金管理委员会资助下到悉尼大学数学与统计学院访问交流, 在电子科技大学数学科学学院攻读博士学位, 以及在电子科技大学经济与管理学院从事博士后的研究成果. 借本书的出版, 特别感谢电子科技大学的王定成教授、曾勇教授及悉尼大学的王启应教授在研究工作中给予的支持和帮助.

限于本人学识和水平, 书中或仍难免出现疏漏, 恳请同行专家和读者批评指正.

彭江艳

2019 年 3 月于成都

目　　录

第一部分　背景及预备知识

第二部分　重尾相依风险模型的破产概率

第三部分　非线性计量经济模型的弱收敛问题

第一部分　背景及预备知识

第 1 章　研究背景及主要内容

1.1　研究意义和国内外研究现状综述

1.1.1　相依保险风险模型研究意义

近年频繁爆发的地震、洪水等自然界灾难造成的损失比金融危机更为严重, 然而, 我国的巨灾风险管理主要靠捐款和政府救济, 例如, 2008 年汶川地震造成 8450 亿元直接经济损失, 但保险公司理赔率仅 0.2%, 发达国家发生重大灾害的保险赔付比例往往超过 50%. 纯粹由政府承担此类巨灾风险导致两个结果: 第一是国家财政面临越来越大的风险; 第二是无法科学合理、公平地分配赔款. 显而易见, 我国的保险行业应通过加强自身的风险控制能力, 承担更多的巨灾风险保障职责. 国务院于 2014 年 8 月印发的《关于加快发展现代保险服务业的若干意见》(国发【2014】29 号), 明确提出我国应以商业保险为平台, 建立完善的巨灾保险制度, 并鼓励各地按照风险特点探索巨灾灾害的保险保障模式. 此课题也是世界各国政府和金融学术机构高度重视的研究方向, 发达国家应对巨灾的保险手段不同, 但总体的方向均是由政府引导、保险公司为承载平台的商业巨灾风险体系. 让该体系在承担巨灾保障的同时, 尽量避免保险公司破产并保证政府财政的安全, 保险公司面临巨灾的风险度量方法的研究成为一个国际性重要课题. 世界最大的基金管理公司 Man Group 与英国牛津大学建立了数量金融学研究中心, 其中风险模型 (即关于索赔 (claim) 损失的随机模型, 是保险公司经营管理及产品设计的理论基础) 成为这个中心重要研究课题.

对于保险公司巨灾风险管理, "破产概率" 是度量保险公司风险的一种重要方法 (所谓破产概率, 就是保险公司净资产在将来一段时间变为负债时的概率 (称为有限时间破产概率), 或保险公司净资产最终变为负债时的概率 (称为最终破产概率)), 其核心是研究极端情况下 (或称为极值事件发生条件下) 保险公司的赔付风险. 研究发现, 金融保险领域的大多数数据具有极值理论 (extreme value theory) 中重尾分布(即矩母函数不存在的一种概率分布模型, 也称为胖尾、厚尾, 详见文献 Embrechts et al., 1997) 的特征——尖峰厚尾, 从而重尾分布成为刻画金融保险巨灾分布最重要的理论工具. 因此, 极值理论中的重尾分布的理论和方法是研究保险公司面临巨灾风险破产概率的有效途径.

随着金融保险快速发展和对保险公司面临巨灾风险度量方法研究的深入, 为了更准确度量风险, 两个方面的重要因素要考虑:

(1) 保险产品或金融市场及衍生品种类越来越复杂, 往往具有相关性. 现实中, 除了灾难性风险, 市场风险和营运及其他风险造成风险的相关性广泛存在. 这些相关性包括索赔额或纯收入 (保费收入减去索赔支出)、索赔额与索赔到达时间或索赔额与索赔到达间隔时间、保险风险与金融风险 (由保险索赔引起的保险风险, 投资导致的金融风险) 等. 北美非寿险精算师协会 (CAS) 在关于风险理论的研究报告中, 专门提到了相关性影响风险度量的敏感性问题. 因此, 国内外著名学者非常关注对相依保险风险模型的研究.

(2) 实际营运中, 保险公司还要面临投资风险、利率市场风险等因素影响, 如为了资产的安全性, 保险公司把盈余资产主要用来购买国债或储蓄, 或者通过稳健的投资组合以获取稳定的投资回报. 考虑随机投资回报环境下保险公司的破产概率的估计指标, 会造成风险模型的复杂性, 但更符合实际的要求. 如今, 对考虑随机投资回报下相依重尾风险模型中的保险公司破产概率问题的研究已经成为国际性的前沿课题并具有重要的学术价值. 虽然已经有不少学者研究了一些具有相依结构重尾风险模型中的保险公司破产概率问题, 但由于保险和金融的复杂性, 现有的关于常数收益率因素的重尾风险模型中保险公司破产概率的理论和方法不能适应实际情况中随机投资回报下相依重尾风险模型中保险公司破产概率的研究, 不得不寻找新的方法.

以往都是基于金融市场收益服从正态分布的假设, 风险度量有很大出入, 而极值理论不需对资产收益率的整个分布进行建模, 直接地对资产收益率小概率的尾部数据进行建模拟合极值分布来度量风险, 因此, 在金融保险市场中, 极值理论中重尾随机变量可以刻画巨额索赔保险风险或金融风险. 这样, 考虑重尾风险模型中的保险公司破产概率问题就可以转化为一个纯粹的概率分布问题, 因不能直接求出概率分布的解析表达式, 所以不得不估计其概率分布. 例如, 在独立索赔额具有正则变化尾 (包含 Pareto, Loggamma 等一些描述保险风险理论中典型高损失事件族) 和常数利率的情况下, Klüppelberg 和 Stadtmüller (1998) 得到了经典的齐次风险模型中的保险公司破产概率的近似估计, 即

$$\psi(x) \sim \frac{\lambda}{r\alpha} \overline{B}(x), \tag{1.1}$$

其中 $\lambda > 0$ 为一个 Poisson 过程 $N(\cdot)$ (索赔额到达过程) 的参数, $r \geqslant 0$ 为常利率.

由于既有随机收益率因素又有相依结构的重尾风险模型中的保险公司破产概率问题复杂得多, 于是研究者对连续时间更新风险模型常常理想化地假定在独立结构上: ① 保险风险间独立, 即索赔额随机变量序列间独立或独立同分布; ② 索

赔额与索赔额到达时间或索赔额与索赔额间隔到达时间之间独立; ③ 保险风险与金融风险间独立. 实际上, 保险公司财务结算发生在离散时间点上 (如一个季度或者一年), 破产一般也都发生在这些离散时间, 因此, 研究离散时间保险风险模型具有重要的实际意义, 有类似的独立结构的假定, 但模型有其自身的特点, 其研究方法也与连续时间模型不同. 归因于数学上易处理, 独立结构假定下离散时间和连续时间两类重尾风险模型已经被广泛而深入地研究. 参见主要的文献 (Wu, 2007; Tang and Tsitsiashvili, 2003a, 2003b; Wang and Tang, 2006; Wang, 2008; Heyde and Wang, 2009).

然而, 这些独立风险的假设往往与保险实务不相符合. 因为, 索赔额及索赔时间之间往往具有相关性和聚合性. 在近几年里, 许多的学者从以下几个方面开始关注具有非独立结构的重尾风险模型中破产概率估计的研究:

(1) 针对损失随机变量之间的关系, 引入各种相依结构刻画, 例如, 二元 Farlie-Gumbel-Morgenstern (FGM) 分布、上尾渐近独立 (upper tail asymptotic independent, UTAI)、单边线性 (the one sided linear) 过程、广义的上/下限相依 (widely upper/lower orthant dependent, WUOD/ WLOD) 等, 本书在随机投资回报下广义更新风险模型中用单边线性过程模拟索赔额过程, 得出有限时间和无限时间破产概率的渐近估计及一致渐近估计.

(2) 针对实际应用中索赔额随机变量与间隔到达时间随机变量间独立性假设的不合理, Albrecher 和 Teugels 于 2006 年提出用 Coplua 连接函数 (即研究以任意方式相依随机变量间的相依结构的一种度量方法) 刻画. 随后, 一些学者陆续引入一些相依结构刻画这两者之间的关系, 在不同的重尾分布族条件下得到破产概率的渐近估计. Li 等 (2010), Li(2012), Fu 和 Ng (2014) 考虑一种时间相依 (在索赔到达间隔时间给定条件下索赔额的条件尾概率) 的一般相依结构. 本书在具有随机投资回报的非标准更新风险模型中引入二元 Sarmanov 分布刻画这两者之间的相关关系.

(3) 针对保险风险与金融风险的关系, 引入一些相依结构刻画. 对于离散时间重尾保险风险模型, 在不同的重尾分布族下, Li 和 Tang (2015), Chen (2011), Yang 和 Wang (2013), Ying 和 Li (2014) 分别考虑纯保险损失与随机折现因子随机变量间服从上尾独立、二元标准或二元广义 Farlie-Gumbel-Morgenstern 分布、成对拟渐近独立 (pairwise quasi-asymptotically independent)、二元 Sarmanov 分布, 得到有限或无限时间破产概率的渐近或一致渐近估计, 但大多仍有应用的局限性. 对连续时间重尾保险风险模型情形, 由于模型更复杂, 本书也是通过索赔额与索赔额间隔到达时间之间的相关关系引起保险风险与金融风险的交互作用.

由此可以看到, 采用破产概率作为保险公司的风险度量, 将随机投资回报环境下保险公司面临相依巨灾风险的破产概率问题转化为具有相依结构重尾风险过程的尾概率问题后, 能考虑为具有相依结构的随机权和的概率分布的尾概率问题. 其中, 随机权和是指具有随机权的随机变量之和. 这种基于相依结构的随机权和理论与方法可能是研究随机投资回报下相依重尾风险模型中保险公司破产概率问题的有效途径. 因此, 我们的研究成果对于发展保险公司风险度量的理论和方法具有重要的学术价值, 对于保险公司的资产组合选择也具有重要的参考价值和应用前景, 能够为我国滞后的巨灾风险管理体系提供有价值的理论依据.

1.1.2 基于随机积分收敛的非线性计量模型

在具有非平稳时间序列的计量经济学中, 通常需要依赖于随机积分的收敛性. 该结果对于单位根检验线性和非线性协整回归尤其重要. 有关更多例子, 请参阅文献 (Park and Phillips, 2000, 2001; Chang et al., 2001; Chan and Wang, 2015; Wang and Phillips, 2009a, 2009b, 2016; Wang, 2015, Chap. 5) 及其他相应的文献.

作为基准, 收敛到随机积分的基本结果如下:

文献 (Kurtz and Protter, 1991) 中定理 1.1 假设:

A1 具有 $\sup_{k \geqslant 1} E v_k^2 < \infty$ 条件, $(v_k, \mathcal{F}_k)$ 构成了一个鞅差;

A2 定义在 Skorohod 拓扑中的 $D_{\mathbb{R}^{d+1}}[0,1]$ 空间上的随机数组对 $\{x_{n,\lfloor nt \rfloor}, y_{n,\lfloor nt \rfloor}\} \Rightarrow$ 随机过程 $\{G_t, W_t\}$, 其中 "$\Rightarrow$" 表示弱收敛.

那么, 对于定义在 $\mathbb{R}^d$ 上的任何连续函数 $g(s)$ 和 $f(s)$, 有

$$\left\{ x_{n,\lfloor nt \rfloor},\ y_{n,\lfloor nt \rfloor},\ \frac{1}{n}\sum_{k=1}^{n} g(x_{nk}),\ \frac{1}{\sqrt{n}}\sum_{k=0}^{n-1} f(x_{nk}) v_{k+1} \right\}$$
$$\Rightarrow \left\{ G_t,\ W_t,\ \int_0^1 g(G_t)dt,\ \int_0^1 f(G_t)\,dW_t \right\}, \tag{1.2}$$

定义在 Skorohod 拓扑中的 $D_{\mathbb{R}^{d+1}}[0,1]$ 空间上, 其中

$$x_{nk} = \frac{1}{d_n}\sum_{j=1}^{k} u_j, \quad y_{nk} = \frac{1}{\sqrt{n}}\sum_{j=1}^{k} v_j, \quad 0 < d_n^2 \to \infty.$$

Kurtz 和 Protter (1991) (或 Jacod 和 Shiryaev (2003)) 实际上建立了 y_{nk} 作为半鞅而不是 A1 的结果. 对于半鞅以外的一般结果, Liang 等 (2016) 和 Wang (2015, Chap. 4.5) 研究了线性过程创新的扩展, 并提供了一个样本量 $\sum_{k=0}^{n-1} f(x_{nk}) \cdot$

w_{k+1} 到随机过程的泛函的一个收敛结果, 其中

$$w_k = \sum_{j=0}^{\infty} \varphi_j\, v_{k-j},\qquad(1.3)$$

$\varphi = \sum_{j=0}^{\infty} \varphi_j \neq 0,\ \sum_{j=0}^{\infty} j|\varphi_j| < \infty$ 以及如 A1 定义中的 v_k. Liang 等 (2016) 和 Wang(2015, Chap. 4.5) 进一步考虑了 α 混合创新的一个扩展. 对其他相关结论, 我们参考文献 (Ibragimov and Phillips, 2008; de Joon, 2004; Chang and Park, 2011; Lin and Wang, 2016).

虽然这些结果很好, 但它们并不足以涵盖许多具有内生性和更一般创新过程的计量经济学应用. 特别地, 众所周知 (1.3) 中的线性结构或 Liang 等 (2016) 考虑的 α-混合序列是具有一定的局限性并且没有包含许多重要的实用模型, 如阈值、非线性自回归等. 本书的目的是通过为随机积分的收敛提供新的一般结果来填补这一空白, 其中计量经济学应用具有一些优势. 显然, 我们的框架考虑了 $S_n := \sum_{k=0}^{n-1} f(x_{nk})\, w_{k+1}$ 的收敛性, 其中 w_k 的形式:

$$w_k = v_k + z_{k-1} - z_k,\qquad(1.4)$$

z_k 满足某些规则中的条件, 并且 v_k 由 A1 中所定义.

本书的结论提供了新的随机积分弱收敛的条件, 本书的框架工作允许扰动具有长记忆过程、因果过程和近时期相依性, 这些在经济计量领域有广泛应用, 比如门限自回归、双线性等非线性模型. 关于随机积分的弱收敛性, 我们表明有可能扩展共同的鞅和半鞅结构, 以包括创新中的长记忆过程、因果过程和近时期依赖. 希望本书得出的结果证明在相关领域是有用的, 特别是在内生性和非线性起主要作用的非线性协整回归中.

1.2 主 要 内 容

本书主要在广义的更新风险模型下, 讨论受多种相依风险、随机投资回报等因素影响的保险公司巨灾风险破产概率的渐近估计问题, 以及为非线性计量模型提供新的随机积分弱收敛的条件.

第二部分包括 4—8 章, 其中第 4, 5 章主要讨论常利率情形下, 连续和离散时间重尾索赔风险模型的 (最终) 破产概率的渐近式. 首先, 我们回顾重尾随机变量的相关概念和一些经典的结果; 其次, 用单边线性过程模拟索赔过程, 假定保险

费是一个折现总量有限的非负不降随机过程或任意相依非负随机变量列. 并着眼于相依关系为负相协, 研究负相协随机变量列的随机权和及其最大值模型, 考察其在破产概率估计等方面的应用.

第 6-8 章, 主要讨论具有指数 Lévy 过程投资及索赔和间隔到达之间具有相依的非标准更新风险模型的有限和无限时间破产概率的渐近和一致渐近估计式. 首先, 考虑索赔量服从单边线性过程, 具有独立同分布的步长, 步长和到达时间构成一个具有相依结构的独立同分布的随机对的情形, 建立了有限和无限时间破产概率的渐近式与一致渐近式. 其次, 考虑索赔额和相应的间隔到达时间形成一个独立和相同分布的随机对. 当索赔额和相应间隔到达时间的折扣因子的乘积为重尾时, 建立无限时间破产概率的渐近公式, 其中对随机对的相依结构没有任何限制.

第三部分包括第 9 章, 主要讨论将弱收敛推广到随机积分, 充分涵盖具有内生性和非线性的许多计量经济应用. 为随机积分的弱收敛提供新的条件, 我们的框架允许扰动具有长记忆过程、因果过程及近时期的相依性结构, 这些在如门限自回归、双线性和其他非线性模型的计量经济学领域中有广泛应用.

第 2 章 保险风险模型及其破产概率

风险理论是对风险定量分析和预测进行管理、控制和决策的理论, 主要应用于保险、金融、风险管理及证券投资等方面, 关于风险理论的问题已经成为保险数学 (也称为精算数学) 的重点. 风险理论主要建立和分析保险业务的随机风险模型, 其标准模型是

$$U(t) = u + ct + \sum_{i=1}^{N(t)} X_i, \quad t \geqslant 0, \tag{2.1}$$

其中 $U(t)$ 为保险公司在时刻 t 的盈余 (surplus), $U(0) = u \geqslant 0$ 为初始资本, $c > 0$ 为单位时间征收的保险费, 又称保费率, X_i 表示第 i 次索赔额大小 (claim size), $N(t)$ 表示时间段 $[90, t]$ 内发生的索赔次数, 由索赔发生的间隔时间 $\{T_n; n \geqslant 1\}$ 构成. 记

$$S(t) = \sum_{i=1}^{N(t)} X_i \tag{2.2}$$

为到时刻 t 的总索赔额. 此标准风险模型 (在风险理论中, 盈余过程也被称为风险模型) 的基本假设为独立性的假设: 索赔额序列 $\{X_n; n \geqslant 1\}$ 和索赔发生的间隔时间序列 $\{T_n; n \geqslant 1\}$ 都是独立同分布 (i.i.d.) 的非负随机变量 (r.v.) 序列, 且两个序列相互独立.

若 $\{N(t); t \geqslant 0\}$ 是以 $\lambda > 0$ 为参数的 Poisson 过程, 则模型就变为 Lundberg-Cramér 的经典风险模型, 简称 L-C 经典风险模型.

风险理论的一个核心问题是研究风险模型的破产论 (ruin theory). 破产论的研究溯源于瑞典精算师 Filip Lundberg 于 1903 年发表的博士学位论文, 至今已有百余年的历史. 破产论的基本思想是考虑保险公司的盈余过程随着时间的积累问题, 这里的盈余只是数学上的, 并非财务意义上的.

由于不断挣得保险费收入, 盈余 $U(t)$ 会随着时间 t 连续增加, 但又由于索赔的发生, 盈余 $U(t)$ 会逐段有下跳, 当盈余 $U(t)$ 为负值时, 我们就指 “破产” 发生了. 此时并不意味着保险公司即将倒闭, 因为保险公司可以通过追加资金来维持运营或者通过再保险来避免 “破产” 的发生, 但它可作为保险公司财务预警系统的指标之一. 保险公司强调的是 “破产” 事件发生的可能性, 破产概率就可以作为衡量保险公司财务稳定性的一个极其重要的数量指标. 破产概率 (ruin probability) 分为有限时间破产概率和无限时间 (或最终) 破产概率, 具体定义如下:

记

$$T = \inf\{t : U(t) < 0\}, \quad t \geqslant 0 \tag{2.3}$$

为保险公司首次破产或首次盈余为负的时刻, 简称为破产时刻 (ruin time), 其中规定 $\inf\varnothing = \infty$;

记

$$\psi(x) = P\{T < \tau | U(0) = u\} \tag{2.4}$$

为保险公司盈余在时刻之前变为负值时的概率, 称为有限时间破产概率;

记

$$\psi(x) = P\{T < \infty | U(0) = u\} \tag{2.5}$$

为保险公司盈余无限时间或最终变为负值时的概率, 称为无限时间（或最终）破产概率.

那么 Lundberg 与 Cramér 研究的是不考虑利率、税收、通货膨胀、运营费用和支付红利等因素下保险公司最终的破产概率. 考察保险公司的盈余过程的状况, 建立相应的风险模型, 研究其破产概率, 不仅有实际的应用价值, 也有其概率理论上的价值.

由于保险公司的财产是以货币和金融产品的主要形式存在的, 因此考虑资产的时间价值是有必要的. 风险模型从时间的角度分为连续时间风险模型和离散时间风险模型. 模型 (2.1) 为经典或标准的连续时间风险模型, 而标准的离散时间风险模型的定义为

$$U(n) = u + cn + \sum_{i=1}^{n} X_i, \quad n = 0, 1, 2, \cdots, \tag{2.6}$$

其中 $U(n)$ 为保险公司在第 n 个时期内的盈余, $u \geqslant 0$ 为初始资本, $c > 0$ 为单位时期征收的保险费, X_i 为第 i 时期的索赔额大小. 那么 n 个时期内的总索赔额为

$$S(n) = \sum_{i=1}^{n} X_i, \tag{2.7}$$

相应地, 离散时间风险模型 (2.6) 的有限时间破产概率和无限时间 (或最终) 破产概率的定义分别为

记

$$T = \inf\{n : U(n) < 0\}, \quad n = 0, 1, 2, \cdots \tag{2.8}$$

为保险公司首次破产的时刻, 简称为破产时刻;

记

$$\psi(x) = P\{T < n | U(0) = u\} \tag{2.9}$$

为保险公司的有限时间破产概率;

记

$$\psi(x) = P\{T < \infty | U(0) = u\} \tag{2.10}$$

为保险公司的无限时间 (或最终) 破产概率.

经典风险模型提出后, 破产概率作为衡量保险公司破产严重程度或评价保险公司偿付能力的一个重要数量指标引来了极大的关注. Sparre Anderson 于 1957 年在 Lundberg-Cramér 经典风险模型的基础上首次提出了这样的标准结构: 索赔额序列和索赔发生的间隔时间序列都是 i.i.d. 非负的 r.v. 序列, 并且两个序列之间相互独立. 对标准结构破产概率的讨论, 请参考文献 (Asmussen, 2000). 近几十年来, 国内外许多学者利用不同的方法对破产概率的计算和估计问题进行了研究. 因为在保险公司的运营中, 保险费是保险公司收入的主要来源, 索赔是保险公司承担风险的主要因素, 所以大多数文献将风险模型分为两种情况: "小索赔额" 和 "大索赔额".

经典风险模型研究的是 "小索赔额" 情形的破产论, 一个很强的约束条件是要求调节系数存在. 利用 Feller (1971) 的更新理论方法得到破产概率的精确表达式, 利用 Gerber (1973) 的鞅 (martingale) 方法得到破产概率的界, 例如, 著名的 Lundberg (1903) 不等式

$$\psi(x) \leqslant e^{-Ru}, \quad \forall u \geqslant 0, \tag{2.11}$$

其中 $R > 0$ 为调节系数 (adjustment coefficient). 而其中鞅是一个基本且重要的随机过程, 有许多优良的性质. 在现代概率论及其应用领域中, 例如风险理论、金融数学等, 鞅已经成为一个常用且有力的理论研究工具.

对于 "大索赔额" 情形的破产论, 例如, 地震、火险、洪水险等这样风险发生分散、风险较高的灾难性保险, 若调节系数不存在, 则 Feller 的更新论证和 Gerber 鞅方法都不再有效. 这时, 可用尾部较重的分布来描述风险, 通过概率极限理论中的研究方法得到破产概率的尾等价形式, 例如, Embrechts 和 Veraverbeke (1982) 研究了更新模型, 得到了重尾索赔额情形下破产概率的一个尾等价形式, 此结果可看作对 Lundberg-Cramér 模型相应结果的拓广. 事实上, 对于这类大索赔小概率事件现象, Embrechts 等 (1997) 把它称为金融保险中的 20%—80% 原理: 保险公司索赔额的历史数据表明对于某个给定的保险公司, 占总索赔次数 20% 的索赔量会达到总索赔量的 80%. 基于这个原理, 引出了非常重要的重尾分布族, 关于重尾

分布族更多的细节请见文献 (Embrechts et al., (1997). 重尾分布族的引入, 推动了保险数学、金融数学、更新过程、随机分析等学科的深入发展, 其应用更是广泛渗透于金融证券、风险投资、统计分析等各个领域.

第 3 章　　重尾随机变量及相关记号

3.1　重尾随机变量

在金融和保险中, 重尾随机变量在极值事件建模中起着重要的作用, 因为它们能够真实地模拟跳跃和巨灾索赔. 现在我们回顾重尾分布函数中的相关类. 为叙述本书的主要结果, 首先我们需要回忆对本书十分有用的重尾分布的相关定义及性质.

定义 3.1.1　如果随机变量 X (其分布函数为 $F(x)$) 不存在任何指数阶矩, 即对任何 $s > 0$,

$$Ee^{sX} = \int_{-\infty}^{\infty} e^{sx} dF(x),$$

则称随机变量 X 具有重尾分布或 $F(x)$ 是重尾的.

设 $F(x)$ 为一分布函数, 以后记

$$\overline{F}(x) = 1 - F(x).$$

最重要的重尾分布子族为次指数分布族 $\mathcal{S}$.

定义 3.1.2　我们说取值在 $[0, \infty)$ 上的一个分布 F 属于这个次指数分布族 $\mathcal{S}$, 表示为 $F \in \mathcal{S}$, 如果对于任何的, 或等价地, 对于某个 $n = 2, 3, \cdots$, 有

$$\lim_{x \to \infty} \frac{\overline{F^{n*}}(x)}{\overline{F}(x)} = n,$$

其中 F^{n*} 表示为 F 的 n 重卷积.

在现代因特网、金融和保险中, 许多数据揭示了 F 族一致于许多重要的实际模型. 因而 $\mathcal{S}$ 族已在近几十年引起了相关领域研究者们极大的兴趣, 其在金融和保险中的应用可参见文献 (Embrechts et al., 1997; Rolski et al., 1999).

众所周知, 每个次指数分布属于长尾分布族 $\mathcal{L}$, 而且, 次指数分布族 $\mathcal{S}$ 包含两个重要的子族: 正则变化尾的分布族 $\mathcal{R}$ 和扩展正则变化尾的分布族 $\mathcal{ERV}(-\alpha, -\beta)$. 下面我们给出 $\mathcal{L}$ 族、$\mathcal{R}$ 族和 $\mathcal{ERV}(-\alpha, -\beta)$ 族的定义.

定义 3.1.3　如果对于任何的, 或等价地, 对于某个 $y \neq 0$, 有

$$\lim_{x \to \infty} \frac{\overline{F}(x - y)}{\overline{F}(x)} = 1,$$

那么分布 $F \in \mathcal{L}$.

定义 3.1.4　如果存在某个 $\alpha > 0$, 使得对于任何的 $y > 0$, 有

$$\lim_{x \to \infty} \frac{\overline{F}(xy)}{\overline{F}(x)} = y^{-\alpha},$$

那么分布 $F \in \mathcal{R}_{-\alpha}$.

定义 3.1.5　如果对任何固定的 $0 < \alpha \leqslant \beta < \infty$ 和任何固定的 $y > 1$, 有

$$y^{-\alpha} \leqslant \liminf_{x \to \infty} \frac{\overline{F}(xy)}{\overline{F}(x)} \leqslant \limsup_{x \to \infty} \frac{\overline{F}(xy)}{\overline{F}(x)} \leqslant y^{-\beta},$$

那么分布 $F \in \mathcal{ERV}(-\alpha, -\beta)$.

定义 3.1.6　一致变化尾的分布族

$$\mathcal{C} = \left\{ F : \lim_{y \searrow 1} \liminf_{x \to \infty} \frac{\overline{F}(xy)}{\overline{F}(x)} = 1 \text{ 或 } \lim_{y \nearrow 1} \limsup_{x \to \infty} \frac{\overline{F}(xy)}{\overline{F}(x)} = 1 \right\}.$$

定义 3.1.7　控制变化尾的分布族, 若对任何固定的 $y > 0$, 则

$$\mathcal{D} = \left\{ F : \limsup_{x \to \infty} \frac{\overline{F}(xy)}{\overline{F}(x)} < \infty \right\}.$$

Konstantinides 等 (2002) 引进了次指数分布族 $\mathcal{S}$ 的另一个有用的子族 $\mathcal{A}$.

定义 3.1.8　一个分布函数 F 称为是属于 $\mathcal{A}$ 族的, 如果 $F \in \mathcal{S}$, 并且对于某个 $y > 1$,

$$\limsup_{x \to \infty} \frac{\overline{F}(xy)}{\overline{F}(x)} < 1.$$

既然几乎所有具有无界支撑集的有用的分布都满足上式, 那么, 这个 $\mathcal{A}$ 族几乎与次指数分布族 $\mathcal{S}$ 一致. 总之, 上述各重尾族有如下的包含关系

$$\mathcal{R} \subset \mathcal{ERV} \subset \mathcal{C} \subset \mathcal{D} \cap \mathcal{L} \subset \mathcal{D}, \quad \mathcal{D} \nsubseteq \mathcal{L},$$

$$\mathcal{R} \subset \mathcal{ERV} \subset \mathcal{A} \subset \mathcal{S} \subset \mathcal{L}.$$

具体更多的重尾分布的细节请见文献 (Embrechts et al., 1997).

3.2　相关记号

本书中, C 代表正常数, 可以随上下文变化, 即在不同地方可表示不同正常数. 此后, 所有的极限关系都是指 $x \to \infty$ 除非另有不同的陈述. 对于两个正函数 $a(\cdot)$ 和 $b(\cdot)$, 如

$$0 \leqslant l_1 \leqslant \liminf_{x \to \infty} \frac{a(x)}{b(x)} \leqslant \limsup_{x \to \infty} \frac{a(x)}{b(x)} \leqslant l_2 < \infty,$$

记为 $a(x) = O(b(x))$, 若 $l_2 < \infty$; 记 $a(x) = o(b(x))$, 若 $l_2 = 0$; 记 $a(x) \lesssim b(x)$, 若 $l_2 = 1$; 记 $a(x) \gtrsim b(x)$, 若 $l_1 = 1$; 记 $a(x) \sim b(x)$, 若 $l_1 = l_2 = 1$; 记 $a(x) \asymp b(x)$, 若 $0 < l_1 \leqslant l_2 < \infty$.

对于任意的一个分布 F 和任何 $y > 0$, 定义

$$J_F^+ = -\lim_{y\to\infty} \frac{\log \overline{F}_*(y)}{\log y} \quad \text{和} \quad J_F^- = -\lim_{y\to\infty} \frac{\log \overline{F}^*(y)}{\log y},$$

其中

$$\overline{F}_*(y) = \liminf_{x\to\infty} \frac{\overline{F}(xy)}{\overline{F}(x)} \quad \text{和} \quad \overline{F}^*(y) = \limsup_{x\to\infty} \frac{\overline{F}(xy)}{\overline{F}(x)},$$

称量 J_F^+ 和 J_F^- 分别为分布 F 的上和下 Matuszewska 指数. 关于 Matuszewska 指数的更多细节请参见文献 (Bingham et al., 1987).

显然, 如果 $F \in \mathcal{D}$, 则 $J_F^+ < \infty$; 如果 $F \in \mathcal{R}_{-\alpha}$, 则

$$J_F^- = J_F^+ = \alpha.$$

并且如果 $F \in \mathcal{ERV}(-\alpha, -\beta)$, 则

$$\alpha \leqslant J_F^- \leqslant J_F^+ \leqslant \beta.$$

第二部分　重尾相依风险模型的破产概率

第 4 章　常利率下连续时间更新风险模型

4.1　模型背景及相关结论

本章考虑一个广义的连续时间更新风险模型, 假定下面的基本条件:

(a) 索赔额 $X_n(n \geqslant 1)$ 为一个不必独立, 不必同分布, 并且非负的随机变量 (r.v.) 序列.

(b) 索赔发生的间隔时间 $T_n(n \geqslant 1)$ 为另一个独立同分布, 非负并且在零点非退化的随机变量序列, 具有共同的分布函数 H. 与经典破产概率模型一样, 我们也假定这两个随机变量序列 $\{X_n,\ n \geqslant 1\}$ 和 $\{T_n,\ n \geqslant 1\}$ 相互独立.

(c) 相继索赔时刻序列 $\sigma_n = \sum_{i=1}^{n} T_i (n \geqslant 1)$ 在时间段 $[0, t)$ 中发生的索赔次数记为

$$N(t) = \#\{n = 1, 2, \cdots: \sigma_n \leqslant t\}, \quad t \geqslant 0,$$

其中规定 $\sup \varnothing = 0$.

它是一个更新计数过程, 具有更新函数

$$EN(t) = \sum_{n=1}^{\infty} P\{\sigma_n \leqslant t\}, \quad t \geqslant 0.$$

(d) 在 $C(0) = 0$ 下, $\{C(t);\ t \geqslant 0\}$ 是一个非负不降的随机过程, 表示累积到时间 t 的保险费总量. 设 $r > 0$ 为常利率 (即经过时间 t 后, 资本 x 变为 xe^{rt}), 并且设 x 为保险公司的初始资本, 那么保险公司在时刻 t 的盈余 $U(t)$ 满足方程

$$U(t) = xe^{rt} + \int_0^t e^{r(t-s)} C(ds) - \sum_{n=1}^{\infty} X_n e^{r(t-\sigma_n)} I_{(\sigma_n \leqslant t)}, \quad t \geqslant 0, \qquad (4.1)$$

假设折现保险费总量是有限的, 即

$$\tilde{C} = \int_0^{\infty} e^{-rs} C(ds) < \infty \text{ 几乎处处.}$$

因此, 这个风险模型的 (最终) 破产概率定义为

$$\psi(x) = P\{U(t) < 0 \text{ 对于某个 } t \geqslant 0 \mid U(0) = x\}. \qquad (4.2)$$

目前, 一些学者已讨论了 (4.2) 中的破产概率 $\psi(x)$ 的渐近行为. 在索赔额具有相同的正则变化尾分布 $B(\in \mathcal{R}_{-\alpha}$, 对某个 $B \in \mathcal{R}_{-\alpha})$ 和 $N(\cdot)$ 是以 $\lambda > 0$ 为参数的齐次 Poisson 过程的条件下, Klüppelberg 和 Stadtmüller(1998) 已证明了

$$\psi(x) \sim \frac{\lambda}{r\alpha}\overline{B}(x). \tag{4.3}$$

Asmussen (1998) 扩展这个研究到一个更大的重尾分布族并且获得

$$\psi(x) \sim \frac{\lambda}{r}\int_x^\infty \frac{\overline{B}(y)}{y}dy. \tag{4.4}$$

近年来, Chen 和 Ng(2007) 考虑了索赔额是两两负相依 (ND), 具有扩展正则变化尾的分布这种情况, 并证明了

$$\psi(x) \sim \int_0^\infty \overline{B}(xe^{rs})dEN(s). \tag{4.5}$$

然而, 不幸的是, 这个假设 $B \in \mathcal{ERV}$ 排除了例如 Lognormal 和 Weibull 这样重要的重尾分布. 在索赔额的分布属于次指数分布族 $(B \in \mathcal{S})$ 的条件下, Hao 和 Tang (2008) 获得了一个类似于 (4.5) 的关于折现索赔总额尾概率

$$P\left\{\sum_{n=1}^\infty X_n e^{-r\sigma_n}I_{(\sigma_n \leqslant t)} > t\right\} \sim \int_{0-}^\infty \overline{F}(xe^{rs})dEN(s), \quad t \geqslant 0,$$

其中 I_A 表示为随机事件 A 的示性函数.

　　Asmussen (2000) 指出, 在风险理论中除了渐近表达式以外, 破产概率的另一个常用的解析方法是推导不等式. 与离散时间风险模型相比, 有相对较少的文献讨论连续时间风险模型破产概率的界. 而且, 许多连续时间风险模型中的破产概率可变为嵌入的离散时间风险模型的破产概率. 另一方面, 离散时间风险模型在理论和应用上本身也是让人感兴趣的随机模型. (4.2) 中 $\{U(t); t \geqslant 0\}$ 的嵌入离散时间风险模型的破产概率 $\psi(x)$ 的不等式, 在 $N(\cdot)$ 上是一个齐次 Poisson 过程且 $C(t) = ct$ ($c > 0$ 是保险公司单位时间征收的保险费率) 的情况下, Cai(2004) 考虑了同分布索赔额的情况.

　　我们评论一下上述的工作: 上面所有的方法都严重地依赖对索赔额独立同分布的假设, 除了 Chen 和 Ng (2007) 所使用的方法, 然而 Chen 和 Ng (2007) 的方法也依赖索赔额的分布属于扩展正则变化尾的分布族 $\mathcal{ERV} \subset \mathcal{A}$ 的假设.

　　由于保险和再保险产品的日趋复杂, 研究人员越来越关注相依风险模型的处理. 在本章中, 我们使用一个单边线性过程去模拟相依的索赔额过程, 索赔额 X_n

满足

$$X_n = \sum_{j=1}^{n} \varphi_{n-j}\varepsilon_j + \varphi_n x_0, \quad n = 1, 2, \cdots, \tag{4.6}$$

其中 $\{\varepsilon_n\}_{n\geqslant 1}$ 是一个独立同分布非负随机变量序列, 具有通有的随机变量 (r.v.) ε 和共同的分布函数 F, 并且 $x_0 \geqslant 0$ 是一个非负的初始值. 假设非负的系数 $\varphi_i \geqslant 0$ 满足

$$0 < \sum_{i=0}^{\infty} \varphi_i = \varphi < \infty. \tag{4.7}$$

有必要指出单边线性过程是在时间序列分析中常用的一种重要模型, 并且 ARMA 过程和分数 (fractional) ARIMA (简称为 FARIMA) 过程可表示为单边线性过程 (具体的细节请见文献 (Brockwell and Davis, 1991)).

4.2 破产概率的渐近式

4.2.1 预备知识

下面介绍相协 (association) 的定义及性质.

定义 4.2.1   称有限族随机变量序列 $\{X_n; n \geqslant 1\}$ 是相协的 (associated), 如果

$$\mathrm{cov}\,[f(X_1,\cdots,X_n),\,g(X_1,\cdots,X_n)] \geqslant 0,$$

其中 f 和 g 是定义在 n 维实数空间 ($\mathbb{R}^n$) 上对每个变元都单调不减的函数, 并且使上述协方差 $E[f(X_1,\cdots,X_n)]$, $E[g(X_1,\cdots,X_n)]$, $E[f(X_1,\cdots,X_n)]g(X_1,\cdots,X_n)$ 均存在.

如果它的任意一有限子族是相协的, 则称一个无限随机变量序列 $\{X_n; n \geqslant 1\}$ 是相协的. 更多的相协的细节参见文献 (Esary et al., 1967). 关于相协的一些常用性质如下.

性质 4.2.1   相协的随机变量集的任何子集是相协的.

性质 4.2.2   独立的随机变量是相协的.

性质 4.2.3   相协随机变量列的单调不减函数列仍是相协随机变量列.

性质 4.2.4   如果两个相协的随机变量集合相互独立, 则它们的并仍然为一个相协随机变量集.

性质 4.2.5   一个随机变量集是相协的.

本节需要用测度论中的一些引理和定理如下.

设 $(\Omega, \mathcal{F}, \mathcal{P})$ 为给定的完备概率空间, $\{X_n; n \geqslant 1\}$ 为定义在其上的随机变量序列, X 和 Y 为定义其上的随机变量, 且 $\Lambda \in \mathcal{F}$. 由钟开莱 (1989) 可知下面的结论.

Fatou 引理   如果在 Λ 上 $X_n \geqslant 0$ 几乎处处成立, 则

$$\int_\Lambda \left(\liminf_{n \to \infty} X_n \right) dP \leqslant \liminf_{n \to \infty} \int_\Lambda (X_n) dP.$$

控制收敛定理   如果 $\lim\limits_{n \to \infty} X_n = X$ 在 Λ 上几乎处处或仅按测度成立, 且 $\forall n : |X_n| \leqslant Y$ 在 Λ 上几乎处处成立, 并且 $\int_\Lambda (X_n) dP < \infty$, 则

$$\int_\Lambda \left(\lim_{n \to \infty} X_n \right) dP \leqslant \lim_{n \to \infty} \int_\Lambda (X_n) dP = \int_\Lambda X dP.$$

单调收敛定理   如果 $X_n \geqslant 0$ 及 $X_n \uparrow X$ 在 Λ 上几乎处处成立, 且允许 $+\infty$ 作为上式两边的一个值, 则该式也成立. 条件 "$X_n \geqslant 0$" 可减弱为 "对某个 n, $EX_n > -\infty$".

4.2.2   主要的结论

下面将给出本节的主要结果, 而主要结果的证明放在 4.2.4 节中.

定理 4.2.1   在 4.1 节的条件 (a)—(d) 下, 设 $\{X_n; n \geqslant 1\}$, $\{T_n; n \geqslant 1\}$ 和 $\{C(t); t \geqslant 0\}$ 是相互独立的, 并且 $\{X_n; n \geqslant 1\}$ 是一个有初始值 x_0 的单边线性过程 (4.6). 如果 $\mathcal{F} \in \mathcal{A}$ (族) 和对某一 $\eta > 0$, $P\{T_1 > \eta\} = 1$, 那么

$$\psi(x) \sim \int_0^\infty P \left\{ \varepsilon \sum_{i=0}^\infty \varphi_i e^{-r\sigma_i} > x e^{rs} \right\} dEN(s), \tag{4.8}$$

其中规定 $\sigma_0 = 0$.

注 4.2.1   既然我们可以选择 η 任意小地接近于零, 因此, 对 T_1 分布的技术假设在实际应用上是合理的.

现在讨论定理 4.2.1 的一些特殊情况.

推论 4.2.1   (1) 如果对某个 $\alpha > 0$, $F \in \mathcal{R}_{-\alpha}$, 那么 (4.8) 就变为

$$\psi(x) \sim \overline{F}(x) \frac{E e^{-r\alpha T_1}}{1 - E e^{-r\alpha T_1}} E \left(\sum_{i=0}^\infty \varphi_i e^{-r\sigma_i} \right)^\alpha. \tag{4.9}$$

特别地, 如果 $\varphi_0 = 1$, $\varphi_i = 0$, $i \neq 0$ 和 $N(\cdot)$ 是以 $\lambda > 0$ 为参数的齐次 Poisson 过程, 那么 (4.9) 就与 (4.3) 一致, 即

$$\psi(x) \sim \frac{\lambda}{r\alpha} \overline{F}(x).$$

(2) 如果 $\varphi_0 = 1$ 和 $\varphi_i = 0$, $i \neq 0$, 那么 (4.8) 就与 (4.5) 一致, 即

$$\psi(x) \sim \int_0^\infty \overline{F}(xe^{rs}) dEN(s).$$

它是等价于 Hao 和 Tang (2008) 中的 (1.5), 即

$$P\left\{\sum_{n=1}^\infty X_n e^{-r\sigma_n} > x\right\} \sim \int_0^\infty \overline{F}(xe^{rs}) dEN(s).$$

特别地, 如果 $N(\cdot)$ 是以参数 $\lambda > 0$ 的齐次 Poisson 过程, 那么 (4.8) 就与 (4.4) 一致, 即

$$\psi(x) \sim \frac{\lambda}{r} \int_x^\infty \frac{\overline{F}(y)}{y} dy.$$

例 4.2.1 假设 $\{\varepsilon_n; n \geq 1\}$ 是一个 i.i.d. 非负随机变量序列, 具有通有的随机变量 ε 和共同的分布函数 F, 并且索赔过程有一个相依的一阶自回归 (AR(1)) 结构, 也就是 X_n 满足下面的方程

$$X_n = \phi X_{n-1} + \varepsilon_n, \ n = 1, 2, \cdots, \tag{4.10}$$

其中 $0 \leq \phi < 1$ 和 $X_0 = x_0 \geq 0$ 是常数, 并且规定 $\phi^0 = 1$. 这个过程是时间序列分析中最常使用的模型. 在这里, 我们重记 (4.10) 为 $X_n = \sum_{j=1}^n \phi^{n-j} \varepsilon_j + \phi^n x_0$, $n \geq 1$, 其满足 (4.6), 因为 $\{\phi^i; i \geq 0\}$ 满足 (4.7).

因此, 在定理 4.2.1 的条件下, 对于一个大的初始资本 x, 把

$$\int_0^\infty P\left\{\varepsilon \sum_{i=0}^\infty \phi^i e^{-r\sigma_i} > xe^{rs}\right\} dEN(s)$$

作为这个破产概率 $\psi(x)$ 的渐近估计式.

4.2.3 引理及证明

下面的结果来自 (Bingham et al., 1987) 的命题 4.2.1.

引理 4.2.1 如果 $F \in \mathcal{A}$ (族), 则存在正常数 p, C_0 和 x_0 使得对所有 $xy \geq x \geq x_0$,

$$\frac{\overline{F}(xy)}{\overline{F}(x)} \leq C_0 y^{-p} \tag{4.11}$$

一致成立.

由文献 (chen et al., 2005) 的推论 3.1 可知如下结论.

引理 4.2.2　设 $\{X_n;\ n \geqslant 1\}$ 是一个独立同分布的随机变量序列, 有共同的分布 F, 并且 $\{w_n;\ n \geqslant 1\}$ 是一个正数序列. 假设 $F \in \mathcal{A}$(族) 及

$$\sum_{i=1}^{\infty} w_i^{\delta} < \infty, \quad 对于 \quad 0 < \delta < \frac{J_F^-}{1 + J_F^-},$$

其中

$$\delta < \frac{J_F^-}{1 + J_F^-}, \quad 对于 \quad J_F^- = \infty.$$

那么, 有

$$P\left\{\sup_{m \geqslant 1} \sum_{i=1}^{m} w_i X_i > x\right\} \sim P\left\{\sum_{i=1}^{\infty} w_i X_i^+ > x\right\}$$

$$\sim P\left\{\max_{1 \leqslant i < \infty} w_i X_i > x\right\} \sim \sum_{i=1}^{\infty} P\{X_i^+ > x\}.$$

类似于文献 (Tang and Tsitsiashvili, 2003b) 中的命题 5.1, 能得到下面的结论.

引理 4.2.3　设 $Y_1, \cdots, Y_n$ 是 n 个相互独立的随机变量, 每个随机变量 Y_i 的分布为 B_i. 对于 n 个正常数 $b_1, \cdots, b_n$, 设 B_0 是一个次指数分布 $(B_0 \in \mathcal{S})$ 且满足

$$\overline{B}_i(x) \sim b_i \overline{B}_0(x)$$

一致成立.

下面这个引理在定理 4.2.1 的证明中起决定性作用.

引理 4.2.4　假定 $\{\varepsilon_n;\ n \geqslant 1\}$ 和 $\{\sigma_n;\ n \geqslant 1\}$ 是定理 4.2.1 中定义的随机变量序列. 如果 $F \in \mathcal{A}$ (族) 和 $P\{T_1 > \eta\} > 0$, 其中某个 $\eta > 0$, 则

$$P\left\{\sum_{j=1}^{\infty} \varepsilon_j \sum_{i=0}^{\infty} \varphi_i e^{-r\sigma_{i+j}} > x\right\} \sim \sum_{j=1}^{\infty} P\left\{\varepsilon_j \sum_{i=0}^{\infty} \varphi_i e^{-r\sigma_{i+j}} > x\right\}. \tag{4.12}$$

证明　记 $\varphi(\sigma_j) = \displaystyle\sum_{i=0}^{\infty} \varphi_i e^{-r(\sigma_{i+j}-\sigma_j)}$, $j \geqslant 1$. 我们将引理 4.2.4 的证明分成两部分, 分别给出 $P\left\{\displaystyle\sum_{j=1}^{\infty} \varepsilon_j \sum_{i=0}^{\infty} \varphi_i e^{-r\sigma_{i+j}} > x\right\}$ 的上界和下界. 首先推导 $P\left\{\displaystyle\sum_{j=1}^{\infty} \varepsilon_j \sum_{i=0}^{\infty} \varphi_i e^{-r\sigma_{i+j}} > x\right\}$ 的下界. 对于任何固定的正整数 $N \geqslant 1$, 由加法定

理可知

$$P\left\{\sum_{j=1}^{\infty}\varepsilon_j\sum_{i=0}^{\infty}\varphi_i e^{-r\sigma_{i+j}}>x\right\}\geqslant P\left\{\bigcup_{j=1}^{N}\left(\varepsilon_j\sum_{i=0}^{\infty}\varphi_i e^{-r\sigma_{i+j}}>x\right)\right\}$$

$$\geqslant\left(\sum_{j=1}^{\infty}-\sum_{j=N+1}^{\infty}\right)P\left\{\varepsilon_j\sum_{i=0}^{\infty}\varphi_i e^{-r\sigma_{i+j}}>x\right\}$$

$$-\sum_{1\leqslant k\neq l\leqslant N}P\left\{\varepsilon_k\sum_{i=0}^{\infty}\varphi_i e^{-r\sigma_{i+k}}>x,\ \varepsilon_l\sum_{i=0}^{\infty}\varphi_i e^{-r\sigma_{i+l}}>x\right\}. \tag{4.13}$$

注意到条件（4.7）及 $\{\varepsilon_n\}_{n\geqslant 1}$ 是一个非负的独立同分布的随机变量序列, 且与随机变量序列 $\{\sigma_n\}_{n\geqslant 1}$ 相互独立. 那么, 对于 $1\leqslant k\neq l\leqslant N$,

$$P\left\{\varepsilon_k\sum_{i=0}^{\infty}\varphi_i e^{-r\sigma_{i+k}}>x,\ \varepsilon_l\sum_{i=0}^{\infty}\varphi_i e^{-r\sigma_{i+l}}>x\right\}$$

$$\leqslant P\left\{\varepsilon_k\sum_{i=0}^{\infty}\varphi_i e^{-r\sigma_{i+1}}>x,\ \varepsilon_l\sum_{i=0}^{\infty}\varphi_i>x\right\}$$

$$=P\left\{\varepsilon_k\sum_{i=0}^{\infty}\varphi_i e^{-r\sigma_{i+1}}>x\right\}P\left\{\varepsilon_l\sum_{i=0}^{\infty}\varphi_i>x\right\}$$

$$=o\left(P\left\{\varepsilon_1\sum_{i=0}^{\infty}\varphi_i e^{-r\sigma_{i+1}}>x\right\}\right). \tag{4.14}$$

应用引理 4.2.1, 对所有足够大的 x, 有

$$\sum_{j=N+1}^{\infty}P\{\varepsilon_j e^{-rT_j}e^{-r\sigma_{j-1}}\varphi(\sigma_j)>x\}$$

$$=\sum_{j=N+1}^{\infty}\int_{\eta}^{\infty}\int_{(j-1)\eta}^{\infty}\int_0^{\varphi}\overline{F}\left(\frac{xe^{r(t_j+s_{j-1})}}{\widetilde{\varphi}}\right)P\{\varphi(\sigma_j)\in d\widetilde{\varphi}\}$$

$$\times P\{\sigma_{j-1}\in ds_{j-1}\}P\{T_j\in dt_j\}$$

$$\leqslant C_0\sum_{j=N+1}^{\infty}P\{\varepsilon_j e^{-rT_j}\varphi(\sigma_j)>x\}Ee^{-pr\sigma_{j-1}}$$

$$=C_0 P\{\varepsilon_1 e^{-r\sigma_1}\varphi(\sigma_1)>x\}\sum_{j=N}^{\infty}(Ee^{-pr\sigma_1})^j, \tag{4.15}$$

其中倒数第二个等式是由于随机变量 ε_j, T_j 和 $\varphi(\sigma_j)$ 相互独立, 且 $\varphi(\sigma_j)(j\geqslant 1)$

是同分布的随机变量. 因此

$$\lim_{N\to\infty}\limsup_{x\to\infty}\frac{\displaystyle\sum_{j=N+1}^{\infty}P\{\varepsilon_j e^{-r\sigma_j}\varphi(\sigma_j)>x\}}{\displaystyle\sum_{j=1}^{\infty}P\{\varepsilon_j e^{-r\sigma_j}\varphi(\sigma_j)>x\}}$$

$$\leqslant \lim_{N\to\infty}C_0\sum_{j=N}^{\infty}(Ee^{-pr\sigma_1})^j=0. \tag{4.16}$$

将 (4.14) 和 (4.16) 代入 (4.13), 有

$$P\left\{\sum_{j=1}^{\infty}\varepsilon_j\sum_{i=0}^{\infty}\varphi_i e^{-r\sigma_{i+j}}>x\right\}\gtrsim\sum_{j=1}^{\infty}P\left\{\varepsilon_j\sum_{i=0}^{\infty}\varphi_i e^{-r\sigma_{i+j}}>x\right\}. \tag{4.17}$$

接下来通过使用 Hao 和 Tang (2008) 的方法, 我们证明 $P\left\{\sum_{j=1}^{\infty}\varepsilon_j\sum_{i=0}^{\infty}\varphi_i e^{-r\sigma_{i+j}}\right.$
$\left.>x\right\}$ 的上界. 但由于系数 $\varphi_i\ (i\geqslant 0)$ 带来的许多的麻烦, 这里的证明有许多的改变. 既然 $P\{T_1>\eta\}=1$, 其中 $\eta>0$, 由此得到

$$P\left\{\sum_{j=1}^{\infty}\varepsilon_j\sum_{i=0}^{\infty}\varphi_i e^{-r\sigma_{i+j}}>x\right\}$$
$$\leqslant P\left\{\sum_{j=1}^{N}\varepsilon_j\sum_{i=0}^{\infty}\varphi_i e^{-r\sigma_{i+j}}+\sum_{j=N+1}^{\infty}\varepsilon_j e^{-r(j-N)\eta}\sum_{i=0}^{\infty}\varphi_i e^{-r\sigma_{i+N}}>x\right\}, \tag{4.18}$$

其中 N 为任意大于 1 的正整数且满足

$$N\eta\in\{t:\ P(\sigma_1\leqslant t)>0\}=\Gamma,\quad t>0.$$

由引理 4.2.2 可知, 对于任何正整数 K,

$$P\left\{\sum_{j=K+1}^{\infty}\varepsilon_j e^{-r(j-K)\eta}>x\right\}=P\left\{\sum_{j=1}^{\infty}\varepsilon_j e^{-rj\eta}>x\right\}\sim\sum_{j=1}^{\infty}\overline{F}(xe^{rj\eta}).$$

那么, 由引理 4.2.1 可知, 存在某个常数使得对于这个固定的整数 N 和所有的 $x>0$,

$$P\left\{\sum_{j=N+1}^{\infty}\varepsilon_j e^{-r(j-N)\eta}>x\right\}\leqslant D\overline{F}(x).$$

现引进一个新的随机变量 W_η. 它独立于随机变量序列 $\{\varepsilon_n\}_{n \geqslant 1}$ 和 $\{\sigma_n\}_{n \geqslant 1}$, 且具有一个尾概率满足

$$P\{W_\eta > x\} = \min\{D\overline{F}(x),\ 1\},$$

因此, 对于某个数 $\rho > 0$,

$$P\left\{\sum_{j=1}^{\infty} \varepsilon_j \sum_{i=0}^{\infty} \varphi_i e^{-r\sigma_{i+j}} > x\right\}$$

$$\leqslant P\left\{\sum_{j=1}^{N} \varepsilon_j \sum_{i=0}^{\infty} \varphi_i e^{-r\sigma_{i+j}} + W_\eta \sum_{i=0}^{\infty} \varphi_i e^{-r\sigma_{i+N}} > x\right\}$$

$$= P\{J > x\} = P\left\{J > x,\ \bigcup_{i=1}^{N}(T_i \geqslant \rho)\right\} + P\left\{J > x,\ \bigcap_{i=1}^{N}(T_i < \rho)\right\}. \quad (4.19)$$

注意到独立随机变量 $T_1, \cdots, T_N$ 是相协的. 重记 J 为

$$J = \sum_{j=1}^{N} \varepsilon_j \left(\sum_{k=j}^{N} \varphi_{k-j} e^{-r\sigma_k} + \sum_{k=N+1}^{\infty} \varphi_{k-j} e^{-r\left(\sigma_N + \sum\limits_{i=N+1}^{k} T_i\right)}\right)$$

$$+ W_\eta e^{-r\sigma_N}\left(\varphi_0 + \sum_{k=N+1}^{\infty} \varphi_{k-N} e^{-r\sum\limits_{i=N+1}^{k} T_i}\right).$$

既然随机变量序列 $\{T_i\}_{1 \leqslant i \leqslant N}$ 是独立于随机变量序列 $\{\varepsilon_i\}_{1 \leqslant i \leqslant N}$, $\{W_\eta\}$ 和 $\{T_{N+i}\}_{i \geqslant 1}$, 那么相协性在条件作用下仍然保持成立. 因此, 有

$$P\left\{J > x,\ \bigcup_{i=1}^{N}(T_i \geqslant \rho)\right\}$$

$$= E\left[P\left\{J > x,\ \bigcup_{i=1}^{N}(T_i \geqslant \rho)\Big|\ \varepsilon_1, \cdots, \varepsilon_N,\ W_\eta,\ T_{N+1}, \cdots\right\}\right]$$

$$\leqslant E\left[P\left\{J > x|\ \varepsilon_1, \cdots, \varepsilon_N,\ W_\eta,\ T_{N+1}, \cdots\right\}\right.$$

$$\left. \cdot P\left\{\bigcup_{i=1}^{N}(T_i \geqslant \rho)|\ \varepsilon_1, \cdots, \varepsilon_N,\ W_\eta,\ T_{N+1}, \cdots\right\}\right]$$

$$= P\{J > x\}P\left\{\bigcup_{i=1}^{N}(T_i \geqslant \rho)\right\}. \quad (4.20)$$

令 $Z_j = \sum\limits_{i=0}^{\infty} \varphi_i e^{-r\sigma_{i+j}}$ $(1 \leqslant j \leqslant N)$ 及 G 是 $(Z_1, \cdots, Z_N)$ 的分布. 那么, 对于这

个固定的正整数 N, 由引理 4.2.3 可知

$$P\left\{J > x, \bigcap_{i=1}^{N}(T_i < \rho)\right\}$$

$$\leqslant \int_{\{\varphi_0 e^{-rN\rho} \leqslant z_N \leqslant \cdots \leqslant z_1 \leqslant \varphi\}} P\left(\sum_{j=1}^{N} \varepsilon_j z_j + W_\eta z_N > x\right) dG(z_1, \cdots, z_N)$$

$$\sim \int_{\{\varphi_0 e^{-rN\rho} \leqslant z_N \leqslant \cdots \leqslant z_1 \leqslant \varphi\}} \left[\sum_{j=1}^{N} P(\varepsilon_j z_j > x) + P(W_\eta z_N > x)\right] dG(z_1, \cdots, z_N)$$

$$= \sum_{j=1}^{N} P\{\varepsilon_j Z_j I_{\{\varphi_0 e^{-rN\rho} \leqslant Z_N \leqslant \cdots \leqslant Z_1 \leqslant \varphi\}} > x\}$$

$$+ P\{W_\eta Z_N I_{\{\varphi_0 e^{-rN\rho} \leqslant Z_N \leqslant \cdots \leqslant Z_1 \leqslant \varphi\}} > x\}. \tag{4.21}$$

将 (4.20) 和 (4.21) 代入 (4.19), 且令 $\rho \to \infty$ 取极限, 得到

$$P\left\{\sum_{j=1}^{\infty} \varepsilon_j \sum_{i=0}^{\infty} \varphi_i e^{-r\sigma_{i+j}} > x\right\} \lesssim \sum_{j=1}^{N} P\{\varepsilon_j Z_j > x\} + P\{W_\eta Z_N > x\}. \tag{4.22}$$

类似于 (4.15) 的证明, 对某个数 $M \in (\eta, N\eta] \cap \Gamma$ 和所有足够大的 x, 有

$$\lim_{N\to\infty} \limsup_{x\to\infty} \frac{P\{W_\eta Z_N > x\}}{P\{\varepsilon_1 Z_1 > x\}}$$

$$\leqslant \lim_{N\to\infty} \limsup_{x\to\infty} \frac{\int_{N\eta}^{\infty} \int_0^{\varphi} D\overline{F}\left(\dfrac{xe^{rs}}{\widetilde{\varphi}_N}\right) P\{\varphi(\sigma_N) \in d\widetilde{\varphi}_N\} P\{\sigma_N \in ds\}}{\int_{\eta}^{M} \int_0^{\varphi} \overline{F}\left(\dfrac{xe^{rt}}{\widetilde{\varphi}_1}\right) P\{\varphi(\sigma_1) \in d\widetilde{\varphi}_1\} P\{\sigma_1 \in dt\}}$$

$$\leqslant \lim_{N\to\infty} \limsup_{x\to\infty} \frac{CEe^{-rp(\sigma_N - M)} \int_0^{\varphi} \overline{F}\left(\dfrac{xe^{rM}}{\widetilde{\varphi}_N}\right) P\{\varphi(\sigma_N) \in d\widetilde{\varphi}_N\}}{P\{\sigma_1 \leqslant M\} \int_0^{\varphi} \overline{F}\left(\dfrac{xe^{rM}}{\widetilde{\varphi}_1}\right) P\{\varphi(\sigma_1) \in d\widetilde{\varphi}_1\}} = 0, \tag{4.23}$$

其中倒数第二个等式源于 $\varphi(\sigma_1), \cdots, \varphi(\sigma_j), \cdots$ 是同分布的随机变量. 从 (4.22) 和 (4.23), 可以获得

$$P\left\{\sum_{j=1}^{\infty} \varepsilon_j \sum_{i=0}^{\infty} \varphi_i e^{-r\sigma_{i+j}} > x\right\} \lesssim \sum_{j=1}^{\infty} P\left\{\varepsilon_j \sum_{i=0}^{\infty} \varphi_i e^{-r\sigma_{i+j}} > x\right\}. \tag{4.24}$$

这完成引理 4.2.4 的证明.

下面的结果来自文献 (Cline and Samorodnitsky, 1994) 中的推论 2.5.

引理 4.2.5 设 X 和 Y 是两个独立的非负随机变量, 分别具有分布 F 和 G (在零点非退化), 且它们的乘积 XY 有分布 H. 如果 Y 是一个有界的随机变量, 那么 $H \in \mathcal{S}$.

下面的结果来自 Resnick 和 Willekens (1991) 的文献中的定理 2.1.

引理 4.2.6 设 $\{X_n; n \geqslant 1\}$ 是一个独立同分布的非负随机变量序列, 有共同的分布 F, 并且 $\{\theta_n; n \geqslant 1\}$ 是另一个与 $\{X_n; n \geqslant 1\}$ 独立的非负随机变量序列, 那么构成随机权级数 $W = \sum_{i=1}^{\infty} \theta_i X_i$. 如果 $F \in \mathcal{R}_{-\alpha}$, $\alpha > 0$, 那么

$$P\{W > x\} \sim \overline{F}(x) \sum_{i=1}^{\infty} E\theta_n^{\alpha}.$$

进一步, 需要下面的假设之一成立:

(1) $0 < \alpha < 1$ 及某个 $\varepsilon > 0$,

$$\sum_{i=1}^{\infty} E(\theta_n^{\alpha+\varepsilon} + \theta_n^{\alpha-\varepsilon}) < \infty;$$

(2) $1 \leqslant \alpha < \infty$ 及某个 $\varepsilon > 0$,

$$\sum_{i=1}^{\infty} E(\theta_n^{\alpha+\varepsilon} + \theta_n^{\alpha-\varepsilon})^{\frac{1}{\alpha+\varepsilon}} < \infty.$$

4.2.4 定理及推论的证明

由 (4.1), 有

$$x - \sum_{n=1}^{\infty} X_n e^{-r\sigma_n} \leqslant e^{-rt} U(t) \leqslant x + \widetilde{C} - \sum_{n=1}^{\infty} X_n e^{-r\sigma_n} I_{(\sigma_n \leqslant t)}, \quad t \geqslant 0,$$

其中 I_A 表示一个事件 A 的示性函数. 进一步, 由 (4.6) 和 (4.7) 可知

$$\sum_{i=1}^{\infty} X_i e^{-r\sigma_i} = \sum_{j=1}^{\infty} \varepsilon_j \sum_{i=0}^{\infty} \varphi_i e^{-r\sigma_{i+j}} + x_0 \sum_{i=1}^{\infty} \varphi_i e^{-r\sigma_i}$$

$$< \sum_{j=1}^{\infty} \varepsilon_j \sum_{i=0}^{\infty} \varphi_i e^{-r\sigma_{i+j}} + x_0 \varphi.$$

根据 (4.2), 有

$$P\left\{ \sum_{j=1}^{\infty} \varepsilon_j \sum_{i=0}^{\infty} \varphi_i e^{-r\sigma_{i+j}} > x + \widetilde{C} \right\}$$

$$\leqslant \psi(x) \leqslant P\left\{\sum_{j=1}^{\infty} \varepsilon_j \sum_{i=0}^{\infty} \varphi_i e^{-r\sigma_{i+j}} > x - x_0\varphi\right\}. \tag{4.25}$$

由引理 4.2.5 可知, 每个 $\varepsilon_j \sum\limits_{i=0}^{\infty} \varphi_i e^{-r\sigma_{i+j}}$ 的分布是长尾, 因为 $F \in \mathcal{S} \subset \mathcal{L}$ (族) 和

$0 < \sum\limits_{i=0}^{\infty} \varphi_i e^{-r\sigma_{i+j}} \leqslant \varphi$. 对于任何固定的正整数 $N \geqslant 1$ 和任何固定的数 $L \neq 0$, 有

$$\sum_{j=1}^{N} P\left\{\varepsilon_j \sum_{i=0}^{\infty} \varphi_i e^{-r\sigma_{i+j}} > x - L\right\} \sim \sum_{j=1}^{N} P\left\{\varepsilon_j \sum_{i=0}^{\infty} \varphi_i e^{-r\sigma_{i+j}} > x\right\}. \tag{4.26}$$

结合 (4.16) 和 (4.26), 有

$$\sum_{j=1}^{\infty} P\left\{\varepsilon_j \sum_{i=0}^{\infty} \varphi_i e^{-r\sigma_{i+j}} > x - L\right\} \sim \sum_{j=1}^{\infty} P\left\{\varepsilon_j \sum_{i=0}^{\infty} \varphi_i e^{-r\sigma_{i+j}} > x\right\}. \tag{4.27}$$

对于任何固定的数 $L \neq 0$, 应用引理 4.2.4 和 (4.27) 可得

$$P\left\{\sum_{j=1}^{\infty} \varepsilon_j \sum_{i=0}^{\infty} \varphi_i e^{-r\sigma_{i+j}} > x - L\right\} \sim \sum_{j=1}^{\infty} P\left\{\varepsilon_j \sum_{i=0}^{\infty} \varphi_i e^{-r\sigma_{i+j}} > x\right\}. \tag{4.28}$$

由于 $\{X_n; \ n \geqslant 1\}, \{T_n; \ n \geqslant 1\}$ 和 $\{C(t); \ t \geqslant 0\}$ 是相互独立的, 通过应用 Fatou 引理和 (4.28), 获得

$$\liminf_{x\to\infty} \frac{P\left\{\sum\limits_{j=1}^{\infty} \varepsilon_j \sum\limits_{i=0}^{\infty} \varphi_i e^{-r\sigma_{i+j}} > x + \widetilde{C}\right\}}{\sum\limits_{j=1}^{\infty} P\left\{\varepsilon_j \sum\limits_{i=0}^{\infty} \varphi_i e^{-r\sigma_{i+j}} > x\right\}}$$

$$= \liminf_{x\to\infty} \int_0^{\infty} \frac{P\left\{\sum\limits_{j=1}^{\infty} \varepsilon_j \sum\limits_{i=0}^{\infty} \varphi_i e^{-r\sigma_{i+j}} > x + y\right\}}{\sum\limits_{j=1}^{\infty} P\left\{\varepsilon_j \sum\limits_{i=0}^{\infty} \varphi_i e^{-r\sigma_{i+j}} > x\right\}} P(\widetilde{C} \in dy)$$

$$\geqslant \int_0^{\infty} \liminf_{x\to\infty} \frac{P\left\{\sum\limits_{j=1}^{\infty} \varepsilon_j \sum\limits_{i=0}^{\infty} \varphi_i e^{-r\sigma_{i+j}} > x + y\right\}}{\sum\limits_{j=1}^{\infty} P\left\{\varepsilon_j \sum\limits_{i=0}^{\infty} \varphi_i e^{-r\sigma_{i+j}} > x\right\}} P(\widetilde{C} \in dy)$$

$$= \int_0^{\infty} P(\widetilde{C} \in dy) = 1. \tag{4.29}$$

结合 (4.28), 由 (4.29) 和 (4.25) 可得

$$\varphi(x) \sim \sum_{j=1}^{\infty} P\left\{\varepsilon_j \sum_{i=0}^{\infty} \varphi_i e^{-r\sigma_{i+j}} > x\right\}. \tag{4.30}$$

注意到随机变量 $\displaystyle\sum_{i=0}^{\infty} \varphi_i e^{-r\sigma_i}$ 与随机变量 $\displaystyle\sum_{i=0}^{\infty} \varphi_i e^{-r(\sigma_{i+j}-\sigma_j)}$ $(j \geqslant 1)$, 有相同的分布, 且都与随机变量 ε_j $(j=1,2,\cdots)$ 独立. 通过对 σ_j $(j \geqslant 1)$ 取条件计算概率 $P\left\{\varepsilon_j e^{-r\sigma_j} \displaystyle\sum_{i=0}^{\infty} \varphi_i e^{-r(\sigma_{i+j}-\sigma_j)} > x\right\}$, 我们立刻获得 (4.8). 这就完成了定理 4.2.1 的证明.

既然索赔发生的间隔时间 $\{T_n; n \geqslant 1\}$ 为一个 i.i.d. 随机变量序列, 构成相继索赔时刻序列 $\sigma_n = \displaystyle\sum_{i=1}^{n} T_i$, $n=1,2,\cdots$. 由引理 4.2.6 可知

$$P\left\{\sum_{j=1}^{\infty} \varepsilon_j \sum_{i=0}^{\infty} \varphi_i e^{-r\sigma_{i+j}} > x\right\} \sim \overline{F}(x) E\left[\sum_{i=0}^{\infty} \varphi_i e^{-r\sigma_{i+j}}\right]^{\alpha}$$

$$= \overline{F}(x) E\left[\sum_{j=1}^{\infty} e^{-r\alpha\sigma_j}\right] E\left[\sum_{i=0}^{\infty} \varphi_i e^{-r(\sigma_{i+j}-\sigma_j)}\right]^{\alpha}$$

$$= \overline{F}(x) \frac{Ee^{-r\alpha T_1}}{1 - Ee^{-r\alpha T_1}} E\left[\sum_{i=0}^{\infty} \varphi_i e^{-r\sigma_i}\right]^{\alpha},$$

再由引理 4.2.4 及 (4.30) 可知 (4.9) 成立. 如果 $\varphi_0 = 1$, $\varphi_i = 0$, $i \neq 0$ 且 $N(\cdot)$ 是以参数 $\lambda > 0$ 的齐次 Poisson 过程, 那么 $EN(t) = \lambda\lambda t$. 令

$$y = xe^{rs},$$

我们立即获得 (4.4). 这完成了推论 4.2.1 的证明.

第 5 章　　常利率下离散时间风险模型

5.1　模型及相关结论

在本章中, 我们考虑下面一个离散时间风险过程:

$$U_0 = x, \quad U_n = U_{n-1}(1+r) + Y_n(1+r) - X_n, \; n = 1, 2, \cdots, \qquad (5.1)$$

其中 x 和 r 是两个非负常数, $\{Y_n; \; n \geqslant 1\}$ 和 $\{X_n; \; n \geqslant 1\}$ 是两个相互独立的非负随机变量序列. 在保险风险背景中, x 和 r 分别为保险公司的初始资金和常利率. 随机变量 Y_n 和 X_n 分别表示在第 n 个时期, 即从时间 $n-1$ 到时间 n 的总保险费和总索赔额. 假设索赔额 X_n 是在第 n 个时期末, 也就是; 在时间 n 被支付, 且保险费 Y_n 是在第 n 个时期末被收到. 因此, U_n 为保险公司在时间 n 的盈余. 根据递归方程 (5.1), 对于 $x \geqslant 0$, 有

$$U_0 = x, \; U_n = x(1+r)^n + \sum_{i=1}^{n}(Y_i(1+r) - X_i)(1+r)^{n-i}, \; n = 1, 2, \cdots. \quad (5.2)$$

到目前为止, 许多文献已讨论了与模型 (5.2) 相关的离散时间风险模型的有限时间和无限时间 (或最终) 破产概率的渐近式. 关于与风险模型 (5.2) 相关的有限时间破产概率的渐近公式, Tang 和 Tsitsiashvili (2003a) 考虑了这种情况, 即随机利率下净损失 (即总的索赔额减去总的保费收入) 属于长尾分布族 ($\mathcal{L}$) 和控制变化尾分布族 ($\mathcal{D}$) 的交集. 在更强的条件下, Tang 和 Tsitsiashvili(2003b) 扩展了上面的结论到次指数族 ($\mathcal{S}$) 的情况, 而 $\mathcal{S}$ 族是重尾分布族中的最重要的一类分布族并且包含了交集 $\mathcal{D} \cap \mathcal{L}$. 关于 (5.2) 中的 (最终) 破产概率的渐近表达式, Tang (2004) 考虑了更大的次指数分布族. 后来, 通过假设净损失为上尾独立 (upper-tail) 和正则变化尾分布族 ($\mathcal{R}$), Weng 等 (2009) 部分推广了文献 (Tang, 2004) 中相应的结论. 然而, 上面所有的方法都严重地依赖对风险独立的假设, 除了 Weng 的 (2009) 所使用的方法. 然而 Weng 等 (2009) 的方法也依赖净损失的分布为正则变化尾的分布的假设. 不幸的是, 此假设排除了如 Lognormal 和 Weibull 这样重要的重尾分布.

由于保险和再保险产品的日趋复杂化, 研究人员越来越关注相依风险模型的处理. 本章我们对索赔额 $\{X_n; \; n \geqslant 1\}$ 考虑一个相依模型, 在这个模型中索赔

过程 $\{X_n; \ n \geqslant 1\}$ 被假定有一个单边线性结构 (参见相关文献 (Brockwell and Davis, 1991)). 对于这个风险模型, 定义 (5.2) 中的破产概率为

$$\psi(x) = P\left\{ \min_{0 \leqslant n < \infty} U_n < 0 \ \middle| \ U_0 = x \right\}. \tag{5.3}$$

然而, 一个单边线性模型是经常用在时间序列分析中, 且包括了 ARMA 模型和分数 ARIMA(简称为 FARIM) 模型 (具体参见相关文献 (Brockwell and Davis, 1991)).

5.2 破产概率的渐近表达式

5.2.1 预备知识

本章需要用测度论中的一些引理和定理如下[①].

设 $(\Omega, \mathcal{F}, \mathcal{P})$ 为给定的完备概率空间, $\{X_n; \ n \geqslant 1\}$ 为定义在其上的随机变量序列, X 和 Y 为定义其上的随机变量, 且 $\Lambda \in \mathcal{F}$. 由钟开莱 (1989 年) 著的《概率论教程》可知下面的结论.

Fatou 引理 如果在 Λ 上 $X_n \geqslant 0$ 几乎处处成立, 则

$$\int_\Lambda (\liminf_{n \to \infty} X_n) dP \leqslant \liminf_{n \to \infty} \int_\Lambda (X_n) dP.$$

控制收敛定理 如果 $\lim_{n \to \infty} X_n = X$ 在 Λ 上几乎处处或仅按测度成立, 且 $\forall n: |X_n| \leqslant Y$ 在 Λ 上几乎处处成立, 并且 $\int_\Lambda (X_n) dP < \infty$, 则

$$\int_\Lambda (\lim_{n \to \infty} X_n) dP \leqslant \lim_{n \to \infty} \int_\Lambda (X_n) dP = \int_\Lambda X dP.$$

单调收敛定理 如果 $X_n \geqslant 0$ 及 $X_n \uparrow X$ 在 Λ 上几乎处处成立, 且允许 $+\infty$ 作为上式两边的一个值, 则该式也成立. 条件 "$X_n \geqslant 0$" 可减弱为 "对某个 n, $EX_n > -\infty$".

本章还需要的一些相关引理如下.

由文献 (Chen et al., 2005) 的推论 3.1 可知如下结论.

引理 5.2.1 设 $\{X_n; \ n \geqslant 1\}$ 是一个独立同分布的随机变量序列, 有共同的分布 F, 并且 $\{w_n; \ n \geqslant 1\}$ 是一个正数序列. 假设 $F \in \mathcal{A}$ (族) 及

$$\sum_{i=1}^\infty w_i^\delta < \infty, \quad \text{对于} \quad 0 < \delta < \frac{J_F^-}{1 + J_F^-},$$

[①] 5.2.1 小节部分内容与 4.2.1 小节的部分内容和 4.2.3 小节的引理 4.2.2 相同, 此处为知识的整体性, 再次写出.

其中

$$\delta < \frac{J_F^-}{1 + J_F^-}, \quad 对于 \quad J_F^- = \infty.$$

那么, 有

$$P\left\{\sup_{m \geqslant 1} \sum_{i=1}^{m} w_i X_i > x\right\} \sim P\left\{\sum_{i=1}^{\infty} w_i X_i^+ > x\right\}$$

$$\sim P\left\{\max_{1 \leqslant i < \infty} w_i X_i > x\right\} \sim \sum_{i=1}^{\infty} P\{X_i^+ > x\}.$$

对文献 (Bingham et al., 1987) 中的命题 5.2.1 的第二个不等式做一些调整, 我们获得下面的结论.

引理 5.2.2　如果 $F \in \mathcal{A}$ (族), 存在正常数 d, C_0 和 x_* 使得对所有 $xy \geqslant x \geqslant x_*$,

$$\frac{\overline{F}(xy)}{\overline{F}(x)} \leqslant C_0 y^{-d} \tag{5.4}$$

一致成立. 固定 (5.4) 中的变量 $x = x_*$ 能得到对所有 $y \geqslant 1$,

$$\frac{\overline{F}(x_* y)}{\overline{F}(x_*)} \leqslant C_0 y^{-d}$$

一致成立. 通过在上面不等式中替代 $x = x_* y$, , 对于某个常数 $C_1 > 0$, 能得到对所有 $x \geqslant x_*$,

$$\overline{F}(x) \leqslant C_1 x^{-d} \tag{5.5}$$

一致成立. 也可参见文献 (Tang, 2004) 中的引理 4.1.

5.2.2　主要的结论及证明

下面给出本节的主要结果.

定理 5.2.1　设随机变量序列 $\{X_n; n \geqslant 1\}$ 是具有初始值 $x_0 \geqslant 0$ 的一个单边线性过程, 即

$$X_n = \sum_{j=1}^{n} \rho_{n-j} \varepsilon_j + \rho_n x_0, \quad n = 1, 2, \cdots, \tag{5.6}$$

其中 $\{\varepsilon_n\}_{n \geqslant 1}$ 是一个非负 i.i.d. 随机变量序列, 具有通有的随机变量 ε 和共同的 d.f.F, 并且非负的系数 $\rho_i \geqslant 0$ 被假定满足

$$0 < \sum_{i=0}^{\infty} \rho_i = \rho < \infty. \tag{5.7}$$

如果

$$M = \sum_{i=1}^{\infty} Y_i \theta (1+r)^{-i} < \infty \ \text{几乎处处成立,}$$

并且 $F \in \mathcal{A}$ (族), 那么

$$\psi(x) \sim \sum_{j=1}^{\infty} P\left\{ \varepsilon_j \sum_{i=0}^{\infty} \rho_i (1+r)^{-(i+j)} > x \right\}, \quad r > 0. \tag{5.8}$$

注 5.2.1 由 (5.5) 易知对于任意固定的 $x > 0$, (5.8) 中的无穷级数收敛. 由 (5.4) 可知对于某个常数 $C > 0$,

$$\overline{F}\left(\frac{x(1+r)}{\displaystyle\sum_{i=0}^{\infty} \rho_i (1+r)^{-i}} \right) \leqslant \sum_{j=1}^{\infty} P\left\{ \varepsilon_j \sum_{i=0}^{\infty} \rho_i (1+r)^{-(i+j)} > x \right\}$$

$$\lesssim C\overline{F}\left(\frac{x(1+r)}{\displaystyle\sum_{i=0}^{\infty} \rho_i (1+r)^{-i}} \right),$$

因此, 破产概率 $\psi(x)$ 与 $\overline{F}\left(\dfrac{x(1+r)}{\displaystyle\sum_{i=0}^{\infty} \rho_i (1+r)^{-i}} \right)$ 有相同的阶.

证明 由 (5.2) 和 (5.3), 有

$$\psi(x) = P\left\{ \min_{0 \leqslant n < \infty} U_n (1+r)^{-n} < 0 \mid U_0 = x \right\}$$

$$= P\left\{ \max_{0 \leqslant n < \infty} \sum_{i=1}^{n} (X_i - Y_i \theta)(1+r)^{-i} > x \right\}. \tag{5.9}$$

由 (5.6) 和 (5.7), 得到

$$\sum_{i=1}^{n} (X_i - Y_i \theta)(1+r)^{-i} = \sum_{i=1}^{n} \sum_{j=1}^{i} \rho_{i-j} \varepsilon_j (1+r)^{-i} + \sum_{i=1}^{n} (\rho_i x_0 - Y_i \theta)(1+r)^{-i}$$

$$= I_1 + I_2$$

和

$$\sum_{j=1}^{\infty} \varepsilon_j \sum_{i=0}^{\infty} \rho_i (1+r)^{-(i+j)} - M = \sum_{i=1}^{\infty} \sum_{j=1}^{i} \rho_{i-j} \varepsilon_j (1+r)^{-i} - M$$

$$\leqslant \max_{0 \leqslant n < \infty} (I_1 + I_2) \leqslant \sum_{i=1}^{\infty} \sum_{j=1}^{i} \rho_{i-j} \varepsilon_j (1+r)^{-i} + \rho x_0$$

$$= \sum_{j=1}^{\infty} \varepsilon_j \sum_{i=0}^{\infty} \rho_i (1+r)^{-(i+j)} + \rho x_0.$$

因此, 由 (5.9), 得到

$$P\left\{ \sum_{j=1}^{\infty} \varepsilon_j \sum_{i=0}^{\infty} \rho_i (1+r)^{-(i+j)} > x + M \right\}$$

$$\leqslant \psi(x) \leqslant P\left\{ \sum_{j=1}^{\infty} \varepsilon_j \sum_{i=0}^{\infty} \rho_i (1+r)^{-(i+j)} > x - \rho x_0 \right\}. \tag{5.10}$$

如果能证明

$$P\left\{ \sum_{j=1}^{\infty} \varepsilon_j \sum_{i=0}^{\infty} \rho_i (1+r)^{-(i+j)} > x - C \right\}$$

$$\sim \sum_{j=1}^{\infty} P\left\{ \varepsilon_j \sum_{i=0}^{\infty} \rho_i (1+r)^{-(i+j)} > x \right\}, \tag{5.11}$$

那么根据 Fatou 引理和 (5.11), 有

$$P\left\{ \sum_{j=1}^{\infty} \varepsilon_j \sum_{i=0}^{\infty} \rho_i (1+r)^{-(i+j)} > x + M \right\}$$

$$\gtrsim \sum_{j=1}^{\infty} P\left\{ \varepsilon_j \sum_{i=0}^{\infty} \rho_i (1+r)^{-(i+j)} > x \right\}. \tag{5.12}$$

因此, 从 (5.10)—(5.12), 得到 (5.8). 现在证明 (5.11). 应用引理 4.2.2, 有

$$P\left\{ \sum_{j=1}^{\infty} \varepsilon_j \sum_{i=0}^{\infty} \rho_i (1+r)^{-(i+j)} > x - C \right\}$$

$$\sim \sum_{j=1}^{\infty} P\left\{ \varepsilon_j \sum_{i=0}^{\infty} \rho_i (1+r)^{-(i+j)} > x - C \right\}. \tag{5.13}$$

注意到, 对每个 $j \geqslant 1$, $\varepsilon_j \sum\limits_{i=0}^{\infty} \rho_i(1+r)^{-(i+j)}$ 的分布是长尾, 因为 $F \in \mathcal{A} \subset \mathcal{L}$ 和

$0 < \sum\limits_{i=0}^{\infty} \rho_i(1+r)^{-(i+j)} < \rho$. 对于任何固定的整数 $N \geqslant 1$, 得到

$$\sum_{j=1}^{N} P\left\{\varepsilon_j \sum_{i=0}^{\infty} \rho_i(1+r)^{-(i+j)} > x - C\right\}$$

$$\sim \sum_{j=1}^{N} P\left\{\varepsilon_j \sum_{i=0}^{\infty} \rho_i(1+r)^{-(i+j)} > x\right\}. \tag{5.14}$$

应用 (5.4), 对于足够大的 x, 有

$$\sum_{j=N+1}^{\infty} P\left\{\varepsilon_j \sum_{i=0}^{\infty} \rho_i(1+r)^{-i} > x(1+r)(1+r)^{j-1}\right\}$$

$$\leqslant \sum_{j=N+1}^{\infty} P\left\{\varepsilon_j \sum_{i=0}^{\infty} \rho_i(1+r)^{-i} > x(1+r)\right\} C_0(1+r)^{-(j-1)d}$$

$$= P\left\{\varepsilon_1 \sum_{i=0}^{\infty} \rho_i(1+r)^{-(i+1)} > x\right\} \sum_{j=N+1}^{\infty} C_0(1+r)^{-(j-1)d},$$

其中最后的等式是由于 $\{\varepsilon_n\}_{n \geqslant 1}$ 是一个非负独立同分布. 的随机变量序列. 因此

$$\lim_{N \to \infty} \limsup_{x \to \infty} \frac{\sum\limits_{j=N+1}^{\infty} P\left\{\varepsilon_j \sum\limits_{i=0}^{\infty} \rho_i(1+r)^{-(i+j)} > x\right\}}{P\left\{\varepsilon_1 \sum\limits_{i=0}^{\infty} \rho_i(1+r)^{-(i+1)} > x\right\}}$$

$$\leqslant \lim_{N \to \infty} \sum_{j=N}^{\infty} C_0(1+r)^{-jd} = 0. \tag{5.15}$$

结合 (5.14) 和 (5.15), 获得

$$\sum_{j=1}^{\infty} P\left\{\varepsilon_j \sum_{i=0}^{\infty} \rho_i(1+r)^{-(i+j)} > x - C\right\}$$

$$\sim \sum_{j=1}^{\infty} P\left\{\varepsilon_j \sum_{i=0}^{\infty} \rho_i(1+r)^{-(i+j)} > x\right\}. \tag{5.16}$$

将 (5.16) 代入 (5.13), 能证明 (5.11).

推论 5.2.1　(1) 如果 $\rho_0 = 1$ 和 $\rho_i = 0$, $i \neq 0$, 那么 (5.8) 就与文献 (Tang, 2004) 中的 (5.1) 一致, 即

$$\psi(x) \sim \sum_{i=0}^{\infty} \overline{F}((1+r)^j x), \quad r > 0.$$

(2) 对某个 $\alpha > 0$, 如果 $F \in \mathcal{R}_{-\alpha}$, 那么 (5.8) 变为

$$\psi(x) \sim \overline{F}(x) \frac{1}{(1+r)^\alpha - 1} \left(\sum_{i=0}^{\infty} \rho_i (1+r)^{-i} \right)^\alpha, \quad r > 0. \tag{5.17}$$

特别地, 如果 $\rho_0 = 1$ 和 $\rho_i = 0$, $i \neq 0$, 那么 (5.17) 与文献 (Tang, 2004) 中的 (5.2) 一致, 即

$$\psi(x) \sim \overline{F}(x) \frac{1}{(1+r)^\alpha - 1}, \quad r > 0.$$

证明　通过对 (5.8) 使用控制收敛定理及由正则变化尾的分布族 $\mathcal{R}$ 的定义易推得 (5.17), 其中控制收敛定理由 (5.4) 保证.

第 6 章　随机投资回报的相依更新风险模型

6.1　模型背景

众所周知, 标准更新风险模型 (Sparre Andersen 在 1957 年提出) 在风险理论中起着基础性的作用. 这个标准框架基于许多独立的假设; 索赔额 X_n $(n \geqslant 1)$ 和间隔到达时间 Y_n $(n \geqslant 1)$ 分别形成一个独立同分布的随机变量序列, 且这两个序列是相互独立的. 值得指出的是这些独立假设主要是为了数学上好处理而不是实用相关性. 此外, 这些独立假设使得更新风险模型对实际问题过于严格. 因此, 近年来, 越来越多的研究者开始用各种相依结构对标准更新风险模型进行非标准扩展.

本章通过在索赔额 X_n $(n \geqslant 1)$ 及索赔额和间隔到达时间Y_n $(n \geqslant 1)$ 之间引进合适的相依结构, 致力于改进标准更新风险模型, 研究具有重尾索赔及 Lévy 过程的随机投资收益, 非标准更新风险模型的有限时间和无限时间的破产概率, 并考察尾概率如何受相依结构的影响.

一方面, 随着保险和再保险的复杂性的增加, 研究人员越来越关注对相关风险的建模. 另一方面, 归咎于这种情况, 如果给被保险人的扣减增加, 那么索赔间隔到达时间将增加, 索赔额将减少, 因为少的损失将被排除保留在被保险者手里. 因此, 索赔额 X_n 与间隔到达时间 Y_n 之间的独立性假设在许多保险应用中是不合理的.

在这里, 对索赔额的相依性做如下的假设:

假设 6.1.1　设索赔额 $\{X_n, n \geqslant 1\}$ 是一个单边线性过程满足

$$X_n = \sum_{j=1}^{n} \varphi_{n-j}\varepsilon_j + \varphi_n\varepsilon_0, \quad n = 1, 2, \cdots, \tag{6.1}$$

其中 $\{\varepsilon_n, n \geqslant 1\}$ 是一个独立同分布非负随机变量序列, 具有通有的随机变量 ε 和共同的分布函数 F, ε_0 是一个非负常数, 且系数 $\varphi_0 > 0$.

正如大量文献 (Brockwell and Davis,1991; Mikosch and Samorodnitsky, 2000) 所指出的, 线性过程包括 ARMA 模型和分数 ARIMA 模型, 通常用于时间序列分析, 也是保险风险理论中广泛使用的一种相依结构.

在文献 (Yang and Wang, 2013) 的启发下, 对 (ε_n, Y_n) 的相依结构做出了如下的另一种假设.

假设 6.1.2　设在索赔额模型 (6.1) 中的步长 ε_n 和间隔到达时间 Y_n, 即 (ε_n, Y_n) 是独立同分布的随机对 (ε, Y) 的副本, 具有如下的二维 Sarmanov 分布形式:

$$P(\varepsilon \in dx, Y \in dy) = (1 + \pi\phi_1(x)\phi_2(y))P(\varepsilon \in dx)P(Y \in dy), \quad x \geqslant 0, \quad y \geqslant 0, \tag{6.2}$$

其中核 $\phi_1(x)$ 和 $\phi_2(y)$ 是两个函数, 参数 π 是一个实常数, 满足

$$E\phi_1(\varepsilon) = E\phi_2(Y) = 0 \tag{6.3}$$

和

$$1 + \pi\phi_1(x)\phi_2(y) \geqslant 0, \quad \forall x \in D_\varepsilon, \quad y \in D_Y, \tag{6.4}$$

其中 $D_\varepsilon = \{x \in \mathbb{R} : P(\varepsilon \in (x - \delta, x + \delta)) > 0, \forall \delta > 0\}$ 和 $D_Y = \{y \geqslant 0 : P(Y \in (y - \delta, y + \delta)) > 0, \forall \delta > 0\}$.

显然, 如果 $1 + \pi\phi_1(x)\phi_2(y) = 0$, ε 与 Y 相互独立.

应该注意的是, 二元 Sarmanov 分布是一种比 Farlie-Gumbel-Morgenstern (FGM) 的相依结构更一般的相依结构 (更多细节见 (Wang et al., 2013)). 正如 Tang 等 (2011) 指出的那样, 如果 $1 + \pi\phi_1(x)\phi_2(y) \neq 1, \forall x \in D_\varepsilon, y \in D_Y$, 则 (ε, Y) 服从二元 FGM 分布. 关于 Sarmanov 分布的更详细的讨论, 见文献 (Kotz et al., 2000; Tang et al., 2012).

假设保险公司被允许进行无风险和有风险的投资. 基于大量来自股票市场的实证证据表明股票价格过程有了突然向下和向上跳跃, 这些跳跃不能通过连续几何布朗运动解释和描述, 我们考虑更适当的模型, 即利用一般具有跳的指数 (也被称为几何) Lévy 过程模仿投资组合回报或风险资产价格. 无风险和风险的价格过程分别满足

$$Z_0(t) = e^{rt} \quad 和 \quad Z_1(t) = e^{L(t)}, \quad t \geqslant 0, \tag{6.5}$$

其中 $r > 0$ 是无风险利率, 这个过程 $\{L(t), t \geqslant 0\}$ 是一个具有三元组特征 (γ, σ^2, ν) 的 Lévy 过程.

假设保险公司不断地将其储备分别按照常数比例投资于风险资产和无风险资产中. 这个分数就是所谓的常数投资策略. 投资组合价格过程的假设在数学金融和精算科学中经常被使用. 对于更多的细节, 请参见文献 (Emmer and Klüppelberg, 2004; Paulsen, 2008; Heyde and Wang, 2009) 等.

根据文献 (Emmer and Klüppelberg, 2004) 中引理 2.5, $\{L_\theta(t), t \geqslant 0\}$ 过程也是一个具有三元组特征 (γ, σ^2, ν) 的 Lévy 过程, 其被原来的 Lévy 过程 $\{L(t), t \geqslant 0\}$ 确定如下:

$$\gamma_\theta(t) = \gamma\theta + (1 - \theta)\left(r + \frac{\sigma^2}{2}\theta\right)$$
$$+ \int_{\mathbb{R}} \left[\log(1 + \theta(e^x - 1))I_{[|\log(1+\theta(e^x-1)), \ |\leqslant 1]} - \theta x I_{[|x|\leqslant 1]}\right] \nu(dx);$$
$$\sigma_\theta^2 = \theta^2\sigma^2;$$

$\nu_\theta(A) = \nu(\{x \in \mathbb{R} : \log(1 + \theta(e^x - 1)) \in A\})$ 对于任何的 Borel 集 $A \subset \mathbb{R}$.

定义这个过程 $\{L_\theta(t), t \geqslant 0\}$ 的拉普拉斯指数如下

$$\psi_\theta(s) = \log E[e^{-sL_\theta(1)}], \quad -\infty < s < +\infty. \tag{6.6}$$

如果 $\psi_\theta(s) < \infty$, 那么

$$E[e^{-sL_\theta(t)}] = e^{t\psi_\theta(s)} < \infty, \quad s \geqslant 0. \tag{6.7}$$

由文献 (Klüppelberg and Kostadinova, 2008) 中引理 4.1 的证明, 能得到 $\psi_\theta(s) < \infty$ 对于所有的 $\theta \in (0,1)$ 和 $s \geqslant 0$, 并且如果 $0 < EL(1) < \infty$, $\sigma > 0$ 或者 $v((-\infty, 0)) > 0$, 那么存在一个唯一的正 $\kappa_\theta > 0$ 使得 $\psi_\theta(\kappa_\theta) = 0$. 因此, 如果 $0 < EL(1) < \infty$, $\sigma > 0$ 或者 $\nu((-\infty, 0)) > 0$, 那么对于任何固定的 $\theta \in (0,1)$, 具有 $\psi_\theta(0) = 0$ 和 $\psi_\theta'(0) = -EL_\theta(1) < 0$ 性质的函数 $\psi_\theta(\cdot)$ 暗含

$$\psi_\theta(v) < 0, \quad \forall 0 < v < \kappa_\theta. \tag{6.8}$$

假定 $\{L(t), t \geqslant 0\}$ 独立于 $\{\varepsilon_n, n \geqslant 1\}$ 和 $\{Y_n, n \geqslant 1\}$, 也就是表明保险过程 $\{S_t, t \geqslant 0\}$ 和投资过程 $\{L_\theta(t), t \geqslant 0\}$ 之间独立. 那么, 从文献 (Klüppelberg and Kostadinova, 2008) 中引理 2.2 的证明, 我们能够验证保险公司的具有随机投资收益的盈余过程是

$$U_\theta(0) = x, \quad U_\theta(t) = e^{L_\theta(t)}\left(x + \int_0^t e^{-L_\theta(v)}(cdv - dS_v)\right), \quad t > 0, \tag{6.9}$$

其中 $x \geqslant 0$ 是保险公司的初始资本, $c > 0$ 是常数保费率. $S_t = \sum_{n=1}^{N(t)} X_n$ 是到时刻 t 的聚合索赔额, $N(t) = \sum_{n=1}^{\infty} I_{\{\tau_n \leqslant t\}}$, $t \geqslant 0$ 是一个更新计数过程, 其间隔到达时间

$\{Y_n; n \geqslant 1\}$ 不独立于索赔额 $\{X_n; n \geqslant 1\}$, 形成一个独立同分布的、非负并且不退化为零的随机变量序列.

在假设 6.1.1 和假设 6.1.2 下, 我们认为 $U_\theta(t)$ 是一个被 Kalashnikov 和 Norberg (2002), Paulsen (2002), Yuen 等 (2004, 2006), Cai(2004), Guo 和 Wang (2013a) 考虑的盈余过程的推广.

通常, 非标准更新风险模型 (6.9) 中的有限和无限时间破产概率分别定义为

$$\Psi(x, T) = P\left\{ \inf_{0 \leqslant t \leqslant T} U(t) < 0 \,\bigg|\, U(0) = x \right\}, \quad T \geqslant 0 \tag{6.10}$$

及

$$\Psi(x) = \Psi(x, \infty) = \lim_{T \to \infty} \Psi(x, T) = P\left\{ \inf_{0 \leqslant t < \infty} U(t) < 0 \mid U(0) = x \right\}. \tag{6.11}$$

对非标准更新风险模型 (索赔额间不必独立, 或索赔额与索赔到达间隔时间之间不必独立), 近年来已经有一些文章研究了具有随机投资回报下的保险公司破产概率的渐近估计. Guo 和 Wang (2013a, 2013b), Yang 等 (2014) 考虑了类似的问题, 但他们的研究集中在分别用单边线性、二元上尾独立和上尾渐近独立相依结构处理索赔额之间的相依性, 而索赔额与索赔间隔到达时间之间是独立结构. Fu 和 Ng (2014) 使用 Asimit 和 Badescu (2010) 提出的相依结构去刻画索赔额与索赔间隔到达时间之间的相依关系, 即时间相依更新风险模型. 在具有 $\mathcal{ERV}$ 尾的索赔额与间隔到达时间之间的相依结构下, Li (2012) 研究了随机投资回报下时间相依更新风险模型的一致渐近尾行为. 但对于时间相依更新风险模型, Fu 和 Ng (2014) 及 Asimit 和 Badescu (2010) 考虑的是独立索赔额的情况. 他们显示了相依结构如何去影响尾概率.

然而, 我们计划不仅使用不同的和有意义的二元 Sarmanov 相依结构去刻画索赔额和间隔到达时间之间的相依关系大小与间隔到达时间, 也采用一个有趣的单边线性过程处理相依索赔额.

迄今为止, 我们还没有看见有文章讨论随机投资回报下连续时间更新风险模型在索赔额间、索赔额与间隔到达时间同时具有相依结构.

6.2　破产概率的渐近表达式

6.2.1　预备知识

首先, 介绍分布的一个重要指标:

$$L_F = \lim_{y \downarrow 1} \overline{F}_*(y), \tag{6.12}$$

其中对于 $y > 0$,

$$\overline{F}_*(y) = \liminf_{x \to \infty} \frac{\overline{F}(xy)}{\overline{F}(x)} \quad \text{和} \quad \overline{F}^*(y) = \limsup_{x \to \infty} \frac{\overline{F}(xy)}{\overline{F}(x)}$$

有

$$L_F = \lim_{y \downarrow 1} \overline{F}_*(y) = 1 / \lim_{y \uparrow 1} \overline{F}^*(y). \tag{6.13}$$

假定 $\lim \phi_1(x) = d_1$. 关系 (6.3) 和 (6.4) 表明

$$1 + \pi d_1 \phi_2(y) \geqslant 0 \quad \text{和} \quad \int_0^\infty (1 + \pi d_1 \phi_2(y)) G(dy) = 1.$$

因此, 可以定义一个独立于 $\{\varepsilon_n, n \geqslant 1\}$, $\{Y_n, n \geqslant 1\}$ 和 $\{L_\theta(t), t \geqslant 0\}$ 的新随机变量 Y_π^*, 其分布为

$$G_\pi(dy) = P(Y_\pi^* \in dy) = (1 + \pi d_1 \phi_2(y)) G(dy). \tag{6.14}$$

此后, 对于表达式的简洁性, 假设 (ε^*, Y^*) 是 (ε, Y) 的一个独立版本, 这意味着前者具有与后者相同的边缘分布, 但具有独立的分量. 假设 $\tilde{\varepsilon}^*$ 和 $\tilde{Y}^*$ 是两个独立的随机变量, 它们也独立于 ε^* 和 Y^*, 其分布分别是 $\tilde{F}$ 和 $\tilde{G}$, 定义如下

$$\tilde{F}(dx) = \left(1 - \frac{\phi_1(x)}{b_1}\right) F(dx)$$

和

$$\tilde{G}(dy) = \left(1 - \frac{\phi_2(x)}{b_2}\right) G(dy), \quad x \in D_\varepsilon, \quad y \in D_Y. \tag{6.15}$$

设 ε^*, Y^*, $\tilde{\varepsilon}^*$, $\tilde{Y}^*$ 独立于 Y_π^*, $\{\varepsilon_n, n \geqslant 1\}$, $\{Y_n, n \geqslant 1\}$ 和 $\{L_\theta(t), t \geqslant 0\}$. 记 $\{(\varepsilon_n^*, Y_n^*), n \geqslant 1\}$ 和 $\{(\tilde{\varepsilon}_n^*, \tilde{Y}_n^*), n \geqslant 1\}$ 分别是通有的随机对 (ε^*, Y^*) 和 $(\tilde{\varepsilon}^*, \tilde{Y}^*)$ 的独立同分布副本.

6.2.2 主要的结论

由于保险公司不允许将其全部财富投资于风险资产, 这里仅仅考虑这种情况 $\theta \in [0, 1)$. 现在开始陈述我们的主要结果.

定理 6.2.1 考虑非标准风险模型 (6.9), 其参数 $\theta \in [0, 1)$. 除了假设 6.1.1 和假设 6.1.2, 假设在索赔额模型 (6.1) 中, 步长的公共分布函数 F 属于 $\mathcal{D}$ 类, 非负系数 $\{\varphi_n, n \geqslant 0\}$ 满足 $\sup_{n \geqslant 0} \varphi_n < \infty$ 和 $\varphi_0 > 0$, 如果在 (6.2) 中 $\lim_{x \to \infty} \phi_1(x)$ 存在

和 $\phi_2(y)$ 是有界的, 那么对于所有 $0 < T < \infty$ 满足 $P\{\tau_1 \leqslant T\} > 0$, 下面的关系式都是成立的.

$$L_F \int_0^T P\left\{\varepsilon^* \sum_{i=0}^{\infty} \varphi_i e^{-L_\theta(s+\tau_i)} I_{(s+\tau_i \leqslant T)} > x\right\} d\lambda_s^*$$

$$\lesssim \Psi(x,T) \lesssim L_F^{-1} \int_0^T P\left\{\varepsilon^* \sum_{i=0}^{\infty} \varphi_i e^{-L_\theta(s+\tau_i)} I_{(s+\tau_i \leqslant T)} > x\right\} d\lambda_s^*, \tag{6.16}$$

其中 $\lambda_t^* = \int_0^t (1 + \lambda_{t-u})(1 + \pi d_1 \phi_2(u)) G(du)$.

当 $F \in \mathcal{C}$ 时, $L_F = 1$, 我们立即从定理 6.2.1 得到以下推论.

推论 6.2.1   考虑假设 6.1.1 和假设 6.1.2 的非标准风险模型 (6.9). 如果模型 (6.1) 中步长的公共分布函数 F 属于 $\mathcal{C}$ 类, 则在定理 6.2.1 的其余假设下, 对于所有 $0 < T < \infty$ 满足 $P\{\tau_1 \leqslant T\} > 0$, 有

$$\Psi(x,T) \sim \int_0^T P\left\{\varepsilon^* \sum_{i=0}^{\infty} \varphi_i e^{-L_\theta(s+\tau_i)} I_{(s+\tau_i \leqslant T)} > x\right\} d\lambda_s^*. \tag{6.17}$$

定理 6.2.2   考虑假设 6.1.1 和假设 6.1.2 的非标准风险模型 (6.9). 假设 $0 < EL(1) < \infty$, 或者 $\sigma > 0$, 或者 $\nu((-\infty, 0)) > 0$, 且对每一个固定 $\theta \in (0,1)$, 让 $\kappa_\theta > 0$ 是唯一值满足 $\psi_\theta(\kappa_\theta) = 0$, 并且在 $\theta = 0$ 这种情况下, 记 $\kappa_\theta = \infty$. 如果模型 (6.1) 中步长的公共分布函数 F 属于一些扩展的正则变化类 $(\mathcal{ERV})$, 对于某个 $0 < \alpha \leqslant \beta < \infty$, 则在定理 6.2.1 的其余假设下, 关系 (6.17) 成立, 对于所有 $0 < T \leqslant \infty$ 满足 $P\{\tau_1 \leqslant T\} > 0$.

接下来, 我们讨论定理 6.2.2 的一些特殊情况.

定理 6.2.3   在定理 6.2.2 的假设下, 对于 $\theta \in (0,1)$ 这种情况, 如果对于某个 $0 < \alpha < \kappa_\theta$, $F \in \mathcal{R}_{-\alpha}$, 那么对于所有 $0 < T \leqslant \infty$ 满足 $P\{\tau_1 \leqslant T\} > 0$, 有

$$\Psi(x,T) \sim \overline{F}(x) \int_0^T E\left(\sum_{i=0}^{\infty} \varphi_i e^{-L_\theta(s+\tau_i)} I_{(s+\tau_i \leqslant T)}\right)^\alpha d\lambda_s^*. \tag{6.18}$$

推论 6.2.2   在定理 6.2.3 的条件下, 得到了

$$\Psi(x,T) \sim \overline{F}(x) \int_0^T E\left(\sum_{i=0}^{\infty} \varphi_i e^{-L_\theta(s+\tau_i)} I_{(s+\tau_i \leqslant T)}\right)^\alpha d\lambda_s^*. \tag{6.19}$$

注 6.2.1   通过分别让（6.1）中的 $\varphi_0 = 1$, $\varphi_n = 0$, 对于所有 $n \geqslant 1$, 以及 (6.2) 中所有 $x \in D_\varepsilon$, $y \in D_Y$, 我们能看到, 非标准更新风险模型 (6.9) 包括两个

特殊的情况, 即索赔额是独立同分布的, 并且 ε 独立于 Y. 因此, 定理 6.2.1 部分地扩展了 Heyde 和 Wang (2009) 的结果, 其中索赔额是独立同分布的, 以及索赔额 $X_n(n=1,2,\cdots)$ 与间隔到达时间 Y_n $(n=1,2,\cdots)$ 是相互独立的. 定理 6.2.3 和推论 6.2.2 部分地扩展了 Guo 和 Wang (2013a, 2013b) 的结果, 其中 ε 被认为是独立于 Y 的.

注 6.2.2 考虑索赔的步长大小有正则变化尾的情况. 定理 6.2.3 和推论 6.2.2 表明, 在有限和无限时间内, 保险风险的极值总是控制着金融风险的极值, 因为步长的尾概率决定了破产概率的精确衰减率. 然而, 在索赔额为独立同分布的情况下, 文献 (Klüppelberg and Kostadinova, 2008) 中的定理 4.4 显示了危险投资的情况下 (因为 $\psi_\theta(\alpha)>0$, $\alpha>\kappa_\theta$), 当索赔额有正则变化尾时, 金融风险的极值最终控制着保险风险的极值.

6.2.3 引理及证明

本节需要一系列引理去证明我们的主要结果. 首先, 以下面引理 $\mathcal{D}$ 类的一些性质开始.

引理 6.2.1 如果一个分布 $F \in \mathcal{D}$, 那么, 对于任何 $p > J_F^+$, 有

$$x^{-p} = o(\overline{F}(x)) \tag{6.20}$$

且

$$F \in \mathcal{D} \Leftrightarrow L_F > 0.$$

引理 6.2.2 设 X 和 Y 是两个独立且非负随机变量, 其中 X 的分布 $F \in \mathcal{D}$ 和 Y 是非负且零点非退化的随机变量, 满足 $EY^p < \infty$, 对于某个 $p > J_F^+$. 那么, XY 的分布属于 $\mathcal{D}$ 类, 且 $P\{XY > x\} \asymp \overline{F}(x)$.

证明 见文献 (Cline and Samorodnitsky, 1994) 中的定理 3.3 (iv) (也见文献 (Tang and Tsitsiashvili, 2003) 中的引理 3.8).

引理 6.2.3 设 ε 和 Θ 是两个独立且非负随机变量, 其中 ε 的分布为 F. 那么, 有下面的两个结论.

(i) 如果 $F \in \mathcal{D}$, 那么对任意固定的 $\delta > 0$ 和 $J_F^+ < p_2 < \infty$, 存在一个与 Θ 和 δ 无关的正常数 C, 使得对于所有大的 x, 有

$$P\{\varepsilon\Theta > \delta x | \Theta\} \leqslant C\overline{F}(x)(\delta^{-p}\Theta^p I_{(\Theta>\delta)} + I_{(\Theta\leqslant\delta)}). \tag{6.21}$$

证明 见文献 (Heyde and Wang, 2009) 中的引理 3.2.

(ii) 如果对某个 $0 < \alpha \leqslant \beta < \infty$, $F \in \mathcal{ERV}(-\alpha, -\beta)$, 那么对于任意固定的 $\delta > 0$ 和 $0 < p_1 < \alpha \leqslant J_F^- \leqslant J_F^+ \leqslant \beta < p_2 < \infty$, 存在一个与 Θ 和 δ 无关的正常数 C, 使得对于所有足够大的 x,

$$P\{\varepsilon\Theta > \delta x | \Theta\} \leqslant C\overline{F}(x)(\delta^{-p_1}\Theta^{p_1} + \delta^{-p_2}\Theta^{p_2}). \tag{6.22}$$

证明　见文献 (Wang and Tang, 2006) 中的引理 4.1.5.

引理 6.2.4　定义在 $[0, \infty)$ 上的一个分布属于 $\mathcal{D}$ 类当且仅当对于在 $[0, \infty)$ 上的任何函数 W, 满足 $\overline{W}(x) = o(\overline{F}(x))$, 存在一个正函数 $w(\cdot)$ 使得

$$w(x) \searrow 0, \ xw(x) \nearrow \infty \ 和 \ \overline{W}(xw(x)) = o(\overline{F}(x)).$$

证明　证明见文献 (Zhou et al., 2012) 中的充分性和文献 (Tang, 2008) 中的必要性.

引理 6.2.5　定义一个 Lévy 过程 $\{L(t), t \geqslant 0\}$ 的指数泛函为

$$Z = \int_0^\infty e^{-L(s)}ds,$$

那么我们有:

(1) $Z < \infty$ 几乎处处成立当且仅当 $L(t) \to \infty$ 几乎处处成立, 当 $t \to \infty$ 时;

(2) 如果 $p > 0$ 和 $\psi(p) = \log E[e^{-pL(1)}] < 0$, 具有 $EL(1) > 0$, 那么 $EZ^p < \infty$.

证明　分别见文献 (Maulik and Zwart, 2006) 中的命题 2.1 和引理 2.1.

为后续表达的方便, 我们引进下述符号

$$\vartheta_i(T) = \sum_{n=i}^\infty \varphi_{n-i}e^{-L_\theta(\tau_n)}I_{(\tau_n \leqslant T)}, \quad \vartheta_i = \sum_{n=i}^\infty \varphi_{n-i}e^{-L_\theta(\tau_n)}, \quad i = 1, 2, \cdots;$$

$$\vartheta_0(T) = \sum_{n=1}^\infty \varphi_n e^{-L_\theta(\tau_n)}I_{(\tau_n \leqslant T)}, \quad \vartheta_0 = \sum_{n=1}^\infty \varphi_n e^{-L_\theta(\tau_n)};$$

$$\tau_1^\pi = Y_\pi^*, \quad \tau_n^\pi = Y_\pi^* + \sum_{i=2}^n Y_i, \quad n = 2, \cdots;$$

$$\tilde{\tau}_1^* = \tilde{Y}^*, \quad \tilde{\tau}_n^* = \tilde{Y}^* + \sum_{i=2}^n Y_i, \quad n = 2, \cdots.$$

下面的不等式在定理 6.2.1 的证明中起着至关重要的作用. 对于 $0 < p \leqslant 1$, 根据 C_r 不等式和 $\sup_{n \geqslant 0} \varphi_n < \infty$, 对于任何的 $0 \leqslant s \leqslant T$ 和 $i \geqslant 1$, 有

$$E\left(\sum_{n=i}^\infty \varphi_{n-i}e^{-L_\theta\left(\sum_{k=i+1}^n Y_k+s\right)}I_{\left(\sum_{k=i+1}^n Y_k+s \leqslant T\right)}\right)^p$$

$$\leqslant \left(\sup_{n\geqslant 0} \varphi_n\right)^p \sum_{n=i}^{\infty} E\left(e^{-L_\theta(\tau_{n-i}+s)} I_{(\tau_{n-i}+s\leqslant T)}\right)^p$$

$$\leqslant \left(\sup_{n\geqslant 0} \varphi_n\right)^p \sum_{n=i}^{\infty} E\int_0^T e^{-pL_\theta(t+s)} I_{(t+s\leqslant T)} P\{\tau_{n-i}\in dt\}$$

$$= \left(\sup_{n\geqslant 0} \varphi_n\right)^p \sum_{n=i}^{\infty} \int_0^T e^{(t+s)\psi_\theta(p)} I_{(t+s\leqslant T)} P\{\tau_{n-i}\in dt\}$$

$$\leqslant \left(\sup_{n\geqslant 0} \varphi_n\right)^p \max\left(1, e^{2T\psi_\theta(p)}\right) \sum_{n=i}^{\infty} P\{\tau_{n-i}\leqslant T\}$$

$$= \left(\sup_{n\geqslant 0} \varphi_n\right)^p \max\left(1, e^{2T\psi_\theta(p)}\right) [1+EN(T)].$$

对于 $p>1$, 根据 Hölder 不等式和 C_r 不等式, 对于任何的 $0\leqslant s\leqslant T$ 和 $i\geqslant 1$, 有

$$E\left(\sum_{n=i}^{\infty} \varphi_{n-i} e^{-L_\theta\left(\sum\limits_{k=i+1}^{n} Y_k+s\right)} I_{\left(\sum\limits_{k=i+1}^{n} Y_k+s\leqslant T\right)}\right)^p$$

$$\leqslant \left(\sup_{n\geqslant 0} \varphi_n\right)^p \left(\sum_{n=i}^{\infty} n^{-2}\right)^{p-1} \sum_{n=i}^{\infty} n^{2p-2} E\left(e^{-L_\theta(\tau_{n-i}+s)} I_{(\tau_{n-i}+s\leqslant T)}\right)^p$$

$$\leqslant C\max\left(1, e^{2T\psi_\theta(p)}\right) \sum_{n=i}^{\infty} n^{2p-2} P\{\tau_{n-i}\leqslant T\}$$

$$= C\max\left(1, e^{2T\psi_\theta(p)}\right) \sum_{l=0}^{\infty} (l+i)^{2p-2} P\{\tau_l\leqslant T\}$$

$$\leqslant C\max\left(1, e^{2T\psi_\theta(p)}\right) \left[\sum_{l=0}^{\infty} 2^{p-1}(l^{2p-2}+i^{2p-2}) P\{\tau_l\leqslant T\}\right]$$

$$= C\max\left(1, e^{2T\psi_\theta(p)}\right) 2^{p-1}\left[1+\sum_{l=1}^{\infty} l^{2p-2} P\{N(T)\geqslant l\}\right.$$

$$+ i^{2p-2}\left(1+\sum_{l=1}^{\infty} P\{N(T)\geqslant l\}\right)\bigg]$$

$$\leqslant C\max\left(1, e^{2T\psi_\theta(p)}\right) \left[1+\sum_{k=1}^{\infty} k^{2p-1} P\{N(T)=k\}\right.$$

$$+ i^{2p-2}\left(1+\sum_{l=1}^{\infty} P\{N(T)\geqslant l\}\right)\bigg]$$

$$\leqslant C\max\left(1, e^{2T\psi_\theta(p)}\right) \left\{1+E[N(T)^{2p-1}]+i^{2p-2}(1+EN(T))\right\}.$$

文献 (Klüppelberg and Kostadinova, 2008) 中的引理 4.1 显示, 对于所有 $\theta \in (0,1)$ 和 $s \geqslant 0$, $\psi\vartheta(s) < \infty$ 成立. 特别是, (6.5) 和 Lévy 过程的三元组特征 (γ, σ^2, ν) 意味着 $\psi_0(p) = -rp < 0$. 根据文献 (Hao and Tang, 2008) 中的引理 3.2 存在某个 $h > 0$ 使得 $E[e^{hN(T)}] < \infty$, 我们能够得到

$$E[N(T)^z] < \infty, \quad \forall z > 0.$$

那么, 对于任何 $p > 0$, $0 \leqslant s \leqslant T$ 和 $i \geqslant 1$, 能够得到

$$E\left(\sum_{n=i}^{\infty} \varphi_{n-i} e^{-L_\theta\left(\sum_{k=i+1}^{n} Y_k + s\right)} I_{\left(\sum_{k=i+1}^{n} Y_k + s \leqslant T\right)}\right)^p$$
$$\leqslant C \max\left(1, e^{2T\psi_\theta(p)}\right) 2^p \left\{1 + E[N(T)^{\max(2p-1,0)}] + i^{2p}(1 + EN(T))\right\}$$
$$< \infty.$$

因此, 对于任何 $\delta > 0$, 任何的 $p > 0$ 和任何的 $q \geqslant 0$, 有

$$\sum_{i=1}^{\infty} i^q \left(E\left[\sum_{n=i}^{\infty} \varphi_{n-i} e^{-L_\theta(\tau_n)} I_{(\tau_n \leqslant T)}\right]^p + EI_{\left\{\sum_{n=i}^{\infty} \varphi_{n-i} e^{-L_\theta(\tau_n)} I_{(\tau_n \leqslant T)} < \delta\right\}}\right)$$
$$= \sum_{i=1}^{\infty} i^q \left(\int_0^T E\left[\sum_{n=i}^{\infty} \varphi_{n-i} e^{-L_\theta\left(\sum_{k=i+1}^{n} Y_k + s\right)} I_{\left(\sum_{k=i+1}^{n} Y_k + s \leqslant T\right)}\right]^p P\{\tau_i \in ds\}\right.$$
$$\left. + \int_0^T P\left\{\sum_{n=i}^{\infty} \varphi_{n-i} e^{-L_\theta\left(\sum_{k=i+1}^{n} Y_k + s\right)} I_{\left(\sum_{k=i+1}^{n} Y_k + s \leqslant T\right)} < \delta\right\} P\{\tau_i \in ds\}\right)$$
$$\leqslant C \max(1, e^{2T\psi_\theta(p)}) 2^p E[1 + N(T)^{\max(2p-1,0)}] \sum_{i=1}^{\infty} i^q P\{\tau_i \leqslant T\}$$
$$+ C \max(1, e^{2T\psi_\theta(p)}) 2^p (1 + E[N(T)]) \sum_{i=1}^{\infty} i^{q+2p} P\{\tau_i \leqslant T\} + \sum_{i=1}^{\infty} i^q P\{\tau_i \leqslant T\}$$
$$\leqslant C[EN(T)^{2p+q+1}] < \infty. \tag{6.23}$$

下面的引理将在主要结果的证明中起到至关重要的作用.

引理 6.2.6　在定理 6.2.1 的条件下, 对于每一个 $i \geqslant 1$, 关系

$$P\left\{\varepsilon_i \sum_{n=i}^{\infty} \varphi_{n-i} e^{-L_\theta(\tau_n)} I_{(\tau_n \leqslant T)} > x\right\}$$
$$\sim P\left\{\varepsilon_i^* \sum_{n=i}^{\infty} \varphi_{n-i} e^{-L_\theta\left(\sum_{k\neq i}^{n} Y_k + Y_\pi^*\right)} I_{\left(\sum_{k\neq i}^{n} Y_k + Y_\pi^* \leqslant T\right)} > x\right\}$$

$$= P\left\{\varepsilon_i^* \sum_{n=i}^{\infty} \varphi_{n-i} e^{-L_\theta(\tau_n^\pi)} I_{(\tau_n^\pi \leqslant T)} > x\right\} \tag{6.24}$$

和

$$P\left\{\varepsilon_i \sum_{n=i}^{\infty} \varphi_{n-i} e^{-L_\theta(\tau_n)} I_{(\tau_n \leqslant T)} > x\right\} \asymp \overline{F}(x) \tag{6.25}$$

成立, 对于所有 $0 < T < \infty$ 有 $P\{\tau_1 \leqslant T\} > 0$, 且 $\varepsilon_i \vartheta_i(T)$ 的分布函数属于 $\mathcal{D}$ 类.

证明 根据定理 6.2.1 的条件, 让 $\lim\limits_{x \to \infty} \phi_1(x) = d_1$, 并且存在两个常数 $b_1 > 1$ 和 $b_2 > 1$, 使得 $|\phi_1(x)| \leqslant b_1 - 1$ 和 $|\phi_2(y)| \leqslant b_2 - 1$, 对所有 $x \in D_\varepsilon$ 和 $y \in D_Y$. 显然, $d_1 < b_1$. 根据二元 Sarmanov 分布 (6.2) 的定义, 以及在 (6.15) 中的分布 $\tilde{F}$ 和 $\tilde{G}$, 对每个 $i \geqslant 1$, 有

$$P\left\{\varepsilon_i \sum_{n=i}^{\infty} \varphi_{n-i} e^{-L_\theta(\tau_n)} I_{(\tau_n \leqslant T)} > x\right\}$$

$$= \int_0^\infty \int_0^T P\left\{u \sum_{n=i}^{\infty} \varphi_{n-i} e^{-L_\theta\left(\sum\limits_{k \neq i}^{n} Y_k + v\right)} I_{\left(\sum\limits_{k \neq i}^{n} Y_k + v \leqslant T\right)} > x\right\}$$

$$\cdot \left[1 + \pi b_1 b_2 - \pi b_1 b_2 \left(1 - \frac{\phi_1(u)}{b_1}\right) - \pi b_1 b_2 \left(1 - \frac{\phi_2(v)}{b_2}\right)\right.$$

$$\left. + \pi b_1 b_2 \left(1 - \frac{\phi_1(u)}{b_1}\right)\left(1 - \frac{\phi_2(v)}{b_2}\right)\right] F(du) G(dv)$$

$$= (1 + \pi b_1 b_2) P\left\{\varepsilon_i^* \sum_{n=i}^{\infty} \varphi_{n-i} e^{-L_\theta\left(\sum\limits_{k \neq i}^{n} Y_k + Y_i^*\right)} I_{\left(\sum\limits_{k \neq i}^{n} Y_k + Y_i^* \leqslant T\right)} > x\right\}$$

$$- \pi b_1 b_2 P\left\{\tilde{\varepsilon}_i^* \sum_{n=i}^{\infty} \varphi_{n-i} e^{-L_\theta\left(\sum\limits_{k \neq i}^{n} Y_k + Y_i^*\right)} I_{\left(\sum\limits_{k \neq i}^{n} Y_k + Y_i^* \leqslant T\right)} > x\right\}$$

$$- \pi b_1 b_2 P\left\{\varepsilon_i^* \sum_{n=i}^{\infty} \varphi_{n-i} e^{-L_\theta\left(\sum\limits_{k \neq i}^{n} Y_k + \tilde{Y}_i^*\right)} I_{\left(\sum\limits_{k \neq i}^{n} Y_k + \tilde{Y}_i^* \leqslant T\right)} > x\right\}$$

$$+ \pi b_1 b_2 P\left\{\tilde{\varepsilon}_i^* \sum_{n=i}^{\infty} \varphi_{n-i} e^{-L_\theta\left(\sum\limits_{k \neq i}^{n} Y_k + \tilde{Y}_i^*\right)} I_{\left(\sum\limits_{k \neq i}^{n} Y_k + \tilde{Y}_i^* \leqslant T\right)} > x\right\}$$

$$= (1 + \pi b_1 b_2) P\left\{\varepsilon_i^* \vartheta_i(Y_i^*, T) > x\right\} - \pi b_1 b_2 P\{\tilde{\varepsilon}_i^* \vartheta_i(Y_i^*, T) > x\}$$

$$- \pi b_1 b_2 P\{\varepsilon_i^* \vartheta_i(\tilde{Y}_i^*, T) > x\} + \pi b_1 b_2 P\{\tilde{\varepsilon}_i^* \vartheta_i(\tilde{Y}_i^*, T) > x\}, \tag{6.26}$$

其中 $\{\varepsilon_i^*, i \geqslant 1\}, \{Y_i^*, i \geqslant 1\}, \{\tilde{\varepsilon}_i^*, i \geqslant 1\}, \{\tilde{Y}_i^*, i \geqslant 1\}$ 和 $\{L_\theta(t), t \geqslant 0\}$ 是相互独立的, 且也独立于 $\{\varepsilon_i, i \geqslant 1\}$ 和 $\{Y_i, i \geqslant 1\}$. 根据关系 (6.15), 有

$$\overline{\tilde{F}}(x) = \int_x^\infty \left(1 - \frac{\phi_1(u)}{b_1}\right) F(du) \sim \left(1 - \frac{d_1}{b_1}\right)\overline{F}(x). \tag{6.27}$$

因此, 既然 $F(x) \in \mathcal{D}$, 如下成立:

$$\tilde{F}(x) \in \mathcal{D} \quad 和 \quad \overline{\tilde{F}}(x) \asymp \overline{F}(x).$$

至于 (6.26) 右边的第一项, 因为 Y_i^* 与 Y 有相同的分布, 且独立于 $\{L_\theta(t), t \geqslant 0\}$ 和 $\{Y_k, k \geqslant 1\}$, 关系 (6.23) 意味着对于某个 $p > J_F^+$ 和每一个 $i \geqslant 1$,

$$E[\vartheta_i(Y_i^*, T)]^p = E\left(\sum_{n=i}^\infty \varphi_{n-i} e^{-L_\theta(\tau_n)} I_{(\tau_n \leqslant T)}\right)^p < \infty. \tag{6.28}$$

根据关系 (6.28) 及 ε_i^*, Y_i^*, $\{Y_n, n \geqslant 1\}$ 和 $\{L_\theta(t), t \geqslant 0\}$ 之间的独立性, 引理 6.2.2 意味着 $\varepsilon_i^*\vartheta_i(Y_i^*, T)$ 的分布属于 $\mathcal{D}$ 类的分布, 且

$$P\{\varepsilon_i^*\vartheta_i(Y_i^*, T) > x\} \asymp \overline{F}(x). \tag{6.29}$$

由于 $\tilde{Y}_i^*$, $\{Y_n, n \geqslant 1\}$ 和 $\{L_\theta(t), t \geqslant 0\}$ 之间的独立性, 关系 $|\phi_2(y)| \leqslant b_2 - 1$ 和 (6.15), 得到

$$E\left[e^{-L_\theta\left(\sum\limits_{k \neq i}^n Y_k + \tilde{Y}_i^*\right)} I_{\left(\sum\limits_{k \neq i}^n Y_k + \tilde{Y}_i^* \leqslant T\right)}\right]^p \tag{6.30}$$

$$= E \int_0^T \left[e^{-L_\theta(s)} I_{(s \leqslant T)}\right]^p P\{\tilde{\tau}_n^* \in ds\}$$

$$= E \int_0^T \int_0^{T-v} \left[e^{-L_\theta(u+v)} I_{(u+v \leqslant T)}\right]^p P\{\tau_{n-1} \in du\} P\{\tilde{Y}^* \in dv\}$$

$$\leqslant E \int_0^T \int_0^{T-v} \left[e^{-L_\theta(u+v)} I_{(u+v \leqslant T)}\right]^p P\{\tau_{n-1} \in du\} P\{Y \in dv\}$$

$$= E[e^{-L_\theta(\tau_n)} I_{(\tau_n \leqslant T)}]^p.$$

类似关系 (6.23) 的证明, 上述不等式意味着, 对于任何 $\delta > 0$、任何 $p > 0$ 和任何 $q \geqslant 0$,

$$\sum_{i=1}^\infty i^q \left(E\left[\sum_{n=i}^\infty \varphi_{n-i} e^{-L_\theta\left(\sum\limits_{k \neq i}^n Y_k + \tilde{Y}_i^*\right)} I_{\left(\sum\limits_{k \neq i}^n Y_k + \tilde{Y}_i^* \leqslant T\right)}\right]\right)^p$$

$$+EI_{\left\{\sum\limits_{n=i}^{\infty}\varphi_{n-i}e^{-L_\theta\left(\sum\limits_{k\neq i}^{n}Y_k+\tilde{Y}_i^*\right)}I_{\left(\sum\limits_{k\neq i}^{n}Y_k+\tilde{Y}_i^*\leqslant T\right)}<\delta\right\}}\Bigg)$$

$$=\sum_{i=1}^{\infty}i^q\left(E\left[\sum_{n=i}^{\infty}\varphi_{n-i}e^{-L_\theta(\tilde{\tau}_n^*)}I_{(\tilde{\tau}_n^*\leqslant T)}\right]^p+EI_{\left\{\sum\limits_{n=i}^{\infty}\varphi_{n-i}e^{-L_\theta(\tilde{\tau}_n^*)}I_{(\tilde{\tau}_n^*\leqslant T)}<\delta\right\}}\right)<\infty.$$

$$(6.31)$$

对于每一个 $i\geqslant 1$, 类似于 $\varepsilon_i^*\vartheta_i(Y^*,T)$ 分布的证明, 能够得到 $\tilde{\varepsilon}_i^*\vartheta_i(Y_i^*,T)$, $\varepsilon_i^*\vartheta_i(\tilde{Y}_i^*,T)$, $\tilde{\varepsilon}_i^*\vartheta_i(\tilde{Y}_i^*,T)$ 的分布也属于 $\mathcal{D}$ 类, 且

$$P\{\varepsilon_i^*\vartheta_i(\tilde{Y}_i^*,T)>x\}\asymp\overline{F}(x),\quad P\{\tilde{\varepsilon}_i^*\vartheta_i(Y_i^*,T)>x\}\asymp\overline{F}(x),$$
$$P\{\tilde{\varepsilon}_i^*\vartheta_i(\tilde{Y}_i^*,T)>x\}\asymp\overline{F}(x).$$

$$(6.33)$$

接下来, 我们使用文献 (Yang and Wang, 2013) 的方法, 但在证明方面有许多的变化, 因为系数 $\{\varphi_n,n\geqslant 1\}$ 带来了很多麻烦. 通过切比雪夫不等式, (6.20), (6.28) 和 (6.29), 对于某个 $p>J_F^+$, 能得到

$$P\{\vartheta_i(Y_i^*,T)>x\}\leqslant\frac{E[\vartheta_i(Y_i^*,T)]^p}{x^p}=o(\overline{F}(x))=o(P\{\varepsilon_i^*\vartheta_i(Y_i^*,T)>x\}).$$

根据这个事实 $\varepsilon_i^*\vartheta_i(Y_i^*,T)$ 的分布属于 $\mathcal{D}$ 类, 引理 6.2.4 意味着存在正函数 $\tilde{g}(\cdot)$, 使得

$$\tilde{g}(x)\searrow 0,\ x\tilde{g}(x)\nearrow\infty\quad\text{和}\quad P\{\vartheta_i(Y_i^*,T)>x\tilde{g}(x)\}=o(P\{\varepsilon_i^*\vartheta_i(Y_i^*,T)>x\}).$$

这和 (6.27) 意味着

$$P\{\tilde{\varepsilon}_i^*\vartheta_i(Y_i^*,T)>x\}$$
$$=\int_0^{x\tilde{g}(x)}\overline{\tilde{F}}(x/z)P\{\vartheta_i(Y_i^*,T)\in dz\}+o(P\{\varepsilon_i^*\vartheta_i(Y_i^*,T)>x\})$$
$$=\left(1-\frac{d_1}{b_1}+o(1)\right)\int_0^{x\tilde{g}(x)}\overline{F}(x/z)P\{\vartheta_i(Y_i^*,T)\in dz\}+o(P\{\varepsilon_i^*\vartheta_i(Y_i^*,T)>x\})$$
$$=\left(1-\frac{d_1}{b_1}+o(1)\right)P\{\varepsilon_i^*\vartheta_i(Y_i^*,T)>x\}.$$

$$(6.34)$$

根据 $\phi_2(y)$ 的界, 有

$$P\{\vartheta_i(\tilde{Y}_i^*,T)>x\tilde{g}(x)\}$$
$$=\int_0^T P\left\{\sum_{n=i}^{\infty}\varphi_{n-i}e^{-L_\theta\left(\sum\limits_{k\neq i}^{n}Y_k+v\right)}I_{\left(\sum\limits_{k\neq i}^{n}Y_k+v\leqslant T\right)}>x\tilde{g}(x)\right\}\left(1-\frac{\phi_2(v)}{b_2}\right)G(dv)$$
$$=O\left(P\{\vartheta_i(Y_i^*,T)>x\tilde{g}(x)\}\right)=o(P\{\varepsilon_i^*\vartheta_i(Y_i^*,T)>x\}),$$

其表明

$$P\{\varepsilon_i^* \vartheta_i(\tilde{Y}_i^*, T) > x\}$$

$$= \int_0^{x\tilde{g}(x)} \overline{\overline{F}}(x/z) P\{\vartheta_i(\tilde{Y}_i^*, T) \in dz\} + O(P\{\vartheta_i(\tilde{Y}_i^*, T) > x\tilde{g}(x)\})$$

$$= \left(1 - \frac{d_1}{b_1} + o(1)\right) P\{\varepsilon_i^* \vartheta_i(\tilde{Y}_i^*, T) > x\} + o(P\{\varepsilon_i^* \vartheta_i(Y_i^*, T) > x\}). \qquad (6.35)$$

由关系 (6.26), (6.34), (6.35) 和 (6.14), 可以得到

$$P\{\varepsilon_i \vartheta_i(T) > x\}$$

$$= (1 + \pi d_1 b_2 + o(1)) P\left\{\varepsilon_i^* \vartheta_i(Y^*, T) > x\right\} - (\pi d_1 b_2 + o(1)) P\{\varepsilon_i^* \vartheta_i(\tilde{Y}_i^*, T) > x\}$$

$$= (1 + \pi d_1 b_2 + o(1)) \int_0^T P\left\{\varepsilon_i^* \sum_{n=i}^{\infty} \varphi_{n-i} e^{-L_\theta\left(\sum\limits_{k\neq i}^n Y_k + v\right)} I_{\left(\sum\limits_{k\neq i}^n Y_k + v \leqslant T\right)} > x\right\} G(dv)$$

$$- (\pi d_1 b_2 + o(1)) \int_0^T P\left\{\varepsilon_i^* \sum_{n=i}^{\infty} \varphi_{n-i} e^{-L_\theta\left(\sum\limits_{k\neq i}^n Y_k + v\right)} I_{\left(\sum\limits_{k\neq i}^n Y_k + v \leqslant T\right)} > x\right\}$$

$$\times (1 - \frac{\phi_2(v)}{b_2}) G(dv)$$

$$= (1 + o(1)) \int_0^T P\left\{\varepsilon_i^* \sum_{n=i}^{\infty} \varphi_{n-i} e^{-L_\theta\left(\sum\limits_{k\neq i}^n Y_k + v\right)} I_{\left(\sum\limits_{k\neq i}^n Y_k + v \leqslant T\right)} > x\right\}$$

$$\times (1 + \pi d_1 \phi_2(v)) G(dv)$$

$$= (1 + o(1)) P\left\{\varepsilon_i^* \sum_{n=i}^{\infty} \varphi_{n-i} e^{-L_\theta\left(\sum\limits_{k\neq i}^n Y_k + Y_\pi^*\right)} I_{\left(\sum\limits_{k\neq i}^n Y_k + Y_\pi^* \leqslant T\right)} > x\right\}$$

$$= (1 + o(1)) P\left\{\varepsilon_i^* \sum_{n=i}^{\infty} \varphi_{n-i} e^{-L_\theta(\tau_n^\pi)} I_{(\tau_n^\pi \leqslant T)} > x\right\},$$

这意味着关系 (6.24) 适用于所有的大 x.

　　类似于关系 (6.23) 的证明, 根据关系 (6.14), 以及在 Y_π^*, $\{Y_n, n \geqslant 1\}$ 和 $\{L_\theta(t), t \geqslant 0\}$ 的独立性, 对于任何的 $\delta > 0$, 任何的 $p > 0$ 和任何的 $q \geqslant 0$, 有

$$\sum_{i=1}^{\infty} i^q \left(E \left[\sum_{n=i}^{\infty} \varphi_{n-i} e^{-L_\theta\left(\sum\limits_{k\neq i}^n Y_k + Y_\pi^*\right)} I_{\left(\sum\limits_{k\neq i}^n Y_k + Y_\pi^* \leqslant T\right)}\right]\right)^p$$

$$+ EI_{\left\{ \sum_{n=i}^{\infty} \varphi_{n-i} e^{-L_\theta \left(\sum_{k \neq i}^{n} Y_k + Y_\pi^* \right)} I_{\left(\sum_{k \neq i}^{n} Y_k + Y_\pi^* \leqslant T \right)} < \delta \right\}} \Bigg)$$

$$= \sum_{i=1}^{\infty} i^q \left(E \left[\sum_{n=i}^{\infty} \varphi_{n-i} e^{-L_\theta(\tau_n^\pi)} I_{(\tau_n^\pi \leqslant T)} \right]^p + EI_{\left\{ \sum_{n=i}^{\infty} \varphi_{n-i} e^{-L_\theta(\tau_n^\pi)} I_{(\tau_n^\pi \leqslant T)} < \delta \right\}} \right)$$

$$\leqslant C[EN_\pi^*(T)^{2p+q+1}] < \infty, \tag{6.36}$$

其中 $\{N_\pi^*(t), t \geqslant 0\}$ 被认为是一个延迟更新计数过程, 具有索赔到达时间 $\tau_1^\pi = Y_\pi^*$, $\tau_n^\pi = Y_\pi^* + \sum_{i=2}^{n} Y_i$, $n = 2, 3, \cdots$.

并且, 结合 (6.36), 引理 6.2.2 表明 $\varepsilon_i^* \sum_{n=i}^{\infty} \varphi_{n-i} e^{-L_\theta(\tau_n^\pi)} I_{(\tau_n^\pi \leqslant T)}$ 的分布属于 $\mathcal{D}$ 类, 且 $P\left\{ \varepsilon_i^* \sum_{n=i}^{\infty} \varphi_{n-i} e^{-L_\theta(\tau_n^\pi)} I_{(\tau_n^\pi \leqslant T)} > x \right\} \asymp \overline{F}(x)$. 因此, 获得的 (6.24) 表明关系 (6.25) 成立, 且 $\varepsilon_i \vartheta_i(T)$ 的分布函数属于 $\mathcal{D}$ 类. 这结束引理 6.2.6 的证明.

引理 6.2.7 在定理 6.2.1 的条件下, 存在一些令人满意的正函数 $g(x)$ 满足 $g(x) \to \infty$ 和 $g(x) = o(x)$, 使得对于每个 $i \geqslant 1$ 和所有的 $0 < T < \infty, P\{\tau_1 \leqslant T\} > 0$, 有

$$P\left\{ \sum_{n=i}^{\infty} \varphi_{n-i} e^{-L_\theta(\tau_n)} I_{(\tau_n \leqslant T)} > g(x) \right\}$$

$$= o(\overline{F}(x))$$

$$= o\left(P\left\{ \varepsilon_i \sum_{n=i}^{\infty} \varphi_{n-i} e^{-L_\theta(\tau_n)} I_{(\tau_n \leqslant T)} > x \right\} \right)$$

和

$$P\left\{ \sum_{n=i}^{\infty} \varphi_{n-i} e^{-L_\theta(\tau_n^\pi)} I_{(\tau_n^\pi \leqslant T)} > g(x) \right\}$$

$$= o(\overline{F}(x))$$

$$= o\left(P\left\{ \varepsilon_i \sum_{n=i}^{\infty} \varphi_{n-i} e^{-L_\theta(\tau_n)} I_{(\tau_n \leqslant T)} > x \right\} \right).$$

证明 显然, 令 $g(x) = x/\ln x$, 其满足这个假设条件. 对于某个 $\varepsilon > 0$, 取

$p^* > J_F^+ + \varepsilon$. 根据切比雪夫不等式, (6.20) 和 (6.23), 对于每个 $i \geqslant 1$, 我们能得到

$$P\left\{\sum_{n=i}^{\infty} \varphi_{n-i} e^{-L_\theta(\tau_n)} I_{(\tau_n \leqslant T)} > \frac{x}{\ln x}\right\}$$

$$\leqslant \left(\frac{x}{\ln x}\right)^{-p^*} E[\vartheta_i(T)]^{p^*}$$

$$= x^{-(p^*-\varepsilon)}(\ln x)^{p^*} x^{-\varepsilon} E[\vartheta_i(T)]^{p^*} = o(\overline{F}(x)).$$

类似于结论中第一个关系的证明方法, 结合关系 (6.36), 我们能够证明结论中第二个关系. 引理 6.2.7 的证明结束.

引理 6.2.8　在定理 6.2.1 的条件下, 对于 $1 \leqslant i < j$, 对于所有 $0 < T < \infty$ 均有 $P\{\tau_1 \leqslant T\} > 0$, 下式成立:

$$P\left\{\varepsilon_i \sum_{n=i}^{\infty} \varphi_{n-i} e^{-L_\theta(\tau_n)} I_{(\tau_n \leqslant T)} > x, \varepsilon_j \sum_{n=j}^{\infty} \varphi_{n-j} e^{-L_\theta(\tau_n)} I_{(\tau_n \leqslant T)} > x\right\}$$

$$= o\left(\overline{F}(x)\right) = o\left(P\left\{\varepsilon_i \sum_{n=i}^{\infty} \varphi_{n-i} e^{-L_\theta(\tau_n)} I_{(\tau_n \leqslant T)} > x\right\}\right). \tag{6.37}$$

证明　令 $g(x)$ 是引理 6.2.7 中被定义的函数. 根据引理 6.2.7, 对于某个 $p > J_F^+$ 和 $1 \leqslant i < j$,

$$P\{\varepsilon_i \vartheta_i(T) > x, \ \varepsilon_j \vartheta_j(T) > x\}$$

$$\leqslant P\{\varepsilon_i \vartheta_i(T) > x, \ \varepsilon_j \vartheta_j(T) > x, \ \vartheta_j(T) \leqslant g(x)\} + P\{\vartheta_j(T) > g(x)\}$$

$$\leqslant P\{\varepsilon_i \vartheta_i(T) > x, \ \varepsilon_j > x/g(x)\} + o(\overline{F}(x)).$$

就如 (6.26) 的证明, 将上述不等式的右边的概率 $P\{\varepsilon_i \vartheta_i(T) > x, \ \varepsilon_j > x/g(x)\}$ 分成四个部分.

$$P\{\varepsilon_i \vartheta_i(T) > x, \ \varepsilon_j > x/g(x)\}$$

$$= (1 + \pi b_1 b_2) P\left\{\varepsilon_i \sum_{n=i}^{\infty} \varphi_{n-i} e^{-L_\theta\left(\sum_{k \neq j}^{n} Y_k + Y_j^*\right)} I_{\left(\sum_{k \neq j}^{n} Y_k + Y_j^* \leqslant T\right)} > x, \varepsilon_j^* > x/g(x)\right\}$$

$$- \pi b_1 b_2 P\left\{\varepsilon_i \sum_{n=i}^{\infty} \varphi_{n-i} e^{-L_\theta\left(\sum_{k \neq j}^{n} Y_k + Y_j^*\right)} I_{\left(\sum_{k \neq j}^{n} Y_k + Y_j^* \leqslant T\right)} > x, \tilde{\varepsilon}_j^* > x/g(x)\right\}$$

$$- \pi b_1 b_2 P\left\{\varepsilon_i \sum_{n=i}^{\infty} \varphi_{n-i} e^{-L_\theta\left(\sum_{k \neq j}^{n} Y_k + \tilde{Y}_j^*\right)} I_{\left(\sum_{k \neq j}^{n} Y_k + \tilde{Y}_j^* \leqslant T\right)} > x, \varepsilon_j^* > x/g(x)\right\}$$

$$+ \pi b_1 b_2 P \left\{ \varepsilon_i \sum_{n=i}^{\infty} \varphi_{n-i} e^{-L_\theta \left(\sum\limits_{k \neq j}^{n} Y_k + \tilde{Y}_j^* \right)} I_{\left(\sum\limits_{k \neq j}^{n} Y_k + \tilde{Y}_j^* \leqslant T \right)} > x, \tilde{\varepsilon}_j^* > x/g(x) \right\}$$

$$= I_1 + I_2 + I_3 + I_4.$$

至于 I_1, 根据 $\{\varepsilon_i^*, i \geqslant 1\}$, $\{Y_i^*, i \geqslant 1\}$, $\{\tilde{\varepsilon}_i^*, i \geqslant 1\}$, $\{\tilde{Y}_i^*, i \geqslant 1\}$ 和 $\{L_\theta(t), t \geqslant 0\}$ 相互独立, 且也独立于 $\{\varepsilon_i, i \geqslant 1\}$ 和 $\{Y_i, i \geqslant 1\}$, 引理 6.2.6 表明

$$P \left\{ \varepsilon_i \sum_{n=i}^{\infty} \varphi_{n-i} e^{-L_\theta \left(\sum\limits_{k \neq j}^{n} Y_k + Y_j^* \right)} I_{\left(\sum\limits_{k \neq j}^{n} Y_k + Y_j^* \leqslant T \right)} > x, \varepsilon_j^* > x/g(x) \right\}$$

$$\lesssim P \left\{ \varepsilon_i^* \sum_{n=i}^{\infty} \varphi_{n-i} e^{-L_\theta \left(\sum\limits_{k \neq i,j}^{n} Y_k + Y_j^* + Y_\pi^* \right)} I_{\left(\sum\limits_{k \neq i,j}^{n} Y_k + Y_j^* + Y_\pi^* \leqslant T \right)} > x \right\} P\{\varepsilon_j^* > x/g(x)\}$$

$$\lesssim C \overline{F}(x) \overline{F}(x/g(x)) = o(\overline{F}(x)),$$

其最后一个不等式来自 (6.36) 和引理 6.2.2. 同样, 根据 (6.15) 和 (6.27), 有

$$I_2 = o(\overline{F}(x)), \quad I_3 = o(\overline{F}(x)), \quad I_4 = o(\overline{F}(x)),$$

结合 (6.25), 我们完成这个引理的证明.

引理 6.2.9 在定理 6.2.1 的条件下, 对于每个 $N \geqslant 1$, 所有的 $0 < T < \infty$ 均有 $P\{\tau_1 \leqslant T\} > 0$, 下式成立:

$$\sum_{i=1}^{N} P \left\{ \varepsilon_i \sum_{n=i}^{\infty} \varphi_{n-i} e^{-L_\theta(\tau_n)} I_{(\tau_n \leqslant T)} > x \right\}$$

$$\lesssim P \left\{ \sum_{i=1}^{N} \varepsilon_i \sum_{n=i}^{\infty} \varphi_{n-i} e^{-L_\theta(\tau_n)} I_{(\tau_n \leqslant T)} + \varepsilon_0 \sum_{n=1}^{\infty} \varphi_n e^{-L_\theta(\tau_n)} I_{(\tau_n \leqslant T)} > x \right\}$$

$$\lesssim L_F^{-1} \sum_{i=1}^{N} P \left\{ \varepsilon_i \sum_{n=i}^{\infty} \varphi_{n-i} e^{-L_\theta(\tau_n)} I_{(\tau_n \leqslant T)} > x \right\}. \tag{6.38}$$

证明 首先, 给出 (6.38) 的渐近下界. 由 (6.37), 对于每个 $N \geqslant 1$, 很容易得到

$$P \left\{ \sum_{i=0}^{N} \varepsilon_i \vartheta_i(T) > x \right\} \geqslant P \left\{ \bigcup_{i=1}^{N} \left(\varepsilon_i \sum_{n=i}^{\infty} \varphi_{n-i} e^{-L_\theta(\tau_n)} I_{(\tau_n \leqslant T)} > x \right) \right\}$$

$$\geqslant \sum_{i=1}^{N} P \left\{ \varepsilon_i \sum_{n=i}^{\infty} \varphi_{n-i} e^{-L_\theta(\tau_n)} I_{(\tau_n \leqslant T)} > x \right\}$$

$$
-\sum_{1\leqslant i<j\leqslant N}P\left\{\varepsilon_i\sum_{n=i}^{\infty}\varphi_{n-i}e^{-L_\theta(\tau_n)}I_{(\tau_n\leqslant T)}>x,\varepsilon_j\sum_{n=j}^{\infty}\varphi_{n-j}e^{-L_\theta(\tau_n)}I_{(\tau_n\leqslant T)}>x\right\}
$$

$$
\gtrsim (1-o(1))\sum_{i=1}^{N}P\left\{\varepsilon_i\sum_{n=i}^{\infty}\varphi_{n-i}e^{-L_\theta(\tau_n)}I_{(\tau_n\leqslant T)}>x\right\},\tag{6.39}
$$

其给出了 (6.38) 的渐近下界.

其次, 我们转向 (6.38) 的渐近上界. 对于任何 $0<\omega<1$, 有

$$
P\left\{\sum_{i=0}^{N}\varepsilon_i\vartheta_i(T)>x\right\}\leqslant P\left\{\bigcup_{i=0}^{N}(\varepsilon_i\vartheta_i(T)>\omega x)\right\}
$$
$$
+P\left\{\sum_{i=0}^{N}\varepsilon_i\vartheta_i(T)>x,\bigcap_{i=0}^{N}(\varepsilon_i\vartheta_i(T)\leqslant\omega x)\right\}
$$
$$
=P_1(x)+P_2(x).
$$

为了表达简洁, 标记

$$
\vartheta_i(Y_\pi^*,T)=\sum_{n=i}^{\infty}\varphi_{n-i}e^{-L_\theta\left(\sum\limits_{k\neq i}^{n}Y_k+Y_\pi^*\right)}I_{\left(\sum\limits_{k\neq i}^{n}Y_k+Y_\pi^*\leqslant T\right)},\quad i=1,2,\cdots.
$$

由切比雪夫不等式, (6.20), (6.23)—(6.25) 和引理 6.2.7 可得, 对于任何 $\delta>0$, 存在一个足够大的 $x_0>0$, 使得对于所有的 $x\geqslant x_0$ 和某个 $p>J_F^+$,

$$
P_1(x)
$$
$$
\leqslant\sum_{i=1}^{N}P\left\{\varepsilon_i\sum_{n=i}^{\infty}\varphi_{n-i}e^{-L_\theta(\tau_n)}I_{(\tau_n\leqslant T)}>\omega x\right\}
$$
$$
+P\left\{\varepsilon_0\sum_{n=1}^{\infty}\varphi_n e^{-L_\theta(\tau_n)}I_{(\tau_n\leqslant T)}>\omega x\right\}
$$
$$
\leqslant\sum_{i=1}^{N}P\{\varepsilon_i\vartheta_i(T)>\omega x\}+(\omega x)^{-p}\varepsilon_0^p E[\vartheta_0(T)]^p
$$
$$
\leqslant(1+\delta)\sum_{i=1}^{N}P\left\{\varepsilon_i^*\sum_{n=i}^{\infty}\varphi_{n-i}e^{-L_\theta\left(\sum\limits_{k\neq i}^{n}Y_k+Y_\pi^*\right)}I_{\left(\sum\limits_{k\neq i}^{n}Y_k+Y_\pi^*\leqslant T\right)}>\omega x\right\}+\delta\overline{F}(x)
$$
$$
\leqslant(1+\delta)\sum_{i=1}^{N}P\{\varepsilon_i^*\vartheta_i(Y_\pi^*,T)>\omega x,\vartheta_i(Y_\pi^*,T)\leqslant g(x)\}
$$
$$
+(1+\delta)\sum_{i=1}^{N}P\{\vartheta_i(Y_\pi^*,T)>g(x)\}+\delta\overline{F}(x)
$$

$$\lesssim (1+\delta) \sum_{i=1}^{N} \int_0^{g(x)} P\{\varepsilon_i^* > \omega x/y\} P\{\vartheta_i(Y_\pi^*, T) \in dy\}$$

$$+ (1+\delta)\delta\overline{F}(x) + \delta\overline{F}(x)$$

$$\lesssim \frac{(1+\delta)}{\overline{F}_*(1/\omega)} \sum_{i=1}^{N} \int_0^{g(x)} P\{\varepsilon_i^* > x/y\} P\{\vartheta_i(Y_\pi^*, T) \in dy\} + \delta(2+\delta)\overline{F}(x)$$

$$\lesssim \frac{(1+\delta)}{\overline{F}_*(1/\omega)} \sum_{i=1}^{N} P\left\{\varepsilon_i \sum_{n=i}^{\infty} \varphi_{n-i} e^{-L_\theta(\tau_n)} I_{(\tau_n \leqslant T)} > x\right\}$$

$$+ \delta(2+\delta) O\left(P\left\{\varepsilon_i \sum_{n=i}^{\infty} \varphi_{n-i} e^{-L_\theta(\tau_n)} I_{(\tau_n \leqslant T)} > x\right\}\right),$$

其中 $g(x)$ 是引理 6.2.7 中定义的函数. 因此, 由 $g(x)$ 及 $g(x)$ 的任意性, (6.12) 表明

$$P_1(x) \lesssim L_F^{-1} \sum_{i=1}^{N} P\left\{\varepsilon_i \sum_{n=i}^{\infty} \varphi_{n-i} e^{-L_\theta(\tau_n)} I_{(\tau_n \leqslant T)} > x\right\}. \tag{6.40}$$

至于 $P_2(x)$, 有

$$P_2(x) = P\left\{\sum_{i=0}^{N} \varepsilon_i \vartheta_i(T) > x, \bigcap_{i=0}^{N}(\varepsilon_i \vartheta_i(T) \leqslant \omega x), \bigcup_{i=0}^{N}(\varepsilon_i \vartheta_i(T) > x/(N+1))\right\}$$

$$\leqslant \sum_{i=1}^{N} P\left\{\varepsilon_i \vartheta_i(T) > x/(N+1), \sum_{j=1, j \neq i}^{N} \varepsilon_j \vartheta_j(T) + \varepsilon_0 \vartheta_0(T) > (1-\omega)x\right\}$$

$$+ P\left\{\varepsilon_0 \vartheta_0(T) > x/(N+1), \sum_{j=1}^{N} \varepsilon_j \vartheta_j(T) > (1-\omega)x\right\}$$

$$\leqslant \sum_{i=1}^{N} \sum_{j=1, j \neq i}^{N} P\{\varepsilon_i \vartheta_i(T) > x/(N+1), \varepsilon_j \vartheta_j(T) > (1-\omega)x/N\}$$

$$+ \sum_{i=1}^{N} P\{\varepsilon_i \vartheta_i(T) > x/(N+1), \varepsilon_0 \vartheta_0(T) > (1-\omega)x/N\}$$

$$+ \sum_{j=1}^{N} P\{\varepsilon_0 \vartheta_0(T) > x/(N+1), \varepsilon_j \vartheta_j(T) > (1-\omega)x/N\}$$

$$= P_{21}(x) + P_{22}(x) + P_{23}(x). \tag{6.41}$$

至于 $P_{21}(x)$, 因为 $(1-\omega)/(N+1) < 1/(N+1)$ 和 $\omega < 1$, 所以由 (6.37) 和

$\mathcal{D}$ 类的定义可得出

$$\frac{P_{21}(x)}{\sum\limits_{i=1}^{N} P\{\varepsilon_i \vartheta_i(T) > x\}} \leqslant \sum_{i=1}^{N} \sum_{j=1, j\neq i}^{N} \frac{P\left\{\varepsilon_i \vartheta_i(T) > \dfrac{(1-\omega)x}{N+1}, \varepsilon_j \vartheta_j(T) > \dfrac{(1-\omega)x}{N+1}\right\}}{P\{\varepsilon_i \vartheta_i(T) > (1-\omega)x/(N+1)\}}$$

$$\times \frac{P\{\varepsilon_i \vartheta_i(T) > (1-\omega)x/(N+1)\}}{P\{\varepsilon_i \vartheta_i(T) > x\}} = o(1). \tag{6.42}$$

至于 $P_{22}(x)$, 由切比雪夫不等式, (6.20), (6.23) 和 (6.25), 对于某个 $p > J_F^+$,

$$P_{22}(x) \leqslant \sum_{i=1}^{N} P\{\varepsilon_0 \vartheta_0(T) > (1-\omega)x/N\} \leqslant N[(1-\omega)x/N]^{-p}\varepsilon_0^p E[\vartheta_0(T)]^p$$

$$= o(\overline{F}(x)) = o\left(P\left\{\varepsilon_i \sum_{n=i}^{\infty} \varphi_{n-i} e^{-L_\theta(\tau_n)} I_{(\tau_n \leqslant T)} > x\right\}\right). \tag{6.43}$$

类似于 (6.43) 的证明, 有

$$P_{23}(x) = o(\overline{F}(x)) = o\left(P\left\{\varepsilon_i \sum_{n=i}^{\infty} \varphi_{n-i} e^{-L_\theta(\tau_n)} I_{(\tau_n \leqslant T)} > x\right\}\right). \tag{6.44}$$

因此, 组合 (6.40)—(6.44), 立即得到

$$P\left\{\sum_{i=0}^{N} \varepsilon_i \sum_{n=i}^{\infty} \varphi_{n-i} e^{-L_\theta(\tau_n)} I_{(\tau_n \leqslant T)} > x\right\}$$

$$\lesssim L_F^{-1} \sum_{i=1}^{N} P\{\varepsilon_i \sum_{n=i}^{\infty} \varphi_{n-i} e^{-L_\theta(\tau_n)} I_{(\tau_n \leqslant T)} > x\}.$$

这就完成了证明.

引理 6.2.10　在定理 6.2.1 的条件下, 对于所有 $0 < T < \infty$ 均有 $P\{\tau_1 \leqslant T\} > 0$, 下式成立:

$$\sum_{i=1}^{\infty} P\left\{\varepsilon_i \sum_{n=i}^{\infty} \varphi_{n-i} e^{-L_\theta(\tau_n)} I_{(\tau_n \leqslant T)} > x\right\}$$

$$\lesssim P\left\{\sum_{i=1}^{\infty} \varepsilon_i \sum_{n=i}^{\infty} \varphi_{n-i} e^{-L_\theta(\tau_n)} I_{(\tau_n \leqslant T)} + \varepsilon_0 \sum_{n=1}^{\infty} \varphi_n e^{-L_\theta(\tau_n)} I_{(\tau_n \leqslant T)} > x\right\}$$

$$\lesssim L_F^{-1} \sum_{i=1}^{\infty} P\left\{\varepsilon_i \sum_{n=i}^{\infty} \varphi_{n-i} e^{-L_\theta(\tau_n)} I_{(\tau_n \leqslant T)} > x\right\}. \tag{6.45}$$

证明 首先, 给出 (6.45) 的渐近下界. 对于每一个整数 N 使得 $\sum\limits_{i=N+1}^{\infty} i^{-2} < 1$, 有

$$P\left\{\sum_{i=N+1}^{\infty} \varepsilon_i \sum_{n=i}^{\infty} \varphi_{n-i} e^{-L_\theta(\tau_n)} I_{(\tau_n \leqslant T)} > x\right\}$$

$$\leqslant P\left\{\sum_{i=N+1}^{\infty} \varepsilon_i \sum_{n=i}^{\infty} \varphi_{n-i} e^{-L_\theta(\tau_n)} I_{(\tau_n \leqslant T)} > \sum_{i=N+1}^{\infty} \frac{x}{i^2}\right\}$$

$$\leqslant \sum_{i=N+1}^{\infty} P\left\{\varepsilon_i \sum_{n=i}^{\infty} \varphi_{n-i} e^{-L_\theta(\tau_n)} I_{(\tau_n \leqslant T)} > \frac{x}{i^2}\right\}$$

$$= \sum_{i=N+1}^{\infty} \left[(1+\pi b_1 b_2) P\left\{\varepsilon_i^* \sum_{n=i}^{\infty} \varphi_{n-i} e^{-L_\theta\left(\sum\limits_{k \neq i}^{n} Y_k + Y_i^*\right)} I_{\left(\sum\limits_{k \neq i}^{n} Y_k + Y_i^* \leqslant T\right)} > \frac{x}{i^2}\right\} \right.$$

$$- \pi b_1 b_2 P\left\{\tilde{\varepsilon}_i^* \sum_{n=i}^{\infty} \varphi_{n-i} e^{-L_\theta\left(\sum\limits_{k \neq i}^{n} Y_k + Y_i^*\right)} I_{\left(\sum\limits_{k \neq i}^{n} Y_k + Y_i^* \leqslant T\right)} > \frac{x}{i^2}\right\}$$

$$- \pi b_1 b_2 P\left\{\varepsilon_i^* \sum_{n=i}^{\infty} \varphi_{n-i} e^{-L_\theta\left(\sum\limits_{k \neq i}^{n} Y_k + \tilde{Y}_i^*\right)} I_{\left(\sum\limits_{k \neq i}^{n} Y_k + \tilde{Y}_i^* \leqslant T\right)} > \frac{x}{i^2}\right\}$$

$$+ \left. \pi b_1 b_2 P\left\{\tilde{\varepsilon}_i^* \sum_{n=i}^{\infty} \varphi_{n-i} e^{-L_\theta\left(\sum\limits_{k \neq i}^{n} Y_k + \tilde{Y}_i^*\right)} I_{\left(\sum\limits_{k \neq i}^{n} Y_k + \tilde{Y}_i^* \leqslant T\right)} > \frac{x}{i^2}\right\} \right]$$

$$= J_1(x, N) + J_2(x, N) + J_3(x, N) + J_4(x, N).$$

至于 $J_1(x, N)$, 根据引理 6.2.3 中的 (6.21) 和 (6.23), 可以证明, 对某个 $p > J_F^+$, 所有足够大的 x 和足够大的 N,

$$J_1(x, N)$$

$$\leqslant C\overline{F}(x)(1+\pi b_1 b_2) \sum_{i=N+1}^{\infty} \left(i^{2p} E\left[\sum_{n=i}^{\infty} \varphi_{n-i} e^{-L_\theta\left(\sum\limits_{k \neq i}^{n} Y_k + Y_i^*\right)} I_{\left(\sum\limits_{k \neq i}^{n} Y_k + Y_i^* \leqslant T\right)} \right]^p \right.$$

$$+ \left. EI_{\left\{\sum\limits_{n=i}^{n} \varphi_{n-i} e^{-L_\theta\left(\sum\limits_{k \neq i}^{n} Y_k + Y_i^*\right)} I_{\left(\sum\limits_{k \neq i}^{n} Y_k + Y_i^* \leqslant T\right)} < \frac{1}{i^2}\right\}} \right)$$

$$\leqslant C\overline{F}(x)(1+\pi b_1 b_2)E[N(T)^{4p+1}I_{(N(T)\geqslant N+1)}]=o(\overline{F}(x)). \qquad (6.46)$$

类似地, 根据 (6.15), (6.27) 和 $\phi_2(y)$ 的有界性, 首先 $x\to\infty$, 然后 $N\to\infty$, 得到

$$J_2(x,N)=J_3(x,N)=J_4(x,N)=o(\overline{F}(x)).$$

因此, (6.25) 意味着, 随着首先 $x\to\infty$, 然后 $N\to\infty$, 可得

$$P\left\{\sum_{i=N+1}^{\infty}\varepsilon_i\sum_{n=i}^{\infty}\varphi_{n-i}e^{-L_\theta(\tau_n)}I_{(\tau_n\leqslant T)}>x\right\}$$
$$=o(\overline{F}(x))$$
$$=o\left(P\left\{\varepsilon_1\sum_{n=1}^{\infty}\varphi_{n-1}e^{-L_\theta(\tau_n)}I_{(\tau_n\leqslant T)}>x\right\}\right)$$

和

$$\sum_{i=N+1}^{\infty}P\left\{\varepsilon_i\sum_{n=i}^{\infty}\varphi_{n-i}e^{-L_\theta(\tau_n)}I_{(\tau_n\leqslant T)}>x\right\}$$
$$\leqslant\sum_{i=N+1}^{\infty}P\left\{\varepsilon_i\sum_{n=i}^{\infty}\varphi_{n-i}e^{-L_\theta(\tau_n)}I_{(\tau_n\leqslant T)}>\frac{x}{i^2}\right\}$$
$$=o(\overline{F}(x))=o\left(P\left\{\varepsilon_1\sum_{n=1}^{\infty}\varphi_{n-1}e^{-L_\theta(\tau_n)}I_{(\tau_n\leqslant T)}>x\right\}\right).$$

这意味着, 对于任何 $0<\delta<1$, 存在足够大的 N_0 和 x_1, 使得对于所有的 $x\geqslant x_1$, 有

$$P\left\{\sum_{i=N_0+1}^{\infty}\varepsilon_i\sum_{n=i}^{\infty}\varphi_{n-i}e^{-L_\theta(\tau_n)}I_{(\tau_n\leqslant T)}>x\right\}$$
$$\leqslant\delta\overline{F}(x)\leqslant\delta P\left\{\varepsilon_1\sum_{n=1}^{\infty}\varphi_{n-1}e^{-L_\theta(\tau_n)}I_{(\tau_n\leqslant T)}>x\right\} \qquad (6.47)$$

和

$$\sum_{i=N_0+1}^{\infty}P\left\{\varepsilon_i\sum_{n=i}^{\infty}\varphi_{n-i}e^{-L_\theta(\tau_n)}I_{(\tau_n\leqslant T)}>x\right\}$$
$$\leqslant\delta\overline{F}(x)\leqslant\delta P\left\{\varepsilon_1\sum_{n=1}^{\infty}\varphi_{n-1}e^{-L_\theta(\tau_n)}I_{(\tau_n\leqslant T)}>x\right\}. \qquad (6.48)$$

根据引理 6.2.9, 对于前面提到的足够大的 N_0,

$$P\left\{\sum_{i=1}^{N_0}\varepsilon_i\sum_{n=i}^{\infty}\varphi_{n-i}e^{-L_\theta(\tau_n)}I_{(\tau_n\leqslant T)}+\varepsilon_0\sum_{n=1}^{\infty}\varphi_n e^{-L_\theta(\tau_n)}I_{(\tau_n\leqslant T)}>x\right\}$$
$$\gtrsim\sum_{i=1}^{N_0}P\left\{\varepsilon_i\sum_{n=i}^{\infty}\varphi_{n-i}e^{-L_\theta(\tau_n)}I_{(\tau_n\leqslant T)}>x\right\}.$$

这与 (6.48) 一起表明

$$P\left\{\sum_{i=0}^{\infty}\varepsilon_i\sum_{n=i}^{\infty}\varphi_{n-i}e^{-L_\theta(\tau_n)}I_{(\tau_n\leqslant T)}>x\right\}$$
$$\geqslant P\left\{\sum_{i=1}^{N_0}\varepsilon_i\sum_{n=i}^{\infty}\varphi_{n-i}e^{-L_\theta(\tau_n)}I_{(\tau_n\leqslant T)}+\varepsilon_0\sum_{n=1}^{\infty}\varphi_n e^{-L_\theta(\tau_n)}I_{(\tau_n\leqslant T)}>x\right\}$$
$$\gtrsim\left(\sum_{i=1}^{\infty}-\sum_{i=N_0+1}^{\infty}\right)P\left\{\varepsilon_i\sum_{n=i}^{\infty}\varphi_{n-i}e^{-L_\theta(\tau_n)}I_{(\tau_n\leqslant T)}>x\right\}$$
$$\gtrsim(1-\delta)\sum_{i=1}^{\infty}P\left\{\varepsilon_i\sum_{n=i}^{\infty}\varphi_{n-i}e^{-L_\theta(\tau_n)}I_{(\tau_n\leqslant T)}>x\right\},$$

根据 δ 的任意性, 其给出了渐近下界.

然后进行渐近上界. 对于任何 $0<l<1$ 和 $N_1\geqslant 1$, 有

$$P\left\{\sum_{i=1}^{\infty}\varepsilon_i\sum_{n=i}^{\infty}\varphi_{n-i}e^{-L_\theta(\tau_n)}I_{(\tau_n\leqslant T)}+\varepsilon_0\sum_{n=1}^{\infty}\varphi_n e^{-L_\theta(\tau_n)}I_{(\tau_n\leqslant T)}>x\right\}$$
$$\leqslant P\left\{\sum_{i=1}^{N_1}\varepsilon_i\sum_{n=i}^{\infty}\varphi_{n-i}e^{-L_\theta(\tau_n)}I_{(\tau_n\leqslant T)}+\varepsilon_0\sum_{n=1}^{\infty}\varphi_n e^{-L_\theta(\tau_n)}I_{(\tau_n\leqslant T)}>lx\right\}$$
$$+P\left\{\sum_{i=N_1+1}^{\infty}\varepsilon_i\sum_{n=i}^{\infty}\varphi_{n-i}e^{-L_\theta(\tau_n)}I_{(\tau_n\leqslant T)}>(1-l)x\right\}$$
$$=K_1(x,N_1)+K_2(x,N_1).$$

对任何的 $0<\rho<1$, 有

$$K_1(x,N_1)=P\left\{\sum_{i=1}^{N_1}\varepsilon_i\sum_{n=i}^{\infty}\varphi_{n-i}e^{-L_\theta(\tau_n)}I_{(\tau_n\leqslant T)}+\varepsilon_0\sum_{n=1}^{\infty}\varphi_n e^{-L_\theta(\tau_n)}I_{(\tau_n\leqslant T)}>lx\right\}$$
$$\leqslant P\left\{\bigcup_{i=0}^{N_1}(\varepsilon_i\vartheta_i(T)>\rho lx)\right\}+P\left\{\sum_{i=0}^{N_1}\varepsilon_i\vartheta_i(T)>lx,\bigcap_{i=0}^{N_1}(\varepsilon_i\vartheta_i(T)\leqslant\rho lx)\right\}.$$

类似于引理 6.2.9 中渐近上界的证明, 对任何固定的 N, 根据 $l\rho \to 1(l \to 1)$, 能够得到

$$
K_1(x, N_1) \leqslant (1 + o(1))L_F^{-1} \sum_{i=1}^{N_1} P\left\{ \varepsilon_i \sum_{n=i}^{\infty} \varphi_{n-i} e^{-L_\theta(\tau_n)} I_{(\tau_n \leqslant T)} > x \right\}
$$

$$
\leqslant (1 + o(1))L_F^{-1} \sum_{i=1}^{\infty} P\left\{ \varepsilon_i \sum_{n=i}^{\infty} \varphi_{n-i} e^{-L_\theta(\tau_n)} I_{(\tau_n \leqslant T)} > x \right\}.
$$

此外, 类似于 (6.47), 首先让 $x \to \infty$, 然后 $N_1 \to \infty$.

这完成了引理 6.2.10 的证明.

引理 6.2.11 在定理 6.2.1 的条件下, 对于所有 $0 < T < \infty$ 均有 $P\{\tau_1 \leqslant T\} > 0$, 下式成立:

$$
\lim_{N \to \infty} \limsup_{x \to \infty} \frac{\sum_{i=N+1}^{\infty} P\left\{ \varepsilon_i^* \sum_{n=i}^{\infty} \varphi_{n-i} e^{-L_\theta\left(\sum\limits_{k \neq i}^{n} Y_k + Y_\pi^*\right)} I_{\left(\sum\limits_{k \neq i}^{n} Y_k + Y_\pi^* \leqslant T\right)} > x \right\}}{\overline{F}(x)} = 0
$$

(6.49)

和

$$
\sum_{i=1}^{\infty} P\left\{ \varepsilon_i \sum_{n=i}^{\infty} \varphi_{n-i} e^{-L_\theta(\tau_n)} I_{(\tau_n \leqslant T)} > x \right\}
$$

$$
\sim \sum_{i=1}^{\infty} P\left\{ \varepsilon_i^* \sum_{n=i}^{\infty} \varphi_{n-i} e^{-L_\theta\left(\sum\limits_{k \neq i}^{n} Y_k + Y_\pi^*\right)} I_{\left(\sum\limits_{k \neq i}^{n} Y_k + Y_\pi^* \leqslant T\right)} > x \right\}.
$$

(6.50)

证明 对于任何固定的 $N \geqslant 1$, 由引理 6.2.6 可知

$$
\sum_{i=1}^{N} P\left\{ \varepsilon_i \sum_{n=i}^{\infty} \varphi_{n-i} e^{-L_\theta(\tau_n)} I_{(\tau_n \leqslant T)} > x \right\}
$$

$$
\sim \sum_{i=1}^{N} P\left\{ \varepsilon_i^* \sum_{i=1}^{\infty} \varphi_{n-i} e^{-L_\theta\left(\sum\limits_{k \neq i}^{n} Y_k + Y_\pi^*\right)} I_{\left(\sum\limits_{k \neq i}^{n} Y_k + Y_\pi^* \leqslant T\right)} > x \right\}.
$$

(6.51)

类似于 (6.46) 的证明, 由 (6.21) 和 (6.36) 可知, 对于某个 $p > J_F^+$,

$$
\sum_{i=N+1}^{\infty} P\left\{ \varepsilon_i^* \sum_{n=i}^{\infty} \varphi_{n-i} e^{-L_\theta\left(\sum\limits_{k \neq i}^{n} Y_k + Y_\pi^*\right)} I_{\left(\sum\limits_{k \neq i}^{n} Y_k + Y_\pi^* \leqslant T\right)} > x \right\}
$$

$$
\leqslant C\overline{F}(x) \sum_{i=N+1}^{\infty} \left\{ i^{2p} E\left[\sum_{n=i}^{\infty} \varphi_{n-i} e^{-L_\theta(\tau_n^\pi)} I_{(\tau_n^\pi \leqslant T)} \right]^p \right.
$$

$$+ EI_{\left\{\sum\limits_{n=i}^{\infty} \varphi_{n-i}e^{-L_\theta(\tau_n^\pi)}I_{(\tau_n^\pi \leqslant T)} < \frac{1}{i^2}\right\}}\Bigg\}$$

$$\leqslant C\overline{F}(x)E[N_\pi^*(T)^{4p+1}I_{(N_\pi^*(T)\geqslant N+1)}].$$

那么, 首先 $x \to \infty$, 然后 $N \to \infty$, 可得 (6.49) 成立.

因此, 结合 (6.48) 和 (6.51), 上式表明, 在足够大的 x 的情形下, (6.50) 成立. 对于足够大的 x.

现在我们转去定理 6.2.1 的证明.

6.2.4 定理及推论的证明

首先, 记贴现净亏损过程为

$$V_\theta(t) = x - e^{-L_\theta(t)}U_\theta(t) = \int_0^t e^{-L_\theta(v)}(dS_v - cdv), \quad t \geqslant 0. \tag{6.52}$$

通过将 (6.1) 代入 (6.52), 对于任何的 $t \geqslant 0$, 有

$$\begin{aligned}
V_\theta(t) &= \sum_{n=1}^\infty X_n e^{-L_\theta(\tau_n)}I_{(\tau_n \leqslant t)} - c\int_0^t e^{-L_\theta(v)}dv \\
&= \sum_{n=1}^\infty e^{-L_\theta(\tau_n)}I_{(\tau_n \leqslant t)}\sum_{i=1}^n \varphi_{n-i}\varepsilon_i \\
&\quad + \sum_{n=1}^\infty e^{-L_\theta(\tau_n)}I_{(\tau_n \leqslant t)}\varphi_n\varepsilon_0 - c\int_0^t e^{-L_\theta(v)}dv \\
&= \sum_{i=1}^\infty \varepsilon_i \sum_{n=i}^\infty \varphi_{n-i}e^{-L_\theta(\tau_n)}I_{(\tau_n \leqslant t)} \\
&\quad + \varepsilon_0 \sum_{n=1}^\infty \varphi_n e^{-L_\theta(\tau_n)}I_{(\tau_n \leqslant t)} - c\int_0^t e^{-L_\theta(v)}dv \\
&= \sum_{i=0}^\infty \varepsilon_i\vartheta_i(t) - cZ_t, \tag{6.53}
\end{aligned}$$

其中 $Z_t = \int_0^t e^{-L_\theta(s)}ds$.

因此, 我们能将 (6.10) 中的 $\Psi(x,T)$ 和 (6.11) 中的 $\Psi(x)$, 分别表示为

$$\begin{aligned}
\Psi(x,T) &= P\left\{\sup_{0<s\leqslant T} V_\theta(s) > x\right\} \\
&= P\left\{\sup_{0<s\leqslant T}\left(\sum_{i=0}^\infty \varepsilon_i\vartheta_i(s) - cZ_s\right) > x\right\} \tag{6.54}
\end{aligned}$$

和

$$\Psi(x) = P\left\{\sup_{0<s<\infty} V_\theta(s) > x\right\}$$

$$= P\left\{\sup_{0<s<\infty}\left(\sum_{i=0}^\infty \varepsilon_i\vartheta_i(s) - cZ_s\right) > x\right\}. \tag{6.55}$$

定理 6.2.1 的证明　关系 (6.53) 和 (6.54) 表明

$$P\left\{\sum_{i=0}^\infty \varepsilon_i\vartheta_i(T) > x + cZ_\infty\right\} \leqslant \Psi(x,T) \leqslant P\left\{\sum_{i=0}^\infty \varepsilon_i\vartheta_i(T) > x\right\},$$

其中 $Z_\infty = \displaystyle\int_0^\infty e^{-L_\theta(s)}ds$.

首先证明 (6.16) 的渐近上界. 通过 (6.45) 和 (6.50), 注意到

$$P\left\{\sum_{i=0}^\infty \varepsilon_i\vartheta_i(T) > x\right\}$$

$$\lesssim L_F^{-1}\sum_{i=1}^\infty P\left\{\varepsilon_i\sum_{n=i}^\infty \varphi_{n-i}e^{-L_\theta(\tau_n)}I_{(\tau_n\leqslant T)} > x\right\}$$

$$\sim L_F^{-1}\sum_{i=1}^\infty P\left\{\varepsilon_i^*\sum_{n=i}^\infty \varphi_{n-i}e^{-L_\theta\left(\sum\limits_{k\neq i}^n Y_k+Y_\pi^*\right)}I_{\left(\sum\limits_{k\neq i}^n Y_k+Y_\pi^*\leqslant T\right)} > x\right\}$$

$$= L_F^{-1}\sum_{i=1}^\infty \int_0^T P\left\{\varepsilon_i^*\sum_{n=i}^\infty \varphi_{n-i}e^{-L_\theta\left(\sum\limits_{k=i+1}^n Y_k+s\right)}I_{\left(\sum\limits_{k=i+1}^n Y_k+s\leqslant T\right)} > x\right\}P\{\tau_i^\pi \in ds\}$$

$$= L_F^{-1}\int_0^T P\left\{\varepsilon^*\sum_{l=0}^\infty \varphi_l e^{-L_\theta(\tau_l+s)}I_{(\tau_l+s\leqslant T)} > x\right\}(1+\pi d_1\phi_2(s))G(ds)$$

$$\quad + L_F^{-1}\int_0^T P\left\{\varepsilon^*\sum_{l=0}^\infty \varphi_l e^{-L_\theta(\tau_l+s)}I_{(\tau_l+s\leqslant T)} > x\right\}\sum_{i=2}^\infty P\{\tau_i^\pi \in ds\}$$

$$= L_F^{-1}\int_0^T P\left\{\varepsilon^*\sum_{l=0}^\infty \varphi_l e^{-L_\theta(\tau_l+s)}I_{(\tau_l+s\leqslant T)} > x\right\}(1+\pi d_1\phi_2(s))G(ds)$$

$$\quad + L_F^{-1}\int_0^T P\left\{\varepsilon^*\sum_{l=0}^\infty \varphi_l e^{-L_\theta(\tau_l+s)}I_{(\tau_l+s\leqslant T)} > x\right\}d\left(\int_0^s \lambda_{s-u}(1+\pi d_1\phi_2(u))G(du)\right)$$

$$= L_F^{-1}\int_0^T P\left\{\varepsilon^*\sum_{l=0}^\infty \varphi_l e^{-L_\theta(\tau_l+s)}I_{(\tau_l+s\leqslant T)} > x\right\}d\lambda_s^*, \tag{6.56}$$

其中 $\lambda_s^* = \sum\limits_{i=1}^{\infty} P\{\tau_i^\pi \leqslant s\} = \int_0^s (1 + \lambda_{s-u})(1 + \pi d_1 \phi_2(u)) G(du)$.

其次推导出 (6.16) 的渐近下界. 对于 $0 < l < 1$, 由此能得出

$$\Psi(x, T) \geqslant P\left\{\sum_{i=0}^{\infty} \varepsilon_i \vartheta_i(T) > x + cZ_\infty\right\}$$

$$\geqslant P\left\{\sum_{i=0}^{\infty} \varepsilon_i \vartheta_i(T) > x + cZ_\infty, cZ_\infty \leqslant lx\right\}$$

$$\geqslant P\left\{\sum_{i=0}^{\infty} \varepsilon_i \vartheta_i(T) > (1+l)x\right\}$$

$$- P\left\{\sum_{i=0}^{\infty} \varepsilon_i \vartheta_i(T) > (1+l)x, cZ_\infty > lx\right\}$$

$$= q_1(x, T) - q_2(x, T).$$

根据引理 6.2.9、引理 6.2.6 和引理 6.2.7, 对于足够大的 N, 有

$$q_1(x, T) \geqslant P\left\{\sum_{i=0}^{N} \varepsilon_i \vartheta_i(T) > (1+l)x\right\}$$

$$\gtrsim \sum_{i=1}^{N} P\{\varepsilon_i \vartheta_i(T) > (1+l)x\}$$

$$\sim \sum_{i=1}^{N} P\left\{\varepsilon_i^* \sum_{n=i}^{\infty} \varphi_{n-i} e^{-L_\theta\left(\sum\limits_{k \neq i}^{n} + Y^*\right)} I_{\left(\sum\limits_{k \neq i}^{n} + Y^* \leqslant T\right)} > (1+l)x\right\}$$

$$= \sum_{i=1}^{N} P\{\varepsilon_i^* \vartheta_i(Y_\pi^*, T) > (1+l)x\}$$

$$\geqslant \sum_{i=1}^{N} P\{\varepsilon_i^* \vartheta_i(Y_\pi^*, T) > (1+l)x, \vartheta_i(Y_\pi^*, T) \leqslant g(x)\}$$

$$= \sum_{i=1}^{N} \int_0^{g(x)} P\{\varepsilon_i^* > (1+l)x/y\} P\{\vartheta_i(Y_\pi^*, T) \in dy\}$$

$$\gtrsim \overline{F}_*(1+l) \sum_{i=1}^{N} \int_0^{g(x)} P\{\varepsilon_i^* > x/y\} P\{\vartheta_i(Y_\pi^*, T) \in dy\}$$

$$\geqslant \overline{F}_*(1+l) \sum_{i=1}^{N} P\{\varepsilon_i^* \vartheta_i(Y_\pi^*, T) > x\} - \overline{F}_*(1+l) \sum_{i=1}^{N} P\{\vartheta_i(Y_\pi^*, T) > g(x)\}$$

$$= \overline{F}_*(1+l)\left(\sum_{i=1}^{\infty} - \sum_{i=N+1}^{\infty}\right) P\{\varepsilon_i^* \vartheta_i(Y_\pi^*, T) > x\} - o(\overline{F}(x))$$

$$= \overline{F}_*(1+l)\sum_{i=1}^{\infty} P\{\varepsilon_i^* \vartheta_i(Y_\pi^*, T) > x\}$$

$$- o\left(\sum_{i=1}^{\infty} P\{\varepsilon_i^* \vartheta_i(Y_\pi^*, T) > x\}\right),$$

其中 $g(x)$ 是引理 6.2.7 中的函数, 且最后一个方程从 (6.49) 中得出的.

进一步, (6.12) 和 (6.56) 表明

$$\lim_{l \searrow 0} \lim_{x \to \infty} q_1(x, T) \gtrsim L_F \int_0^T P\left\{\varepsilon^* \sum_{l=0}^{\infty} \varphi_l e^{-L_\theta(\tau_l + s)} I_{(\tau_l + s \leqslant T)} > x\right\} d\lambda_s^*.$$

最后, 我们处理 $q_2(x, T)$. 由引理 6.2.1, 引理 6.2.5, (6.49), (6.50) 和 (6.56), 可得出, 对于某个 $p > J_F^+$,

$$q_2(x, T) \leqslant P\{cZ_\infty > lx\} \leqslant (lx)^{-p} c^p E(Z_\infty^p) = O(x^{-p}) = o(\overline{F}(x))$$

$$= o\left(\int_0^T P\left\{\varepsilon^* \sum_{l=0}^{\infty} \varphi_l e^{-L_\theta(\tau_l + s)} I_{(\tau_l + s \leqslant T)} > x\right\} d\lambda_s^*\right).$$

因此, 定理 6.2.1 的证明完成了.

定理 6.2.2 的证明　如果 $F \in \mathcal{ERV}(-\alpha, -\beta)$ 对某个 $0 < \alpha \leqslant \beta < \infty$, 根据定理 6.2.1, 那么我们能获得关系 (6.17), 对于所有 $0 < T < \infty$ 均有 $P\{\tau_1 \leqslant T\} > 0$.

现在考虑在定理 6.2.2 的条件下, 对于 $T = \infty$, 引理 6.2.6—引理 6.2.11 的结果也成立. 首先, 我们处理下面的不等式, 这对于定理 6.2.2 的证明是至关重要的.

对于 $0 < p \leqslant 1$ 和 $q \geqslant 0$, 根据 C_r 不等式和 $\sup_{n \geqslant 0} \varphi_n < \infty$, 有

$$\sum_{i=1}^{\infty} i^q E\left(\sum_{n=i}^{\infty} \varphi_{n-i} e^{-L_\theta(\tau_n)}\right)^p$$

$$\leqslant \left(\sup_{n \geqslant 0} \varphi_n\right)^p \sum_{i=1}^{\infty} i^q \sum_{n=i}^{\infty} E(e^{-L_\theta(\tau_n)})^p$$

$$= \left(\sup_{n \geqslant 0} \varphi_n\right)^p \sum_{n=1}^{\infty} E(e^{-L_\theta(\tau_n)})^p \sum_{i=1}^{n} i^q$$

$$\leqslant C \sum_{n=1}^{\infty} n^{q+1} E(e^{-L_\theta(\tau_n)})^p.$$

对于 $p > 1$ 和 $q \geqslant 0$, 根据 Hölder 不等式, 有

$$
\sum_{i=1}^{\infty} i^q E \left(\sum_{n=i}^{\infty} \varphi_{n-i} e^{-L_\theta(\tau_n)} \right)^p
$$

$$
\leqslant \left(\sup_{n \geqslant 0} \varphi_n \right)^p \sum_{i=1}^{\infty} i^q \left(\sum_{n=i}^{\infty} n^{-2} \right)^{p-1} \sum_{n=i}^{\infty} n^{2p-2} E(e^{-L_\theta(\tau_n)})^p
$$

$$
\leqslant C \sum_{i=1}^{\infty} i^q \sum_{n=i}^{\infty} n^{2p-2} E(e^{-L_\theta(\tau_n)})^p
$$

$$
\leqslant C \sum_{n=1}^{\infty} n^{2p+q-1} E(e^{-L_\theta(\tau_n)})^p.
$$

对任何固定的 $\theta \in [0,1)$, 根据 (6.7), (6.8) 和 κ_θ 的定义, 获得 $\psi_\theta(p) < 0$, 对于任何 $0 < p < \kappa_\theta$. 由 (6.8), 有

$$
Ee^{-pL_\theta(\tau_1)} = Ee^{\tau_1 \psi_\theta(p)} < 1.
$$

那么, 根据 Lévy 过程 $\{L_\theta(t), t \geqslant 0\}$ 的独立平稳增量, 对于任何 $0 < p < \kappa_\theta$ 和任何的 $q \geqslant 0$, 能得到

$$
\sum_{i=1}^{\infty} i^q E \left(\sum_{n=i}^{\infty} \varphi_{n-i} e^{-L_\theta(\tau_n)} \right)^p
$$

$$
\leqslant C \sum_{n=1}^{\infty} n^{2p+q+1} E(e^{-L_\theta(\tau_n)})^p
$$

$$
= C \sum_{n=1}^{\infty} n^{2p+q+1} (Ee^{-pL_\theta(\tau_1)})^n < \infty. \tag{6.57}
$$

取 $J_F^+ < p < \kappa_\theta$. 至于引理 6.2.6 中 (6.26) 右边的第一项, 通过关系 (6.57) 和 ε_i^*, Y_i^*, $\{Y_n, n \geqslant 1\}$ 和 $\{L_\theta(t), t \geqslant 0\}$ 的独立性, 引理 6.2.2 表示 $\varepsilon_i^* \vartheta_i(Y_i^*, T)$ 的分布属于 $\mathcal{D}$ 类, 且

$$
P\{\varepsilon_i^* \vartheta_i(Y_i^*, T) > x\} \asymp \overline{F}(x).
$$

由于关系 $|\phi_2(y)| \leqslant b_2 - 1$ 和 (6.15), 得到 $E[e^{-pL_\theta(\tilde{Y}_i^*)}] \leqslant E[e^{-pL_\theta(\tau_1)}] < 1$. 同样, 也可以得到 $\tilde{\varepsilon}_i^* \vartheta_i(Y_i^*, T), \varepsilon_i^* \vartheta_i(\tilde{Y}_i^*, T), \tilde{\varepsilon}_i^* \vartheta_i(\tilde{Y}_i^*, T)$ 同样属于 $\mathcal{D}$ 类的分布, 且

$$
P\{\varepsilon_i^* \vartheta_i(\tilde{Y}_i^*, T) > x\} \asymp \overline{F}(x), \quad P\{\tilde{\varepsilon}_i^* \vartheta_i(Y_i^*, T) > x\} \asymp \overline{F}(x),
$$

$$
P\{\tilde{\varepsilon}_i^* \vartheta_i(\tilde{Y}_i^*, T) > x\} \asymp \overline{F}(x).
$$

类似于关系 (6.57) 的证明, 关系 (6.14) 和 $\phi_2(y)$ 的有界性表明对任何 $0 < p < \kappa_\theta$ 和任何 $q \geqslant 0$,

$$
\sum_{i=1}^{\infty} i^q E \left(\sum_{n=i}^{\infty} \varphi_{n-i} e^{-L_\theta \left(\sum_{k \neq i}^{n} Y_k + Y_\pi^* \right)} \right)^p
$$

$$
\leqslant C \sum_{n=1}^{\infty} n^{2p+q+1} E \left(e^{-pL_\theta \left(\sum_{k \neq i}^{n} Y_k + Y_\pi^* \right)} \right)
$$

$$
\leqslant C \sum_{n=1}^{\infty} n^{2p+q+1} E(e^{-pL_\theta(Y_\pi^*)}) E(e^{-pL_\theta(\tau_1)})^{n-1} < \infty. \tag{6.58}
$$

对于 $T = \infty$ 的情况, 引理 6.2.6 中的其余结果也成立. 因此, 对于 $T = \infty$ 的情况, 引理 6.2.6 在定理 6.2.2 的条件下也成立.

取 $J_F^+ < p < \kappa_\theta$. 根据 (6.57) 和 (6.58), 在定理 6.2.2 的条件下, 引理 6.2.7 —引理 6.2.9 的结论也成立于 $T = \infty$ 的情况.

接下来, 我们处理引理 6.2.10 和引理 6.2.11, 对于 $T = \infty$ 的情况. 至于引理 6.2.10 中的 $J_1(x, N)$, 通过 (6.22) 和 (6.57), 可以证明, 对于任何固定的 $p_1 > 0$ 和 $p_2 > 0$, 使得 $0 < p_1 < \alpha \leqslant J_F^- \leqslant J_F^+ \leqslant \beta < p_2 < \kappa_\theta \leqslant \infty$, 所有的足够大的 x 和足够大的 N,

$$
J_1(x, N)
$$

$$
\leqslant C\overline{F}(x)(1 + \pi b_1 b_2) \sum_{i=N+1}^{\infty} \left\{ i^{2p_1} E \left[\sum_{n=i}^{\infty} \varphi_{n-i} e^{-L_\theta \left(\sum_{k \neq i}^{n} Y_k + Y_i^* \right)} \right]^{p_1} \right.
$$

$$
\left. + i^{2p_2} E \left[\sum_{n=i}^{\infty} \varphi_{n-i} e^{-L_\theta \left(\sum_{k \neq i}^{n} Y_k + Y_i^* \right)} \right]^{p_2} \right\}
$$

$$
= C\overline{F}(x)(1 + \pi b_1 b_2) \sum_{i=N+1}^{\infty} \left\{ i^{2p_1} E \left[\sum_{n=i}^{\infty} \varphi_{n-i} e^{-L_\theta(\tau_n)} \right]^{p_1} \right.
$$

$$
\left. + i^{2p_2} E \left[\sum_{n=i}^{\infty} \varphi_{n-i} e^{-L_\theta(\tau_n)} \right]^{p_2} \right\}
$$

$$
= o(\overline{F}(x)).
$$

同样地, 首先 $x \to \infty$, 然后 $N \to \infty$, 可以得到

$$
J_2(x, N) = J_3(x, N) = J_4(x, N) = o(\overline{F}(x)).
$$

对于 $T = \infty$ 的情况, 引理 6.2.10 中的其余结果也成立. 因此, 在定理 6.2.2 的条件下, 关系 (6.45) 也成立. 最后, 在定理 6.2.2 的条件下, 我们认为 (6.49) 和 (6.50) 也成立, 对于 $T = \infty$ 的情况. 至于 (6.49), 由 (6.22) 和 (6.58) 可得, 对于任何固定的 $p_1 > 0$ 和 $p_2 > 0$, 使得 $0 < p_1 < \alpha \leqslant J_F^- \leqslant J_F^+ \leqslant \beta < p_2 < \kappa_\theta \leqslant \infty$, 所有的大 x 和足够大的 N,

$$\sum_{i=N+1}^{\infty} P\left\{ \varepsilon_i^* \sum_{n=i}^{\infty} \varphi_{n-i} e^{-L_\theta\left(\sum_{k\neq i}^{n} Y_k + Y_\pi^*\right)} I_{\left(\sum_{k\neq i}^{n} Y_k + Y_\pi^* \leqslant T\right)} > x \right\}$$

$$\leqslant C\overline{F}(x) \sum_{i=N+1}^{\infty} \left\{ E\left[\sum_{n=i}^{\infty} \varphi_{n-i} e^{-L_\theta\left(\sum_{k\neq i}^{n} Y_k + Y_\pi^*\right)} \right]^{p_1} \right.$$

$$\left. + E\left[\sum_{n=i}^{\infty} \varphi_{n-i} e^{-L_\theta\left(\sum_{k\neq i}^{n} Y_k + Y_\pi^*\right)} \right]^{p_2} \right\} = o(\overline{F}(x)).$$

定理 6.2.3 的证明 既然 $F \in \mathcal{R}_{-\alpha}$, 由于定理 6.2.2 和 Breiman 定理 (Breiman, 1965), 我们立即得到 (6.18).

推论 6.2.2 的证明 由 (6.18) 和 Lévy 过程 $\{L_\theta(t),\ t \geqslant 0\}$ 的独立和平稳增量性, 对于 $T = \infty$, 可以得出如下结论:

$$\Psi(x) \sim \overline{F}(x) \int_0^{\infty} E\left(\sum_{i=0}^{\infty} \varphi_i e^{-L_\theta(s+\tau_i)} \right)^{\alpha} d\lambda_s^*$$

$$= \overline{F}(x) \int_0^{\infty} E e^{-\alpha L_\theta(s)} E\left(\sum_{i=0}^{\infty} \varphi_i e^{-[L_\theta(s+\tau_i)-L_\theta(s)]} \right)^{\alpha} d\lambda_s^*$$

$$= \overline{F}(x) E\left(\sum_{i=0}^{\infty} \varphi_i e^{-L_\theta(\tau_i)} \right)^{\alpha} \int_0^{\infty} e^{s\psi_\theta(\alpha)} d\lambda_s^*$$

$$= \overline{F}(x) E\left(\sum_{i=0}^{\infty} \varphi_i e^{-L_\theta(\tau_i)} \right)^{\alpha} \frac{E\left[(1+\pi d_1 \phi_2(\tau_1))e^{\tau_1 \psi_\theta(\alpha)}\right]}{1 - E e^{\tau_1 \psi_\theta(\alpha)}}.$$

第 7 章　随机投资收益下破产概率的一致渐近性

7.1　模　型　背　景

在这种更新风险模型的标准框架中 (由 Sparre Andersen 在 1957 年引进), 索赔额和间隔到达时间分别形成一个独立同分布的随机序列, 并且两个序列是相互独立的. 然而, 这些独立的假设使得更新风险模型在实际应用中过于严格. 在本章中, 我们的目标是, 通过引入适当的在索赔额间及索赔额与间隔到达时间之间的相依结构来改进标准更新风险模型.

随着保险和再保险产品的日益复杂性, 相依保险风险模型越来越受到人们的关注. 正如大量文献 (Brockwell and Davis, 1991; Mikosch and Samorodnitsky, 2000; Yang and Zhang, 2003; Peng and Huang, 2010a, Peng et al., 2011; Peng and Wang, 2017) 等指出, 线性过程包括已知 ARMA 模型和分数 ARIMA 模型, 在时间序列分析和保险风险理论中有着广泛的应用.

在本章中, 对索赔额间、索赔额与间隔到达时间之间的相依结构分别进行了如同假设 6.1.1 和假设 6.1.2 中一样的假设.

考虑具有假设 6.1.1 和假设 6.1.2 的非标准更新风险模型, 其中间隔到达时间 $\{Y_n; n \geqslant 1\}$ 形成独立同分布的非负且在零点非退化的随机变量序列, 具有公共分布函数 G. 那么, 连续索赔到达时间 $\sigma_n = \sum_{i=1}^{n} Y_i \ (n \geqslant 1)$ 构成一个更新计数过程.

$$N(t) = \#\{n = 1, 2, \cdots : \sigma_n \leqslant t\}, \quad t \geqslant 0.$$

为了以后的使用, 记 $\sigma_0 = 0$. 为了避免琐碎, 在本书中, 假设 σ_1 是一个非负的且在零点上非退化的随机变量. 直到时间 t 的总索赔额看起来具有复合形式的和, 其中 $S_t = \sum_{n=1}^{N(t)} X_n$, 具有 $S_t = 0$, 当 $N(t) = 0$.

假设保险公司被允许进行无风险和有风险的投资. 基于大量来自股票市场的实证证据表明股票价格过程有了突然向下和向上跳跃, 这些跳跃不能通过连续几何布朗运动解释和描述, 我们考虑更广义的模型, 即利用一般具有跳的指数 (也被称为几何)Lévy 过程模仿投资组合回报或风险资产价格. 无风险和风险的价格过

程分别满足

$$\bar{Z}_0(t) = e^{rt} \quad \text{和} \quad \bar{Z}_1(t) = e^{L(t)}, \quad t \geqslant 0, \tag{7.1}$$

其中 $r > 0$ 是无风险利率, 这个过程 $\{L(t), t \geqslant 0\}$ 是一个具有三元组特征 (γ, τ^2, ρ) 的 Lévy 过程.

假设保险公司不断地将其储备分别按照常数比例投资于风险资产和无风险资产中, 这个分数就是所谓的常数投资策略. 投资组合价格过程的假设在数学金融和精算科学中经常被使用. 对于更多的细节, 请参见 Emmer 和 Klüppelberg (2004), Paulsen(2008), Heyde 和 Wang (2009) 等.

根据文献 (Guo and Wang, 2013a) 中的 (5), 投资组合的价格过程满足随机偏微分方程 (SDE):

$$\bar{Z}_\pi(0) = 1 \quad \text{和} \quad \bar{Z}_\pi(t) = e^{L_\pi(t)}, \quad t \geqslant 0,$$

其中

$$
\begin{aligned}
L_\pi(t) = &\bar{L}_\pi(t) - \frac{1}{2}[\bar{L}_\pi, \bar{L}_\pi]_t \\
&+ \sum_{0 < s \leqslant t} \left(\log(1 + \Delta\bar{L}_\pi(s)) - \Delta\bar{L}_\pi(s) + \frac{1}{2}(\Delta\bar{L}_\pi(s))^2 \right),
\end{aligned}
$$

$\Delta\bar{L}_\pi(s) = \bar{L}_\pi(s) - \bar{L}_\pi(s-)$ 和 $[\bar{L}_\pi, \bar{L}_\pi]$ 是 $\bar{L}_\pi$ 的二次变差过程.

假定 $\{L(t), t \geqslant 0\}$ 独立于 $\{\varepsilon_n, n \geqslant 1\}$ 和 $\{Y_n, n \geqslant 1\}$, 也就是表明保险过程 $\{S_t, t \geqslant 0\}$ 和随机投资过程 $\{L_\pi(t), t \geqslant 0\}$ 之间独立. 因此, 具有随机投资收益保险公司的盈余过程能被描述为

$$U_\pi(0) = x, \quad U_\pi(t) = e^{L_\pi(t)} \left(x + \int_{0-}^t e^{-L_\pi(v)}(cdv - dS_v) \right), \quad t > 0, \tag{7.2}$$

其中 $x \geqslant 0$ 是保险公司的初始盈余, 且 $c > 0$ 是一个保费支付的固定利率. 在假设 6.1.1 和假设 6.1.2 下, 我们认为 $U_\pi(t)$ 是一个被 Kalashnikov 和 Norberg (2002), Paulsen (2002), Yuen 等 (2006), Cai (2004), Guo 和 Wang (2013a) 考虑的盈余过程的推广.

通常, 定义到时间 t 的有限时间破产概率为

$$\Psi_\pi(x, t) = P\left\{ \inf_{0 \leqslant s \leqslant t} U(s) < 0 \;\middle|\; U(0) = x \right\}, \quad t \geqslant 0, \tag{7.3}$$

最终破产概率为

$$\Psi_\pi(x) = \Psi_\pi(x, \infty) = \lim_{t \to \infty} \Psi_\pi(x, t) = P\left\{ \inf_{0 \leqslant t < \infty} U(t) < 0 \;\middle|\; U(0) = x \right\}. \tag{7.4}$$

本章主要研究具有常数投资策略的非标准更新风险模型 (7.2) 破产概率的渐近尾部行为, 其相依结构由假设 6.1.1 和假设 6.1.2 刻画, 以求得有限或无限时间一致成立的显式渐近式为目标, 并检查尾概率如何受到相依结构的影响.

最近, Guo 和 Wang (2013a), Li (2012) 和 Yang 等 (2014, 2015) 分别考虑了对非标准更新风险模型 (索赔额间不独立, 或索赔额与索赔间隔到达时间之间不必独立) 的破产概率的一致渐近估计, 但他们的研究集中在分别用单边线性、二元上尾独立和上尾渐近独立相依结构处理索赔额之间的相依性, 或者使用 Asimit 和 Badescu (2010) 提出的相依结构去刻画索赔额与索赔间隔到达时间之间的相依关系, 即时间相依更新风险模型. 他们都显示了相依结构如何去影响尾概率. 然而, 我们不仅使用不同且有意义的二元 Sarmanov 相依结构刻画索赔额和到达间隔时间之间的相依关系, 而且也采用一个有趣的单边线性过程来模拟相关索赔大小. 因此, 所得结果部分地扩展了上述文献的结果. 直到现在, 关于非标准更新风险模型的有限时间和无限时间破产概率的一致渐近性问题, 具有随机投资回报的索赔额间, 索赔额与间隔到达时间之间的双相依结构, 我们还没有看到其他的文章讨论. 我们还没有看见有文章讨论随机投资回报下连续时间更新风险模型在索赔额间、索赔额与间隔到达时间之间同时具有相依结构.

7.2　破产概率的一致渐近式

7.2.1　预备知识

假定 Lévy 过程 $\{L(t), t \geqslant 0\}$ 是一个具有左极限和 Lévy 三元组 (γ, τ^2, ρ) 的右连续过程, 其中 $\gamma \in \mathbb{R}$ 和 $\tau \geqslant 0$ 是两个常数, 且 ρ 是定义在 $(-\infty, \infty)$ 上的一个测度, 被称为 Lévy 测度, 满足 $\rho(\{0\}) = 0$ 和 $\displaystyle\int_{-\infty}^{\infty} \min(y^2, 1)\rho(dy) < \infty$.

根据文献 (Emmer and Klüppelberg, 2004) 中的引理 2.5, 过程 $\{L_\pi(t), t \geqslant 0\}$ 也是一个具有三元组特征 $(\gamma_\pi, \tau_\pi^2, \rho_\pi)$ 的 Lévy 过程, 其被原来的 Lévy 过程 $\{L(t), t \geqslant 0\}$ 确定如下:

$$\gamma_\pi = \gamma\pi + (1-\pi)\left(r + \frac{\tau^2}{2}\pi\right)$$
$$+ \int_{\mathbb{R}} \left[\log(1 + \pi(e^x - 1))I_{[|\log(1+\pi(e^x-1))| \leqslant 1]} - \pi x I_{[|x| \leqslant 1]}\right]\rho(dx);$$
$$\tau_\pi^2 = \pi^2\tau^2;$$
$$\rho_\pi(A) = \rho(\{x \in \mathbb{R} : \log(1 + \pi(e^x - 1)) \in A\}), \quad \forall \text{ Borel 集 } A \subset \mathbb{R}. \tag{7.5}$$

定义这个过程 $\{L_\pi(t), t \geqslant 0\}$ 的拉普拉斯指数如下

$$\psi_\pi(s) = \log E[e^{-sL_\pi(1)}], \quad -\infty < s < +\infty, \tag{7.6}$$

如果 $\psi_\pi(s) < \infty$, 那么

$$E[e^{-sL_\pi(t)}] = e^{t\psi_\pi(s)} < \infty, \quad s \geqslant 0. \tag{7.7}$$

由文献 (Klüppelberg and Kostadinova, 2008) 中引理 4.1 的证明, 能得到 $\psi_\pi(s) < \infty$ 对于所有的 $\pi \in (0,1)$ 和 $s \geqslant 0$, 并且如果 $0 < EL(1) < \infty, \tau > 0$, 或者 $\rho((-\infty,0)) > 0$, 那么存在一个唯一的正 $\kappa_\pi > 0$ 使得 $\psi_\pi(\kappa_\pi) = 0$. 另外, 由文献 (Klüppelberg and Kostadinova, 2008) 中的引理 A.1 声称, 如果 $0 < EL(1) < \infty$, 那么 $0 < EL_\pi(1) < \infty$. 因此, 如果 $0 < EL(1) < \infty, \tau > 0$ 或者 $\rho((-\infty,0)) > 0$, 那么对于任何固定的 $\pi \in (0,1)$, 具有 $\psi_\pi(0) = 0$ 和 $\psi'_\pi(0) = -EL_\pi(1) < 0$ 性质的 $\psi_\pi(\cdot)$ 凸性暗示着

$$\psi_\pi(v) < 0, \quad \forall 0 < v < \kappa_\pi. \tag{7.8}$$

更新计数过程 $\{N(t), t \geqslant 0\}$ 的更新函数定义为

$$\lambda_t = EN(t) = \sum_{n=1}^{\infty} P\{\sigma_n \leqslant t\}, \quad t \geqslant 0. \tag{7.9}$$

特别地, 如果 $\{N(t), t \geqslant 0\}$ 是一个具有强度为 $\lambda > 0$ 的 Poisson 过程, 那么 $\lambda_t = \lambda t$; 对于允许更新函数有显示形式, 关于更新计数过程 $\{N(t), t \geqslant 0\}$ 更多的一般例子能够在文献 (Asmussen, 2003) 中找到.

记 $\Lambda = \{t : 0 < \lambda_t \leqslant \infty\} = \{t : P(\sigma_1 \leqslant t) > 0\}$. 若 $\underline{t} = \inf\{t : P(\sigma_1 \leqslant t) > 0\}$, 显然

$$\Lambda = \begin{cases} [\underline{t}, \infty], & \mathbb{P}(\sigma_1 = \underline{t}) > 0, \\ (\underline{t}, \infty], & \mathbb{P}(\sigma_1 = \underline{t}) = 0. \end{cases}$$

方便记号, 对于任何固定的 $T \in \Lambda$, 记 $\Lambda_T = \Lambda \cap [0, T]$.

整篇文章中, C 表示一个一般的正常数, 可以随上下文变化. 从此以后, 所有的极限是 $x \to \infty$ 除非有其他的陈述. 进一步, 对于两个正的二元函数 $a(\cdot, \cdot)$ 和 $b(\cdot, \cdot)$, 满足

$$0 \leqslant L_1 \leqslant \liminf_{x\to\infty} \inf_{t\in\Delta} \frac{a(x,t)}{b(x,t)} \leqslant \limsup_{x\to\infty} \sup_{t\in\Delta} \frac{a(x,t)}{b(x,t)} \leqslant L_2 < \infty, \quad \Delta \neq \varnothing,$$

我们说如果 $0 < L_1 \leqslant L_2 < \infty$, 那么对于所有 $t \in \Delta$, 关系 $a(x,t) \asymp b(x,t)$ 一致成立; 如果 $L_2 \leqslant 1$, 那么对于所有 $t \in \Delta$, 关系 $a(x,t) \lesssim b(x,t)$ 一致成立; 如果 $L_1 = 1$, 那么对于所有 $t \in \Delta$, 关系 $a(x,t) \gtrsim b(x,t)$; 如果 $L_1 = L_2 = 1$, 那么对于所有 $t \in \Delta$, 关系 $a(x,t) \sim b(x,t)$ 一致成立.

让我们再回忆一下具有正则变化尾的一些性质. 根据文献 (Bingham et al., 1987) 中的定理 1.5.2, 对于每个固定的 $a > 0$, 定义 3.1.4 中的收敛在 $[a, \infty)$ 上是一致的, 也就是说

$$\lim_{x \to \infty} \sup_{y \in [a, \infty)} \left| \frac{\overline{F}(xy)}{\overline{F}(x)} - y^{-\alpha} \right| = 0. \tag{7.10}$$

假定 $\lim\limits_{x \to \infty} \phi_1(x) = d_1$, 关系 (7.3) 和 (7.4) 意味着

$$1 + \theta d_1 \phi_2(y) \geqslant 0 \quad \text{和} \quad \int_0^\infty (1 + \theta d_1 \phi_2(y)) G(dy) = 1.$$

因此, 可以定义一个新的、独立于 $\{\varepsilon_n, n \geqslant 1\}$; $\{Y_n, n \geqslant 1\}$ 和 $\{L_\pi(t), t \geqslant 0\}$ 的随机变量 Y_θ^*, 具有分布

$$G_\theta(dy) = P(Y_\theta^* \in dy) = (1 + \theta d_1 \phi_2(y)) G(dy). \tag{7.11}$$

将 Y_θ^*, Y_i $(i = 2, 3, \cdots)$ 作为间隔到达时间, 可以构建一个延迟的更新计数过程 $\{N_\theta^*(t), t \geqslant 0\}$, 具有索赔到达时刻

$$\sigma_1^\theta = Y_\theta^* \quad \text{和} \quad \sigma_n^\theta = Y_\theta^* + \sum_{i=2}^n Y_i, \quad n = 2, 3, \cdots,$$

记 λ_t^* 为 $\{N_\theta^*(t), t \geqslant 0\}$ 相应的均值函数. 容易看到 $\lambda_t^* = \int_0^t (1 + \lambda_{t-u})(1 + \theta d_1 \phi_2(u)) G(du)$.

此后, 对于表达式的简洁性, 假设 (ε^*, Y^*) 是 (ε, Y) 的一个独立版本, 这意味着前者具有与后者相同的边缘分布, 但前者具有独立的分量. 假设 $\tilde{\varepsilon}^*$ 和 $\tilde{Y}^*$ 是两个独立的随机变量, 它们也独立于 ε^*, Y^*, 其分布分别是 $\tilde{F}$ 和 $\tilde{G}$, 定义如下

$$\tilde{F}(dx) = \left(1 - \frac{\phi_1(x)}{b_1} \right) F(dx)$$

和

$$\tilde{G}(dy) = \left(1 - \frac{\phi_2(x)}{b_2} \right) G(dy), \quad x \in D_\varepsilon, \quad y \in D_Y. \tag{7.12}$$

设 ε^*, Y^*, $\tilde{\varepsilon}^*$, $\tilde{Y}^*$ 独立于 Y_θ^*, $\{\varepsilon_n, n \geqslant 1\}$, $\{Y_n, n \geqslant 1\}$ 和 $\{L_\pi(t), t \geqslant 0\}$. 记 $\{(\varepsilon_n^*, Y_n^*), n \geqslant 1\}$ 和 $\{(\tilde{\varepsilon}_n^*, \tilde{Y}_n^*), n \geqslant 1\}$ 分别是通用的随机对 (ε^*, Y^*) 和 $(\tilde{\varepsilon}^*, \tilde{Y}^*)$ 的独立同分布副本.

7.2.2 主要的结论

在这里, 由于保险公司不允许将其全部财富投资于风险资产, 我们仅仅考虑这种情况 $\pi \in [0, 1)$. 现在开始陈述我们的主要结果.

定理 7.2.1 考虑以上的保险风险模型, 其在假设 6.1.1 中的步长 $\{\varepsilon_n, n \geqslant 1\}$ 的公共分布函数 F 属于 $\mathcal{D} \cap \mathcal{L}$ 类, 且非负系数 $\{\varphi_n, n \geqslant 0\}$ 满足 $\sup\limits_{n \geqslant 0} \varphi_n < \infty$ 和 $\varphi_0 > 0$. 如果在 (6.2) 中 $\lim\limits_{x \to \infty} \phi_1(x) = d_1$ 存在, 那么对于每个固定的 $T \in \Lambda$, 以下一致成立于 $t \in \Lambda_T$,

$$\Psi_\pi(x, t) \sim \int_{0-}^{t} P\left\{ \varepsilon^* \sum_{i=0}^{\infty} \varphi_i e^{-L_\pi(\sigma_i + s)} I_{(\sigma_i + s \leqslant t)} > x \right\} d\lambda_s^*, \qquad (7.13)$$

其中 $\lambda_t^* = \int_0^t (1 + \lambda_{t-u})(1 + \theta d_1 \phi_2(u)) G(du)$.

注 7.2.1 相依结构由于其实用性的重要性引起了广泛的关注. 其中, 在具有一个几何 Lévy 过程的投资回报的 Poisson 风险模型下, Paulsen (2002) 表明破产概率类似 (大) 初始资本的帕累托函数, 并指出帕累托指数依赖保险索赔与投资回报过程的相互作用. 但他们关注无限时间破产概率. 事实上, 保险公司更多关注它们未来的有限时间风险, 例如, 五年、十年, 并能通过增加公司的股份或引入新股持有者, 且根据保险公司的经营情况增加或减少保费来改变初始资本. 因此, 我们可以看到有限时间破产概率是一个更现实的模型. 另一方面, Mikosch 和 Samorodnitsky (2000) 使用一个双边线性过程来处理随机游走的步长. 在正则变化尾条件下, 它们表明步长之间的相依性对尾部渐近性有明显的影响. 基于以上的实际需要, 我们在较大的重尾分布族中建立了定理 7.2.1.

注 7.2.2 由于 $\Psi_\pi(x, t)$ 通常没有封闭形式的解析解, 我们能够应用蒙特卡罗方法来计算它的渐近性. 注意, Tang 等 (2010) 指出, 随机性源 $\{X_n, n \geqslant 1\}$, $\{N(t), t \geqslant 0\}$ 和 $\{L_\pi(t), t \geqslant 0\}$ 之间存在一定的相依结构, 在某些相依结构存在下来建立相应的结果是让人感兴趣的. 而且, 定理 7.2.1 推广了文献 (Tang et al., 2010; Heyde and Wang, 2009; Guo and Wang, 2013a) 的结果, 其中索赔额为独立同分布, 索赔额独立于间隔到达时间. 关系 (7.13) 的一致性在本质上是当前工作的科学价值. 因此, 定理 7.2.1 主要体现在理论上的价值.

注 7.2.3 正如大量文献指出, 具有表达式 (6.1) 的线性过程经常用于时间序列分析, 也是在保险风险理论中广泛使用的一种类型. 我们给出如下说明. $X_n = \phi_1 X_{n-1} + \varepsilon_n + \phi_2 \varepsilon_{n-1}, 0 \leqslant \phi_1, \phi_2 \leqslant 1, n \geqslant 1$, 其中 $X_0, \varepsilon_0 \geqslant 0$ 是常数, $\{\varepsilon_n, n \geqslant 1\}$ 是独立同分布的随机变量. 简单的计算表明, 如果 $\max(1, \phi_1 + \phi_2) < C$, 那么 (6.1) 被满足.

定理 7.2.2   考虑以上保险风险模型, 其假设 6.1.1 和假设 6.1.2 满足 $\sup\limits_{n\geqslant 0}\varphi_n$ $< \infty$ 和 $\varphi_0 > 0$. 假设 $0 < EL(1) < \infty$, 或者 $\tau > 0$, 或者 $\rho(-\infty, 0) > 0$, 且对每一个固定 $\pi \in (0, 1)$, 让 $\kappa_\pi > 0$ 是满足 $\psi_\pi(\kappa_\pi) = 0$ 的唯一值. 对于 $\pi \in (0, 1)$ 这种情况, 如果在模型 (6.1) 中的步长 $\{\varepsilon_n, n \geqslant 1\}$ 的共同分布函数属于 $\mathcal{R}_{-\alpha}$ 类, 对于某个 $0 < \alpha < \kappa_\pi$, 那么关系

$$\Psi_\pi(x, t) \sim \overline{F}(x) \int_{0-}^{t} E\left(\sum_{i=0}^{\infty} \varphi_i e^{-L_\pi(\sigma_i+s)} I_{(\sigma_i+s \leqslant t)}\right)^\alpha d\lambda_s^* \qquad (7.14)$$

一致成立于所有的 $t \in \Lambda$; 对于 $\pi = 0$ 这种情况, 如果对某个 $0 < \alpha < \infty$, $F \in \mathcal{R}_{-\alpha}$, 那么关系 (7.14) 也一致成立于所有的 $t \in \Lambda$.

注 7.2.4   在正则变化条件下, 破产概率的渐近估计是一种更为透明的形式, 且 $\mathcal{R}$ 类包含很多流行的分布, 如 Pareto 分布, Burr 分布, Loggamma 分布和 t 分布.

注 7.2.5   对于 (7.14) 中 $\Psi_\pi(x, t)$ 的渐近式, 我们很难直接计算这个矩, 因为系数 $\varphi_i \, (i \geqslant 1)$ 的不确定形式. 由于步长的 $\overline{F}(x)$ 从 (7.14) 中的积分中分离出来, 剩下的是估计矩. 我们假定 (7.1) 中的系数满足 $\tilde{\varphi} = \sum\limits_{i=0}^{\infty} \varphi_n < \infty$ a.s., 并在 σ-域 $\mathcal{F}_{s,t} = \sigma\{e^{-L_\pi(\sigma_i+s)} I_{(\sigma_i+s \leqslant t)}, \, i \geqslant 0\}$ 引进一个条件离散随机变量如下

$$(Z|\mathcal{F}_{s,t}) = e^{-L_\pi(\sigma_i+s)} I_{(\sigma_i+s \leqslant t)} \text{ 具有概率 } p_i = \frac{\varphi_i}{\tilde{\varphi}}, \quad \forall i \geqslant 0.$$

用 $\hat{E}(Z|\mathcal{F})$ 记为 Z 在 σ-域上 $\mathcal{F}_{s,t}$ 上, 关于概率分布律 $\{p_i, \, i \geqslant 0\}$ 的条件期望. 注意到 σ_i 是一个 Erlang 随机变量, 其概率函数为

$$\Pr(\sigma_i \in dv) = \frac{v^{i-1}\lambda^i e^{-\lambda v}}{(i-1)!} dv, \quad i \geqslant 1.$$

我们只考虑尾指标 $\alpha \geqslant 1$ 的情况. 当 $0 < \alpha < 1$ 时, 这个渐近上界能类似于 $\alpha \geqslant 1$ 的情况被建立, 但需使用 C_r 不等式代替 Jensen 不等式. 那么, 对于 (7.14) 中的期望, 根据 Jensen 不等式, 我们能够推得, 对于任何 $0 \leqslant s \leqslant t \leqslant \infty$(当 $t = \infty$ 时, 在期望中的示性函数消失),

$$E\left(\sum_{i=0}^{\infty} \varphi_i e^{-L_\pi(\sigma_i+s)} I_{(\sigma_i+s \leqslant t)}\right)^\alpha$$

$$= \tilde{\varphi}^\alpha E\left(\sum_{i=0}^{\infty} \tilde{\varphi}^{-1} \varphi_i e^{-L_\pi(\sigma_i+s)} I_{(\sigma_i+s \leqslant t)}\right)^\alpha$$

$$= \tilde{\varphi}^\alpha \{\hat{E}(Z|\mathcal{F})\}^\alpha \leqslant \tilde{\varphi}^\alpha \{\hat{E}(Z^\alpha|\mathcal{F})\}$$

$$= \tilde{\varphi}^{\alpha} \sum_{i=0}^{\infty} \tilde{\varphi}^{-1} \varphi_i E\{e^{-\alpha L_{\pi}(\sigma_i+s)} I_{(\sigma_i+s \leqslant t)}\}$$

$$= \tilde{\varphi}^{\alpha-1} \left\{ \varphi_0 E e^{-\alpha L_{\pi}(s)} + \sum_{i=1}^{\infty} \varphi_i \int_0^{t-s} E e^{-\alpha L_{\pi}(\sigma_i+v)} \frac{v^{i-1}\lambda^i e^{-\lambda v}}{(i-1)!} dv \right\}.$$

因此, 结合关系 (7.14), 有

$$\Psi_{\pi}(x,t)$$

$$\lesssim \overline{F}(x) \int_{0-}^{t} \tilde{\varphi}^{\alpha-1} \left\{ \varphi_0 E e^{-\alpha L_{\pi}(s)} + \sum_{i=1}^{\infty} \varphi_i \int_0^{t-s} E e^{-\alpha L_{\pi}(\sigma_i+v)} \frac{v^{i-1}\lambda^i e^{-\lambda v}}{(i-1)!} dv \right\} d\lambda_s^*,$$

这给出了破产概率的一个渐近上界, 并表示通过它, 我们容易用数值方法计算上限.

注 7.2.6 关系 (7.14) 表明在有限时间内, 因为索赔额的步长 (或更新量) 的尾概率控制破产概率的衰减率, 保险风险的极值总是控制金融风险的极值. 然而, 金融风险、索赔频率及相依结构仅仅只是给渐近估计式贡献系数. 让我们举例说明保险风险总是控制金融风险, 仅仅在 $\alpha < \kappa_{\pi}$.

如果 $\varphi_0 = 1$, $\varphi_n = 0$, $n \neq 0$, $1 + \theta\phi_1(x)\phi_2(y) \equiv 1$(也就是, 索赔额是独立同分布, 索赔额独立于间隔到达时间), $N(\cdot)$ 是一个具有强度 $\lambda > 0$ 齐次 Poisson 过程, 关系 (7.14) 减少为

$$\Psi_{\pi}(x,t) \sim \begin{cases} \overline{F}(x) \dfrac{\lambda(1-e^{\psi_{\pi}(\alpha)t})}{-\psi_{\pi}(\alpha)}, & t < \infty, \\[3mm] \overline{F}(x) \dfrac{Ee^{\sigma_1\psi_{\pi}(\alpha)}}{1-Ee^{\sigma_1\psi_{\pi}(\alpha)}}, & t = \infty. \end{cases}$$

然而, 如果索赔额是独立同分布和 $\alpha > \kappa_{\pi}$ (危险投资情况), 那么文献 (Klüppelberg and Kostadinova, 2008) 中的定理 4.4 表明在有限时间 Poisson 风险模型中, 金融风险最终控制着保险风险. 显然, 从定理 7.2.2 可以看出, 在 $\alpha < \kappa_{\pi}$ 条件下, 在任何情况下保险风险能控制金融风险, 这表明, 与金融风险对比, 保险风险是一个关键的风险.

为了估计上述的破产概率, 我们只需要得到 $\{L_{\pi}(t),\ t \geqslant 0\}$ 的拉普拉斯指数 $\psi_{\pi}(\cdot)$ 明确的形式. 下面的例子来自文献 (Klüppelberg and Kostadinova, 2008) 中的例 2.3. 用跳跃的几何布朗运动建模风险投资过程:

风险资产的对数收益率由 $L(t) = \gamma t + \tau B(t) + K(t), t \geqslant 0$ 建模, 其中 $\gamma \in \mathbb{R}, \tau \geqslant 0$, $\{B(t)\}_{t \geqslant 0}$ 是一个标准的布朗运动, $K(t) = \sum_{n=1}^{M(t)} Y_n,\ t \geqslant 0$ 是由具有强度

μ 的齐次 Poisson 过程 $M(t)$ 和独立同分布跳跃大小的 $\{Y_n; n \geqslant 1\}$ 给出的, 具有一般的随机变量 Y. 因此, 根据 (7.6) 和 (7.5), 有

$$\psi_\pi(\alpha) = -\gamma_\pi \alpha + \tau_\pi^2 \frac{\alpha^2}{2} + \mu(E(1 + \pi(e^Y - 1))^{-\alpha} - 1),$$

其中 $\gamma_\pi = \gamma\pi + (1 - \pi)\left(r + \frac{\sigma^2}{2}\pi\right)$ 和 $\tau_\pi^2 = \pi^2\tau^2$.

然后, 可以用不同的参数 α 和 π 来计算 $\psi_\pi(\alpha)$. 我们知道一旦保险风险的分布函数 $F(x)$ 被确定, 相应的参数 α 也被固定. 然后, 去得到参数 π 的值. 然而, 风险投资的分数 π 决定了阈值 κ_π 的值, 因为 κ_π 是方程 $\psi_\pi(s) = -\gamma_\pi s + \tau_\pi^2 \frac{s^2}{2} + \mu(E(1 + \pi(e^Y - 1))^{-s} - 1) = 0$ 唯一的正解. 注意, 为避免大的金融风险, 保险公司采取谨慎投资原则进行投资活动. 所以, 为了确保非危险投资的情况, 我们需要确定风险投资分数 π 的上界. 否则, 如果 $\alpha > \kappa_\pi$, 那么这对保险公司来说是一个危险的投资, 因为金融风险最终控制保险风险. 因此, 我们的研究结果对保险公司做财富做风险投资的门槛决策, 有着重要的影响.

推论 7.2.1　取关系 (7.14) 中的 $t = \infty$, 获得一个更透明的渐近公式

$$\Psi_\pi(x) \sim \overline{F}(x) \frac{E[(1 + \theta d_1\phi_2(\sigma_1))e^{\sigma_1\psi_\pi(\alpha)}]}{1 - Ee^{\sigma_1\psi_\pi(\alpha)}} E\left(\sum_{i=0}^{\infty} \varphi_i e^{-L_\pi(\sigma_i)}\right)^\alpha. \quad (7.15)$$

注 7.2.7　显然, 如果对于 (6.3) 中所有 $x \in D_\varepsilon$, $y \in D_Y$, (7.15) 变为文献 (Guo and Wang, 2013a) 中的 (17). 进一步, 如果 $1 + \theta\phi_1(x)\phi_2(y) \equiv 1$, (7.15) 变为文献 (Tang et al., 2010a) 中的 (3.4), 也就是

$$\Psi_\pi(x) \sim \overline{F}(x) \frac{Ee^{\sigma_1\psi_\pi(\alpha)}}{1 - Ee^{\sigma_1\psi_\pi(\alpha)}}.$$

如果 $\{N(t), t \geqslant 0\}$ 是 Poisson 过程和 $\{L_\pi(t), t \geqslant 0\}$ 是一个具有正漂移的布朗运动. Paulsen (2002) 也得到了上述渐近关系. 类似于在注 7.2.5 中关于破产概率估计的讨论, 我们需要在上述渐近关系中 $\psi_\pi(\cdot)$ 的显式形式. 参考文献 (Guo and Wang, 2013) 中的评论 4 中的例子. 设 $\{L(t), t \geqslant 0\}$ 为一个具有 Lévy 三元组 $(\gamma, 0, \rho)$ 的广义缓和稳定过程, 满足 $\gamma \in \mathcal{R}$ 和

$$\rho(x) = \frac{c_-}{|x|^{1+a_-}} e^{-b_-|x|} I_{[x<0]} + \frac{c_+}{x^{1+a_+}} e^{-b_+ x} I_{[x>0]},$$

其中 $a_- < 2$, $a_+ < 2$, $b_- > 0$, $b_+ > 0$, $c_- > 0$, $c_+ > 0$. 那么, 通过 (7.5) 和

(7.6), 有

$$\psi_\pi(\alpha) = -(1-\pi)r\alpha - \pi\alpha\gamma$$
$$+ \int_{x > \log(1-\pi)} [(1 + \pi(e^x - 1))^{-\alpha} - 1 + \alpha\log(1 + \pi(e^x - 1))]\rho(dx).$$

7.2.3 引理及证明

这一节需要一系列引理来证明主要结果. 首先, 从下面的引理中 $\mathcal{D}$ 族的一些性质开始.

引理 7.2.1　如果 $F \in \mathcal{D}$, 我们知道, 对于任何固定的 $p > J_F^+$ 存在正常数 C_p 和 D_p 使

$$\frac{\overline{F}(y)}{\overline{F}(x)} \leqslant C_p \left(\frac{x}{y}\right)^p \tag{7.16}$$

成立, 并且使得对所有的 $x \geqslant y \geqslant D_p$. 固定 (7.16) 中的变量 y 导致

$$x^{-p} = o(\overline{F}(x)). \tag{7.17}$$

证明　见文献 (Bingham et al., 1987) 中的命题 2.2.1.

引理 7.2.2　设 X 和 Y 是两个独立且非负随机变量, 其中 X 的分布 $F \in \mathcal{D} \cap \mathcal{L}$ 和 Y 是非负且零点非退化的随机变量, 满足 $EY^p < \infty$, 对于某个 $p > J_F^+$. 那么, XY 的分布属于 $\mathcal{D} \cap \mathcal{L}$ 类, 且 $P\{XY > x\} \asymp \overline{F}(x)$.

证明　见证明 (Cline and Samorodnitsky, 1994) 中的定理 3.3 (iv)(也见文献 (Tang and Tsitsiashvili, 2003) 中的引理 3.8).

引理 7.2.3　设 ε 和 Θ 是两个独立且非负随机变量, 其中 ε 的分布为 F. 那么, 有下面的两个结论.

(i) 如果 $F \in \mathcal{D}$, 那么对任意固定的 $\delta > 0$ 和 $J_F^+ < p_2 < \infty$, 存在一个与 Θ 和 δ 无关的正常数 C, 使得对于所有足够大的 x,

$$P\{\varepsilon\Theta > \delta x | \Theta\} \leqslant C\overline{F}(x)(\delta^{-p}\Theta^p I_{(\Theta > \delta)} + I_{(\Theta \leqslant \delta)}). \tag{7.18}$$

证明　见文献 (Heyde and Wang, 2009) 中的引理 3.2.2.

(ii) 如果对某个 $0 < \alpha \leqslant \beta < \infty$, $F \in \mathcal{ERV}(-\alpha, -\beta)$, 那么对于任意固定的 $\delta > 0$ 和 $0 < p_1 < \alpha \leqslant J_F^- \leqslant J_F^+ \leqslant \beta < p_2 < \infty$, 存在一个与 Θ 和 δ 无关的正常数 C, 使得对于所有足够大的 x,

$$P\{\varepsilon\Theta > \delta x | \Theta\} \leqslant C\overline{F}(x)(\delta^{-p_1}\Theta^{p_1} + \delta^{-p_2}\Theta^{p_2}). \tag{7.19}$$

证明　见文献 (Wang and Tang, 2006) 中的引理 4.1.5.

引理 7.2.4　定义在 $[0, \infty)$ 上的一个分布属于 $\mathcal{D}$ 类当且仅当对于在 $[0, \infty)$ 上的任何函数 W, 满足 $\overline{W}(x) = o(\overline{F}(x))$, 存在一个正函数 $w(\cdot)$ 使得

$$w(x) \searrow 0, \ xw(x) \nearrow \infty \quad \text{和} \quad \overline{W}(xw(x)) = o(\overline{F}(x)).$$

证明　证明见文献 (Zhou et al., 2012) 中的充分性和文献 (Tang, 2008) 中的必要性.

引理 7.2.5　针对第 1 章描述的更新计数过程 $\{N(t), t \geqslant 0\}$, 对于一切的 $q > 0$ 和任意一个固定的 $T \in \Lambda$ 都有

$$\lim_{M \to \infty} \sup_{t \in \Lambda_T} \frac{E\{N(t)^q \cdot I_{\{N(t) > M\}}\}}{\lambda_t} = 0.$$

证明　见文献 (Tang, 2007) 中的引理 3.2.

为方便起见, 引入以下符号

$$\vartheta_0(t) = \sum_{n=1}^{\infty} \varphi_n e^{-L_\pi(\sigma_n)} I_{(\sigma_n \leqslant t)}, \quad \vartheta_0 = \sum_{n=1}^{\infty} \varphi_n e^{-L_\pi(\sigma_n)};$$

$$\vartheta_i(t) = \sum_{n=i}^{\infty} \varphi_{n-i} e^{-L_\pi(\sigma_n)} I_{(\sigma_n \leqslant t)}, \quad \vartheta_i = \sum_{n=i}^{\infty} \varphi_{n-i} e^{-L_\pi(\sigma_n)}, \ i = 1, 2, \cdots;$$

$$\vartheta_0^\theta(t) = \sum_{n=1}^{\infty} \varphi_n e^{-L_\pi(\sigma_n^\theta)} I_{(\sigma_n^\theta \leqslant t)}, \quad \vartheta_0^\theta = \sum_{n=1}^{\infty} \varphi_n e^{-L_\pi(\sigma_n^\theta)};$$

$$\vartheta_i^\theta(t) = \sum_{n=i}^{\infty} \varphi_{n-i} e^{-L_\pi(\sigma_n^\theta)} I_{(\sigma_n^\theta \leqslant t)}, \quad \vartheta_i^\theta = \sum_{n=i}^{\infty} \varphi_{n-i} e^{-L_\pi(\sigma_n^\theta)}, \ i = 1, 2, \cdots;$$

$$\vartheta^+(T) = \sup_{n \geqslant 0} \varphi_n e^{-\inf_{s \in [0,T]} L_\pi(s)}, \quad \vartheta^-(T) = \varphi_0 e^{-\sup_{s \in [0,T]} L_\pi(s)};$$

$$\sigma_1^* = Y^*, \quad \sigma_n^* = Y^* + \sum_{i=2}^{n} Y_i; \quad \tilde{\sigma}_1^* = \tilde{Y}^*, \quad \tilde{\sigma}_n^* = \tilde{Y}^* + \sum_{i=2}^{n} Y_i;$$

$$\sigma_1^\theta = Y_\theta^*, \quad \sigma_n^\theta = Y_\theta^* + \sum_{i=2}^{n} Y_i, \quad n = 2, \cdots.$$

以下不等式将在定理 7.2.1 的证明中发挥关键的作用. 对于 $0 < p \leqslant 1$ 的情况, 利用 $\sup_{n \geqslant 0} \varphi_n < \infty$, C_r 不等式以及 (7.9), 针对任意的 $0 \leqslant s \leqslant t$, 得到

$$E \left(\sum_{n=i}^{\infty} \varphi_{n-i} e^{-L_\pi \left(\sum\limits_{k=i+1}^{n} Y_k + s \right)} I_{\left(\sum\limits_{k=i+1}^{n} Y_k + s \leqslant t \right)} \right)^p$$

$$\leqslant \left(\sup_{n\geqslant 0}\varphi_n\right)^p \sum_{n=i}^{\infty} E\left(e^{-L_\pi(\sigma_{n-i}+s)}I_{(\sigma_{n-i}+s\leqslant t)}\right)^p$$

$$\leqslant \left(\sup_{n\geqslant 0}\varphi_n\right)^p \sum_{n=i}^{\infty} E\int_{0-}^{t} e^{-pL_\pi(v+s)}I_{(v+s\leqslant t)}P\{\sigma_{n-i}\in dv\}$$

$$= \left(\sup_{n\geqslant 0}\varphi_n\right)^p \sum_{n=i}^{\infty} \int_{0-}^{t} e^{(v+s)\psi_\pi(p)}I_{(v+s\leqslant t)}P\{\sigma_{n-i}\in dv\}$$

$$\leqslant \left(\sup_{n\geqslant 0}\varphi_n\right)^p \max\left(1,e^{2t\psi_\pi(p)}\right)[1+EN(t)], \quad i\geqslant 1.$$

对于 $p>1$ 的情况, 利用 Hölder 不等式以及 C_r 不等式, 针对任意的 $0\leqslant s\leqslant t$, 得到

$$E\left(\sum_{n=i}^{\infty}\varphi_{n-i}e^{-L_\pi\left(\sum\limits_{k=i+1}^{n}Y_k+s\right)}I_{\left(\sum\limits_{k=i+1}^{n}Y_k+s\leqslant t\right)}\right)^p$$

$$\leqslant \left(\sup_{n\geqslant 0}\varphi_n\right)^p\left(\sum_{n=i}^{\infty}n^{-2}\right)^{p-1}\sum_{n=i}^{\infty}n^{2p-2}E\left(e^{-L_\pi(\sigma_{n-i}+s)}I_{(\sigma_{n-i}+s\leqslant t)}\right)^p$$

$$\leqslant C\max(1,e^{2t\psi_\pi(p)})\sum_{l=0}^{\infty}(l+i)^{2p-2}P\{\sigma_l\leqslant t\}$$

$$\leqslant C\max(1,e^{2t\psi_\pi(p)})\left[\sum_{l=0}^{\infty}2^{p-1}(l^{2p-2}+i^{2p-2})P\{\sigma_l\leqslant t\}\right]$$

$$= C\max(1,e^{2t\psi_\pi(p)})2^{p-1}\left[1+\sum_{l=1}^{\infty}l^{2p-2}P\{N(t)\geqslant l\}\right.$$

$$\left.+i^{2p-2}\left(1+\sum_{l=1}^{\infty}P\{N(t)\geqslant l\}\right)\right]$$

$$= C\max(1,e^{2t\psi_\pi(p)})2^{p-1}\left[1+\sum_{k=1}^{\infty}k^{2p-1}P\{N(t)=k\}\right.$$

$$\left.+i^{2p-2}\left(1+\sum_{l=1}^{\infty}P\{N(t)\geqslant l\}\right)\right]$$

$$\leqslant C\max(1,e^{2t\psi_\pi(p)})2^{p-1}\left\{1+E[N(t)^{2p-1}]+i^{2p-2}(1+EN(t))\right\}, \quad i\geqslant 1.$$

然后, 对于 $0\leqslant s\leqslant t$ 以及任意的 $p>0$, 得到

$$E\left(\sum_{n=i}^{\infty}\varphi_{n-i}e^{-L_\pi\left(\sum\limits_{k=i+1}^{n}Y_k+s\right)}I_{\left(\sum\limits_{k=i+1}^{n}Y_k+s\leqslant t\right)}\right)^p$$

$$\leqslant C \max \left(1, e^{2t\psi_\pi(p)}\right) 2^p \left\{1 + E[N(t)^{\max(2p-1,0)}] + i^{2p}(1 + EN(t))\right\}, \quad i \geqslant 1.$$

文献 (Klüppelberg and Kostadinova, 2008) 的引理 4.1 表明对于任意的 $\pi \in (0,1)$ 和 $s \geqslant 0$, 都有 $\psi_\pi(s) < \infty$. 特别地, (7.1) 和 (7.6) 暗含 $\psi_0(p) = -rp < 0$. 在文献 (Hao and Tang, 2008) 的引理 3.2 中存在着某些 $h > 0$ 使得某些 $E[e^{hN(t)}] < \infty$, 我们能获得对于任意固定的 $t > 0$ 和 $z > 0$, 都有

$$E[N(t)^z] < \infty, \quad \forall z > 0. \tag{7.20}$$

因此, 针对任意固定的 $T > 0$, 当所有的 $t \in [0, T]$ 和 $p > 0$ 时, 得到

$$
\begin{aligned}
E[\vartheta_i(t)]^p &= \int_{0-}^{t} E\left[\sum_{n=i}^{\infty} \varphi_{n-i} e^{-L_\pi\left(\sum\limits_{k=i+1}^{n} Y_k + s\right)} I_{\left(\sum\limits_{k=i+1}^{n} Y_k + s \leqslant t\right)}\right]^p P\{\sigma_i \in ds\} \\
&\leqslant C \max(1, e^{2t\psi_\pi(p)}) 2^p \{E[1 + N(t)^{\max(2p-1,0)}] \\
&\quad + i^{2p}(1 + EN(t))\} \sum_{i=1}^{\infty} P\{\sigma_i \leqslant t\} \\
&\leqslant C[EN(t)^{2p+1}] \leqslant C[EN(T)^{2p+1}] < \infty, \quad i = 1, 2, \cdots
\end{aligned}
$$

和

$$E[\vartheta_0(t)]^p \leqslant C[EN(T)^{2p+1}] < \infty. \tag{7.21}$$

为了证明主要的结论, 接下来我们准备建立关键性的引理. 其中引理 7.2.6—引理 7.2.9 用于证明定理 7.2.1, 引理 7.2.10 和引理 7.2.11 用于证明定理 7.2.2.

引理 7.2.6　在定理 7.2.1 的条件下, 对于任一个固定的 $T \in \Lambda$, 整数 M, i 使 $M \geqslant i \geqslant 1$. 关系

$$
\begin{aligned}
P\{\varepsilon_i \vartheta_i(t) > x, \ N(t) = M\} &\sim P\{\varepsilon_i^* \vartheta_i^\theta(t) > x, \ N_\theta^*(t) = M\} \\
&\asymp \overline{F}(x) P\{N(t) = M\}
\end{aligned} \tag{7.22}
$$

和

$$P\{\varepsilon_i \vartheta_i(t) > x\} \sim P\{\varepsilon_i^* \vartheta_i^\theta(t) > x\} \tag{7.23}$$

对于所有的 $t \in \Lambda_T$ 都一致成立. $\varepsilon_i \vartheta_i(t) I_{\{N(t)=M\}}, \varepsilon_i \vartheta_i(t)$ 的分布函数隶属于 $\mathcal{D} \cap \mathcal{L}$.

证明　不失一般性, 我们仅考虑对于任意 $t \in \Lambda_T$, $P\{N(t) = M\} > 0$ 的情形. 利用文献 (Yang, 2013) 的命题 1.1, 存在两个常数 $b_1 > 1$ 和 $b_2 > 1$ 使得对

于所有的 $|\phi_1(x)| \leqslant b_1 - 1$ 以及 $|\phi_2(y)| \leqslant b_2 - 1$, 都有 $x \in D_\varepsilon$ 和 $y \in D_Y$. 由于 $\lim\limits_{x \to \infty} \phi_1(x) = d_1$, 易得 $d_1 < b_1$. 给定 $N(t) = M$,

$$\vartheta_i(t) = \sum_{n=i}^{M} \varphi_{n-i} e^{-L_\pi(\sigma_n)}, \ 1 \leqslant i \leqslant M; \ \vartheta_i(t) = 0, \ i > M$$

和 $\{\varepsilon_i^*, i \geqslant 1\}, \{Y_i^*, i \geqslant 1\}, \{\tilde{\varepsilon}_i^*, i \geqslant 1\}, \{\tilde{Y}_i^*, i \geqslant 1\}$ 以及 $\{L_\pi(t), t \geqslant 0\}$, 其中 $\{\varepsilon_i, i \geqslant 1\}$ 和 $\{Y_i, i \geqslant 1\}$ 是相互独立的. 对于任意的 $M \geqslant i \geqslant 1$, 根据二维 Sarmanov 分布 (6.2) 的定义及 (7.12) 中 $\tilde{F}$ 和 $\tilde{G}$ 分布, 针对所有的 $t \in \Lambda_T$, 得到

$$P\{\varepsilon_i \vartheta_i(t) > x, N(t) = M\}$$

$$= \int_0^\infty \int_0^t P\left\{ u \sum_{n=i}^{M} \varphi_{n-i} e^{-L_\pi\left(\sum\limits_{k \neq i}^{n} Y_k + v\right)} > x, \sum_{k \neq i}^{M} Y_k + v \leqslant t < \sum_{k \neq i}^{M+1} Y_k + v \right\}$$

$$\cdot \left[1 + \theta b_1 b_2 - \theta b_1 b_2 \left(1 - \frac{\phi_1(u)}{b_1}\right) - \theta b_1 b_2 \left(1 - \frac{\phi_2(v)}{b_2}\right) \right.$$

$$\left. + \theta b_1 b_2 \left(1 - \frac{\phi_1(u)}{b_1}\right)\left(1 - \frac{\phi_2(v)}{b_2}\right) \right] F(du) G(dv)$$

$$= (1 + \theta b_1 b_2) P\left\{\varepsilon_i^* \vartheta_i(Y_i^*, t) > x, \sigma_M^*(Y_i^*) \leqslant t < \sigma_{M+1}^*(Y_i^*)\right\}$$

$$- \theta b_1 b_2 P\{\tilde{\varepsilon}_i^* \vartheta_i(Y_i^*, t) > x, \sigma_M^*(Y_i^*) \leqslant t < \sigma_{M+1}^*(Y_i^*)\}$$

$$- \theta b_1 b_2 P\{\varepsilon_i^* \vartheta_i(\tilde{Y}_i^*, t) > x, \tilde{\sigma}_M^*(\tilde{Y}_i^*) \leqslant t < \tilde{\sigma}_{M+1}^*(\tilde{Y}_i^*)\}$$

$$+ \theta b_1 b_2 P\{\tilde{\varepsilon}_i^* \vartheta_i(\tilde{Y}_i^*, t) > x, \tilde{\sigma}_M^*(\tilde{Y}_i^*) \leqslant t < \tilde{\sigma}_{M+1}^*(\tilde{Y}_i^*)\}, \tag{7.24}$$

其中

$$\vartheta_i(\hat{Y}_i, t) = \sum_{n=i}^{\infty} \varphi_{n-i} e^{-L_\pi\left(\sum\limits_{k \neq i}^{n} Y_k + \hat{Y}_i\right)} I_{\left(\sum\limits_{k \neq i}^{n} Y_k + \hat{Y}_i \leqslant t\right)}, \quad \hat{Y}_i = Y_i^* \text{ 或 } \tilde{Y}_i^*,$$

$$\sigma_M^*(Y_i^*) = \sum_{k \neq i}^{M} Y_k + Y_i^*, \quad \tilde{\sigma}_M^*(\tilde{Y}_i^*) = \sum_{k \neq i}^{M} Y_k + \tilde{Y}_i^*.$$

由于 $\lim\limits_{x \to \infty} \phi_1(x) = d_1$, 即通过关系式 (7.12) 得到

$$\overline{\tilde{F}}(x) = \int_x^\infty \left(1 - \frac{\phi_1(u)}{b_1}\right) F(du) \sim \left(1 - \frac{d_1}{b_1}\right) \overline{F}(x). \tag{7.25}$$

因此, 根据 $F \in \mathcal{D} \cap \mathcal{L}$, 可知, 它满足

$$\tilde{F} \in \mathcal{D} \cap \mathcal{L}, \quad \overline{\tilde{F}}(x) \asymp \overline{F}(x).$$

对于 (7.24) 的第一项 $P\left\{\varepsilon_i^*\vartheta_i(Y_i^*,t)>x,\sigma_M^*(Y_i^*)\leqslant t<\sigma_{M+1}^*(Y_i^*)\right\}$, 由于 Y_i^* 与 Y 的分布相同以及 $\{Y_n;\ n\geqslant 1\}$ 和 $\{L_\pi(t);\ t\geqslant 0\}$ 的独立性, 式 (7.6) 意指对所有的 $t\in[0,T]$, 某个 $p>J_F^+$ 和每个 $M\geqslant i\geqslant 1$,

$$E\{\vartheta_i(Y_i^*,t)I_{[\sigma_M^*(Y_i^*)\leqslant t<\sigma_{M+1}^*(Y_i^*)]}\}^p\leqslant E\left(\sum_{n=i}^\infty\varphi_{n-i}e^{-L_\pi(\sigma_n)}I_{(\sigma_n\leqslant T)}\right)^p<\infty.$$

$$(7.26)$$

对于任意固定的 $T>0$, 由于 $\varphi_0>0$, 所以取 $\delta\in(0,1)$ 使

$$P\{\vartheta^-(T)>\delta\}=P\{\varphi_0e^{-\sup_{s\in[0,T]}L_\pi(s)}>\delta\}>0.$$

因此上述关系以及 (7.16) 提及的所有 $t\in\Lambda_T$, 针对任意大的 x, 都有

$$P\left\{\varepsilon_i^*\vartheta_i(Y_i^*,t)>x,\sigma_M^*(Y_i^*)\leqslant t<\sigma_{M+1}^*(Y_i^*)\right\}$$
$$\geqslant P\{\varepsilon_i^*\vartheta^-(T)>x,\sigma_M^*(Y_i^*)\leqslant t<\sigma_{M+1}^*(Y_i^*),\vartheta^-(T)>\delta\}$$
$$\geqslant P\{\varepsilon_i^*\delta>x\}P\{\sigma_M^*(Y_i^*)\leqslant t<\sigma_{M+1}^*(Y_i^*)\}P\{\vartheta^-(T)>\delta\}$$
$$\geqslant C\overline{F}(x)P\{\sigma_M^*(Y_i^*)\leqslant t<\sigma_{M+1}^*(Y_i^*)\}$$
$$=C\overline{F}(x)P\{N(t)=M\},\quad M\geqslant i\geqslant 1.\qquad(7.27)$$

由文献 (Willekens, 1987) 的引理和 (7.7) 中的 $E[e^{-sL_\pi(t)}]=e^{t\psi_\pi(s)}<\infty\ (s\geqslant 0)$ 可知, 针对所有的 $p>0$, 都有

$$E[\vartheta^+(T)]^p=E\left[\sup_{n\geqslant 0}\varphi_ne^{-\inf_{s\in[0,t]}L_\pi(s)}\right]^p<\infty.\qquad(7.28)$$

亦见文献 (Guo and Wang, 2013a). 对于任意 $M\geqslant i\geqslant 1$, 引理 7.2.2 表明对所有的 $t\in\Lambda_T$, 某个 $p>J_F^+$ 以及任意大的 x,

$$P\left\{\varepsilon_i^*\vartheta_i(Y_i^*,t)>x,\sigma_M^*(Y_i^*)\leqslant t<\sigma_{M+1}^*(Y_i^*)\right\}$$
$$\leqslant P\{\varepsilon_i^*M\vartheta^+(T)>x\}P\{\sigma_M^*(Y_i^*)\leqslant t<\sigma_{M+1}^*(Y_i^*)\}$$
$$\leqslant C\overline{F}(x)P\{N(t)=M\}.$$

因此根据引理 7.2.2 和 (7.11), (7.12) 以及上述的不等式可知

$$\varepsilon_i^*\vartheta_i(Y_i^*,t)I_{\{\sigma_M^*(Y_i^*)\leqslant t<\sigma_{M+1}^*(Y_i^*)\}}\ \text{属于}\ \mathcal{D}\cap\mathcal{L},$$

并且得到

$$P\{\varepsilon_i^*\vartheta_i(Y_i^*,t)I_{[\sigma_M^*(Y_i^*)\leqslant t<\sigma_{M+1}^*(Y_i^*)]}>x\}\asymp\overline{F}(x)P\{N(t)=M\}\qquad(7.29)$$

关于所有的 $t \in \Lambda_T$ 都一致成立. 由于 $\tilde{Y}_i^*$, $\{Y_n, n \geqslant 1\}$ 和 $\{L_\pi(t), t \geqslant 0\}$ 的独立性, $|\phi_2(y)| \leqslant b_2 - 1$ 以及式 (7.12), 得到

$$
E\left[e^{-L_\pi(\tilde{\sigma}_n^*)} I_{(\tilde{\sigma}_n^* \leqslant t)}\right]^p
$$

$$
= E \int_{0-}^{t} \int_{0-}^{t-v} [e^{-L_\pi(u+v)} I_{(u+v \leqslant t)}]^p P\{\sigma_{n-1} \in du\} P\{\tilde{Y}^* \in dv\}
$$

$$
\leqslant E \int_{0-}^{t} \int_{0-}^{t-v} [e^{-L_\pi(u+v)} I_{(u+v \leqslant t)}]^p P\{\sigma_{n-1} \in du\} P\{Y \in dv\}
$$

$$
= E[e^{-L_\pi(\sigma_n)} I_{(\sigma_n \leqslant t)}]^p, \quad n \geqslant 1.
$$

类似于式 (7.21) 的证明, 由上述不等式可知, 对于所有的 $t \in [0, T]$ 以及 $p > 0$, 有

$$
E\left[\sum_{n=i}^{\infty} \varphi_{n-i} e^{-L_\pi(\tilde{\sigma}_n^*)} I_{(\tilde{\sigma}_n^* \leqslant t)}\right]^p < \infty, \quad i = 1, 2, \cdots. \tag{7.30}
$$

对于任意的 $M \geqslant i \geqslant 1$, 类似于 $\varepsilon_i^* \vartheta_i(Y_i^*, t) I_{\{\sigma_M^*(Y_i^*) \leqslant t < \sigma_{M+1}^*(Y_i^*)\}}$ 的分布的证明, 以及 (7.12), 能够得到

$$
\tilde{\varepsilon}_i^* \vartheta_i(Y_i^*, t) I_{\{\sigma_M^*(Y_i^*) \leqslant t < \sigma_{M+1}^*(Y_i^*)\}}, \varepsilon_i^* \vartheta_i(\tilde{Y}_i^*, t) I_{\{\tilde{\sigma}_M^*(\tilde{Y}_i^*) \leqslant t < \tilde{\sigma}_{M+1}^*(\tilde{Y}_i^*)\}}
$$

和

$$
\tilde{\varepsilon}_i^* \vartheta_i(\tilde{Y}_i^*, t) I_{\{\tilde{\sigma}_M^*(\tilde{Y}_i^*) \leqslant t < \tilde{\sigma}_{M+1}^*(\tilde{Y}_i^*)\}}
$$

的分布都属于 $\mathcal{D} \cap \mathcal{L}$, 以及

$$
P\{\varepsilon_i^* \vartheta_i(\tilde{Y}_i^*, t) I_{\{\tilde{\sigma}_M^*(\tilde{Y}_i^*) \leqslant t < \tilde{\sigma}_{M+1}^*(\tilde{Y}_i^*)\}} > x\} \asymp \overline{F}(x) P\{N(t) = M\},
$$

$$
P\{\tilde{\varepsilon}_i^* \vartheta_i(Y_i^*, t) I_{\{\sigma_M^*(Y_i^*) \leqslant t < \sigma_{M+1}^*(Y_i^*)} > x\} \asymp \overline{F}(x) P\{N(t) = M\},
$$

$$
P\{\tilde{\varepsilon}_i^* \vartheta_i(\tilde{Y}_i^*, t) I_{\{\tilde{\sigma}_M^*(\tilde{Y}_i^*) \leqslant t < \tilde{\sigma}_{M+1}^*(\tilde{Y}_i^*)} > x\} \asymp \overline{F}(x) P\{N(t) = M\}
$$

对所有的 $t \in \Lambda_T$ 都一致成立.

由于受到 Yang 和 Wang (2013) 关于离散时间风险模型的启发, 针对连续时间风险模型, 从本质上讲, 本章给出了不同的证明, t 的一致性、系数 $\{\varphi_n, n \geqslant 0\}$ 以及关于间隔到达时间 Y_n 的 Lévy 过程的指数函数形式也使得证明过程更加复杂.

通过切比雪夫不等式, (7.17), (7.28) 和 (7.29), 对于所有的 $t \in \Lambda_T$ 和某些 $p > J_F^+$, 得到

$$
P\{\vartheta_i(Y_i^*, t) I_{\{\sigma_M^*(Y_i^*) \leqslant t < \sigma_{M+1}^*(Y_i^*)\}} > x\}
$$

$$
\leqslant \frac{E[M \vartheta^+(T)]^p}{x^p} P\{\sigma_M^*(Y_i^*) \leqslant t < \sigma_{M+1}^*(Y_i^*)\}
$$

$$= o(\overline{F}(x)P\{N(t) = M\})$$

$$= o(P\{\varepsilon_i^* \vartheta_i(Y_i^*, t)I_{\{\sigma_M^*(Y_i^*) \leqslant t < \sigma_{M+1}^*(Y_i^*)\}} > x\}),$$

其中存在某些满足 $g(x) \to 0$ 和 $1/g(x) = o(x)$ 的正函数 $g(x)$. 显然, 令 $g(x) = 1/\ln x$ 并且满足假设条件. 取 $p^* > J_F^+ + \varepsilon$, 对于某些 $\varepsilon > 0$, 任意的 $M \geqslant i \geqslant 1$, 以及所有的 $t \in \Lambda_T$, 得到

$$P\{\vartheta_i(Y_i^*, t)I_{\{\sigma_M(Y_i^*) \leqslant t < \sigma_{M+1}(Y_i^*)\}} > x/\ln x\}$$

$$\leqslant x^{-(p^*-\varepsilon)}(\ln x)^{p^*} x^{-\varepsilon} E[M\vartheta^+(T)]^{p^*} P\{\sigma_M^*(Y_i^*) \leqslant t < \sigma_{M+1}^*(Y_i^*)\}$$

$$= o(\overline{F}(x)P\{N(t) = M\})$$

$$= o(P\{\varepsilon_i^* \vartheta_i(Y_i^*, t)I_{\{\sigma_M^*(Y_i^*) \leqslant t < \sigma_{M+1}^*(Y_i^*)\}} > x\}). \tag{7.31}$$

然后, 根据 $\varepsilon_i^* \vartheta_i(Y_i^*, t)I_{\{\sigma_M^*(Y_i^*) \leqslant t < \sigma_{M+1}^*(Y_i^*)\}}$ 的分布属于 $\mathcal{D} \cap \mathcal{L}(\subset \mathcal{D})$ 以及引理 7.2.4 可知, 存在正函数 $\tilde{g}(\cdot) \left(= \dfrac{1}{\ln x} \right)$ 使得 $\tilde{g}(x) \searrow 0$, $x\tilde{g}(x) \nearrow \infty$ 和

$$P\{\vartheta_i(Y_i^*, t)I_{\{\sigma_M^*(Y_i^*) \leqslant t < \sigma_{M+1}^*(Y_i^*)\}} > x\tilde{g}(x)\}$$

$$= o(P\{\varepsilon_i^* \vartheta_i(Y_i^*, t)I_{\{\sigma_M^*(Y_i^*) \leqslant t < \sigma_{M+1}^*(Y_i^*)\}} > x\}) \tag{7.32}$$

对于所有的 $t \in \Lambda_T$ 都一致成立. 由式 (7.32) 和 (7.25) 可知, 对于所有的 $t \in \Lambda_T$,

$$P\{\tilde{\varepsilon}_i^* \vartheta_i(Y_i^*, t)I_{\{\sigma_M^*(Y_i^*) \leqslant t < \sigma_{M+1}^*(Y_i^*)\}} > x\}$$

$$= \int_0^{x\tilde{g}(x)} \overline{\tilde{F}}(x/z) P\{\vartheta_i(Y_i^*, t)I_{\{\sigma_M^*(Y_i^*) \leqslant t < \sigma_{M+1}^*(Y_i^*)\}} \in dz\}$$

$$\quad + o(P\{\varepsilon_i^* \vartheta_i(Y_i^*, t)I_{\{\sigma_M^*(Y_i^*) \leqslant t < \sigma_{M+1}^*(Y_i^*)\}} > x\})$$

$$= \left(1 - \frac{d_1}{b_1} + o(1)\right) \int_0^{x\tilde{g}(x)} \overline{F}(x/z) P\{\vartheta_i(Y_i^*, t)I_{\{\sigma_M^*(Y_i^*) \leqslant t < \sigma_{M+1}^*(Y_i^*)\}} \in dz\}$$

$$\quad + o(P\{\varepsilon_i^* \vartheta_i(Y_i^*, t)I_{\{\sigma_M^*(Y_i^*) \leqslant t < \sigma_{M+1}^*(Y_i^*)\}} > x\})$$

$$= \left(1 - \frac{d_1}{b_1} + o(1)\right) P\{\varepsilon_i^* \vartheta_i(Y_i^*, t)I_{\{\sigma_M^*(Y_i^*) \leqslant t < \sigma_{M+1}^*(Y_i^*)\}} > x\}. \tag{7.33}$$

由 $\phi_2(y)$ 的有界性, (7.12) 和 (7.32) 对于所有的 $t \in \Lambda_T$,

$$P\{\vartheta_i(\tilde{Y}_i^*, t)I_{\{\tilde{\sigma}_M^*(\tilde{Y}_i^*) \leqslant t < \tilde{\sigma}_{M+1}^*(\tilde{Y}_i^*)\}} > x\tilde{g}(x)\}$$

$$= \int_0^t P\left\{ \sum_{n=i}^M \varphi_{n-i} e^{-L_\pi\left(\sum\limits_{k \neq i}^n Y_k + v\right)} > x\tilde{g}(x), \sum_{k \neq i}^M Y_k + v \leqslant t < \sum_{k \neq i}^{M+1} Y_k + v \right\}$$

$$\quad \times \left(1 - \frac{\phi_2(v)}{b_2}\right) G(dv)$$

$$= O(P\{\vartheta_i(Y_i^*,t)I_{\{\sigma_M^*(Y_i^*)\leqslant t<\sigma_{M+1}^*(Y_i^*)\}} > x\tilde{g}(x)\})$$

$$= o(P\{\varepsilon_i^*\vartheta_i(Y_i^*,t)I_{\{\sigma_M^*(Y_i^*)\leqslant t<\sigma_{M+1}^*(Y_i^*)\}} > x\}),$$

表明对于所有的 $t \in \Lambda_T$, 有

$$P\{\tilde{\varepsilon}_i^*\vartheta_i(\tilde{Y}_i^*,t)I_{\{\tilde{\sigma}_M^*(\tilde{Y}_i^*)\leqslant t<\tilde{\sigma}_{M+1}^*(\tilde{Y}_i^*)\}} > x\}$$

$$= \int_0^{x\tilde{g}(x)} \overline{F}(x/z)P\{\vartheta_i(\tilde{Y}_i^*,t)I_{\{\tilde{\sigma}_M^*(\tilde{Y}_i^*)\leqslant t<\tilde{\sigma}_{M+1}^*(\tilde{Y}_i^*)\}} \in dz\}$$

$$+ O(P\{\vartheta_i(\tilde{Y}_i^*,t)I_{\{\tilde{\sigma}_M^*(\tilde{Y}_i^*)\leqslant t<\tilde{\sigma}_{M+1}^*(\tilde{Y}_i^*)\}} > x\tilde{g}(x)\})$$

$$= \left(1 - \frac{d_1}{b_1} + o(1)\right) P\{\varepsilon_i^*\vartheta_i(\tilde{Y}_i^*,t)I_{\{\tilde{\sigma}_M^*(\tilde{Y}_i^*)\leqslant t<\tilde{\sigma}_{M+1}^*(\tilde{Y}_i^*)\}} > x\}$$

$$+ o(P\{\varepsilon_i^*\vartheta_i(Y_i^*,t)I_{\{\sigma_M^*(Y_i^*)\leqslant t<\sigma_{M+1}^*(Y_i^*)\}} > x\}). \tag{7.34}$$

根据式 (7.24), (7.23), (7.34) 和 (7.11) 可得, 对于所有的 $t \in \Lambda_T$, 有

$$P\{\varepsilon_i\vartheta_i(t) > x, N(t) = M\}$$

$$= (1 + \theta d_1 b_2 + o(1))P\{\varepsilon_i^*\vartheta_i(Y_i^*,t)I_{\{\sigma_M^*(Y_i^*)\leqslant t<\sigma_{M+1}^*(Y_i^*)\}} > x\}$$

$$- (\theta d_1 b_2 + o(1))P\{\varepsilon_i^*\vartheta_i(\tilde{Y}_i^*,t)I_{\{\tilde{\sigma}_M^*(\tilde{Y}_i^*)\leqslant t<\tilde{\sigma}_{M+1}^*(\tilde{Y}_i^*)\}} > x\}$$

$$= (1 + \theta d_1 b_2 + o(1)) \int_0^t P\left\{\varepsilon_i^* \sum_{n=i}^M \varphi_{n-i} e^{-L_\pi\left(\sum\limits_{k\neq i}^n Y_k + v\right)} > x,\right.$$

$$\left.\sum_{k\neq i}^M Y_k + v \leqslant t < \sum_{k\neq i}^{M+1} Y_k + v\right\} G(dv)$$

$$- (\theta d_1 b_2 + o(1)) \int_0^t P\left\{\varepsilon_i^* \sum_{n=i}^M \varphi_{n-i} e^{-L_\pi\left(\sum\limits_{k\neq i}^n Y_k + v\right)} > x,\right.$$

$$\left.\sum_{k\neq i}^M Y_k + v \leqslant t < \sum_{k\neq i}^{M+1} Y_k + v\right\} \left(1 - \frac{\phi_2(v)}{b_2}\right) G(dv)$$

$$= (1 + o(1)) \int_0^t P\left\{\varepsilon_i^* \sum_{n=i}^M \varphi_{n-i} e^{-L_\pi\left(\sum\limits_{k\neq i}^n Y_k + v\right)} > x,\right.$$

$$\left.\sum_{k\neq i}^M Y_k + v \leqslant t < \sum_{k\neq i}^{M+1} Y_k + v\right\} (1 + \theta d_1 \phi_2(v)) G(dv)$$

$$= (1 + o(1))P\{\varepsilon_i^*\vartheta_i^\theta(t) > x, N_\theta^*(t) = M\},$$

上式表明式 (7.22) 对于任意大的 x 都成立. 类似于式 (7.21) 的证明, 根据式 (7.11) 以及 Y_θ^*, $\{Y_n, n \geqslant 1\}$ 和 $\{L_\pi(t), t \geqslant 0\}$ 之间的独立性, 对于所有的 $t \in \Lambda_T$ 和

$p > 0$, 得到

$$E\left[\vartheta_i^\theta(t)\right]^p \leqslant C[EN_\theta^*(T)^{2p+1}] < \infty, \quad i = 1, 2, \cdots. \tag{7.35}$$

类似于 $\varepsilon_i^*\vartheta_i(Y_i^*, t)I_{\{\sigma_M^*(Y_i^*)\leqslant t<\sigma_{M+1}^*(Y_i^*)\}}$ 的证明和 (7.35), 得到 $\varepsilon_i^*\vartheta_i^\theta(t)I_{\{N_\theta^*(t)=M\}}$ 的分布也属于 $\mathcal{D} \cap \mathcal{L}$, 以及

$$P\{\varepsilon_i^*\vartheta_i^\theta(t)I_{\{N_\theta^*(t)=M\}} > x\} \asymp \overline{F}(x)P\{N(t) = M\}$$

对于所有的 $t \in \Lambda_T$ 都成立. 最后, 采用 (7.22) 的证明, 建立对于所有的 $t \in \Lambda_T$ 一致成立的式 (7.23) 及 $\varepsilon_i\vartheta_i(t)$ 的分布函数也属于 $\mathcal{D} \cap \mathcal{L}$. 引理 7.2.6 的证明完成.

引理 7.2.7   在定理 7.2.1 的条件下, 对于任意固定的 $T \in \Lambda$, 以及整数 M, i, j 满足 $M \geqslant j > i \geqslant 1$, 式

$$P\{\varepsilon_i\vartheta_i(t) > x, \varepsilon_j\vartheta_j(t) > x, N(t) = M\} = o(\overline{F}(x)P\{N(t) = M\}) \tag{7.36}$$

对于所有的 $t \in \Lambda_T$ 都成立.

证明   令 $g(x)$ 是由 (7.31) 前面定义的函数. 对于 $M \geqslant j > i \geqslant 1$, 类似于 (7.32) 的证明, 对于所有的 $t \in \Lambda_T$, 得到

$$P\{\vartheta_i(t) > xg(x), N(t) = M\} = o(\overline{F}(x)P\{N(t) = M\}).$$

然后针对 $M \geqslant j > i \geqslant 1$ 以及某些 $p > J_F^+$ 得到

$$P\{\varepsilon_i\vartheta_i(t) > x, \ \varepsilon_j\vartheta_j(t) > x, N(t) = M\}$$
$$\leqslant P\{\varepsilon_i\vartheta_i(t) > x, \ \varepsilon_j\vartheta_j(t) > x, \ \vartheta_j(t) \leqslant xg(x), N(t) = M\}$$
$$+ P\{\vartheta_j(t) > xg(x), N(t) = M\}$$
$$\leqslant P\{\varepsilon_i\vartheta_i(t) > x, \ \varepsilon_j > 1/g(x), N(t) = M\} + o(\overline{F}(x)P\{N(t) = M\}).$$

正如 (7.24) 的证明, 将上述不等式右侧概率 $P\{\varepsilon_i\vartheta_i(t) > x, \ \varepsilon_j > 1/g(x), N(t) = M\}$ 分解成四个部分

$$P\{\varepsilon_i\vartheta_i(t) > x, \ \varepsilon_j > 1/g(x), N(t) = M\}$$
$$= (1 + \theta b_1 b_2)P\{\varepsilon_i\vartheta_i(Y_j^*, t) > x, \varepsilon_j^* > 1/g(x), \sigma_M^*(Y_j^*) \leqslant t < \sigma_{M+1}^*(Y_j^*)\}$$
$$- \theta b_1 b_2 P\{\varepsilon_i\vartheta_i(Y_j^*, t) > x, \tilde{\varepsilon}_j^* > 1/g(x), \sigma_M^*(Y_j^*) \leqslant t < \sigma_{M+1}^*(Y_j^*)\}$$
$$- \theta b_1 b_2 P\{\varepsilon_i\vartheta_i(\tilde{Y}_j^*, t) > x, \varepsilon_j^* > 1/g(x), \tilde{\sigma}_M^*(\tilde{Y}_j^*) \leqslant t < \tilde{\sigma}_{M+1}^*(\tilde{Y}_j^*)\}$$
$$+ \theta b_1 b_2 P\{\varepsilon_i\vartheta_i(\tilde{Y}_j^*, t) > x, \tilde{\varepsilon}_j^* > 1/g(x), \tilde{\sigma}_M^*(\tilde{Y}_j^*) \leqslant t < \tilde{\sigma}_{M+1}^*(\tilde{Y}_j^*)\}$$
$$= h_1(x, t, g(x)) + h_2(x, t, g(x)) + h_3(x, t, g(x)) + h_4(x, t, g(x)).$$

利用 $h_1(x,t,g(x))$, (7.22) 可知, 对于所有的 $t \in \Lambda_T$ 以及任意大的 x, 均有

$$P\{\varepsilon_i\vartheta_i(Y_j^*,t) > x, \varepsilon_j^* > 1/g(x), \sigma_M^*(Y_j^*) \leqslant t < \sigma_{M+1}^*(Y_j^*)\}$$

$$= P\{\varepsilon_i\vartheta_i(Y_j^*,t) > x, \sigma_M^*(Y_j^*) \leqslant t < \sigma_{M+1}^*(Y_j^*)\}P\{\varepsilon_j^* > 1/g(x)\}$$

$$\lesssim C\overline{F}(x)P\{N(t) = M\}\overline{F}(1/g(x))$$

$$= o(\overline{F}(x)P\{N(t) = M\}).$$

类似地, 对于所有的 $t \in \Lambda_T$, 根据 (7.12) 和 (7.25) 可知

$$h_2(x,t,g(x)) = o(\overline{F}(x)P\{N(t) = M\}),$$

$$h_3(x,t,g(x)) = o(\overline{F}(x)P\{N(t) = M\})$$

和

$$h_4(x,t,g(x)) = o(\overline{F}(x)P\{N(t) = M\}).$$

我们完成了引理的证明.

引理 7.2.8 在定理 7.2.1 的条件下, 对于任意固定的 $T \in \Lambda, c_0 \geqslant 0$ 和整数 $M \geqslant 1$, 式

$$P\left\{\sum_{i=0}^{\infty}\varepsilon_i\vartheta_i(t) > x + c_0Z_t, N(t) = M\right\} \sim \sum_{i=1}^{M}P\{\varepsilon_i^*\vartheta_i^{\theta}(t) > x, N_\theta^*(t) = M\}$$

$$(7.37)$$

对于所有的 $t \in \Lambda_T$ 都成立, 其中 $Z_t = \int_0^t e^{-L_\pi(s)}ds$.

证明 不失一般性, 本章只考虑当任意 $t \in \Lambda_T$ 时, $P\{N(t) = M\} > 0$ 的情形, 我们首先证明 (7.37) 的上界. 针对任意的 $c_0 \geqslant 0, M \geqslant 1$, 固定的 $L > 0$ 和任意大的 x, 有

$$P\left\{\sum_{i=0}^{\infty}\varepsilon_i\vartheta_i(t) > x + c_0Z_t, N(t) = M\right\}$$

$$= P\left\{\sum_{i=0}^{M}\varepsilon_i\vartheta_i(t) > x + c_0Z_t, N(t) = M\right\}$$

$$\leqslant P\left\{\sum_{i=0}^{M}\varepsilon_i\vartheta_i(t) > x, N(t) = M\right\}$$

$$\leqslant P\left\{\bigcup_{i=0}^{M}(\varepsilon_i\vartheta_i(t) > x - L, N(t) = M)\right\}$$

$$+ P\left\{\sum_{i=0}^{M} \varepsilon_i \vartheta_i(t) > x, N(t) = M, \bigcap_{i=0}^{M}(\varepsilon_i \vartheta_i(t) \leqslant x - L)\right\}$$

$$= J_1(x,t,L) + J_2(x,t,L). \tag{7.38}$$

利用切比雪夫不等式, (7.17), (7.28) 和 (7.22), 对于所有的 $t \in \Lambda_T$ 和某些 $p > J_F^+$, 得到

$$J_1(x,t,L)$$

$$\leqslant \sum_{i=1}^{M} P\{\varepsilon_i \vartheta_i(t) > x - L, N(t) = M\}$$

$$\quad + P\{\varepsilon_0 \vartheta_0(t) > x - L, N(t) = M\}$$

$$\leqslant \sum_{i=1}^{M} P\{\varepsilon_i \vartheta_i(t) > x - L, N(t) = M\} + (x-L)^{-p}\varepsilon_0^p E[\vartheta_0(t) I_{(N(t)=M)}]^p$$

$$\lesssim \sum_{i=1}^{M} P\{\varepsilon_i^* \vartheta_i^\theta(t) > x, N_\theta^*(t) = M\} + o(\overline{F}(x) P\{N(t) = M\})$$

$$= (1 + o(1)) \sum_{i=1}^{M} P\{\varepsilon_i^* \vartheta_i^\theta(t) > x, N_\theta^*(t) = M\}. \tag{7.39}$$

关于 $J_2(x,t,L)$, 根据任意固定的 $M \geqslant 1$ 得到

$$J_2(x,t,L)$$

$$= P\left\{\sum_{i=0}^{M} \varepsilon_i \vartheta_i(t) > x, \bigcap_{i=0}^{M}(\varepsilon_i \vartheta_i(t) \leqslant x - L),\right.$$

$$\left. \bigcup_{i=0}^{M}(\varepsilon_i \vartheta_i(t) > x/(M+1)), N(t) = M\right\}$$

$$\leqslant \sum_{i=1}^{M} P\left\{\varepsilon_i \vartheta_i(t) > x/(M+1), \sum_{j=0,j\neq i}^{M} \varepsilon_j \vartheta_j(t) > L, N(t) = M\right\}$$

$$\quad + P\left\{\varepsilon_0 \vartheta_0(t) > x/(M+1), \sum_{j=1}^{M} \varepsilon_j \vartheta_j(t) > L, N(t) = M\right\}$$

$$\leqslant \sum_{i=1}^{M} \sum_{j=1,j\neq i}^{M} P\{\varepsilon_i \vartheta_i(t) > x/(M+1), \varepsilon_j \vartheta_j(t) > L/M, N(t) = M\}$$

$$\quad + \sum_{i=1}^{M} P\{\varepsilon_i \vartheta_i(t) > x/(M+1), \varepsilon_0 \vartheta_0(t) > L/M, N(t) = M\}$$

$$+ \sum_{j=1}^{M} P\{\varepsilon_0 \vartheta_0(t) > x/(M+1), \varepsilon_j \vartheta_j(t) > L/M, N(t) = M\}$$

$$= J_{21}(x,t,L) + J_{22}(x,t,L) + J_{23}(x,t,L). \tag{7.40}$$

关于 $J_{21}(x,t,L)$, 类似于 (7.24) 的分解, 对于任意固定的 $M \geqslant 1$ 和 $1 \leqslant i,j \leqslant M, i \neq j$, 得到

$$P\{\varepsilon_i \vartheta_i(t) > x/(M+1), \varepsilon_j \vartheta_j(t) > L/M, N(t) = M\}$$

$$\leqslant |1 + \theta b_1 b_2| J_{211}(x,t,L) + |\theta b_1 b_2| J_{212}(x,t,L)$$

$$+ |\theta b_1 b_2| J_{213}(x,t,L) + |\theta b_1 b_2| J_{214}(x,t,L),$$

其中

$$J_{211}(x,t,L) = P\{\varepsilon_i^* \vartheta_i(Y_i^*,t) > x/(M+1),$$

$$\varepsilon_j \vartheta_j(Y_i^*,t) > L/M, \sigma_M^*(Y_i^*) \leqslant t < \sigma_{M+1}^*(Y_i^*)\},$$

$$J_{212}(x,t,L) = P\{\tilde{\varepsilon}_i^* \vartheta_i(Y_i^*,t) > x/(M+1),$$

$$\varepsilon_j \vartheta_j(Y_i^*,t) > L/M, \sigma_M^*(Y_i^*) \leqslant t < \sigma_{M+1}^*(Y_i^*)\},$$

$$J_{213}(x,t,L) = P\{\varepsilon_i^* \vartheta_i(\tilde{Y}_i^*,t) > x/(M+1),$$

$$\varepsilon_j \vartheta_j(\tilde{Y}_i^*,t) > L/M, \tilde{\sigma}_M^*(\tilde{Y}_i^*) \leqslant t < \tilde{\sigma}_{M+1}^*(\tilde{Y}_i^*)\},$$

$$J_{214}(x,t,L) = P\{\tilde{\varepsilon}_i^* \vartheta_i(\tilde{Y}_i^*,t) > x/(M+1),$$

$$\varepsilon_j \vartheta_j(\tilde{Y}_i^*,t) > L/M, \tilde{\sigma}_M^*(\tilde{Y}_i^*) \leqslant t < \tilde{\sigma}_{M+1}^*(\tilde{Y}_i^*)\}.$$

同样, 对于 $J_{211}(x,t,L)$, 任意固定的 $M \geqslant 1$ 和 $1 \leqslant i,j \leqslant M, i \neq j$, 得到

$$J_{211}(x,t,L)$$

$$\leqslant |1 + \theta b_1 b_2| P\{\varepsilon_i^* \vartheta_i(Y_i^*, Y_j^*, t) > x/(M+1),$$

$$\varepsilon_j^* \vartheta_j(Y_i^*, Y_j^*, t) > L/M, \sigma_M^*(Y_i^*, Y_j^*) \leqslant t < \sigma_{M+1}^*(Y_i^*, Y_j^*)\}$$

$$+ |\theta b_1 b_2| P\{\varepsilon_i^* \vartheta_i(Y_i^*, Y_j^*, t) > x/(M+1),$$

$$\tilde{\varepsilon}_j^* \vartheta_j(Y_i^*, Y_j^*, t) > L/M, \sigma_M^*(Y_i^*, Y_j^*) \leqslant t < \sigma_{M+1}^*(Y_i^*, Y_j^*)\}$$

$$+ |\theta b_1 b_2| P\{\varepsilon_i^* \vartheta_i(Y_i^*, \tilde{Y}_j^*, t) > x/(M+1),$$

$$\varepsilon_j^* \vartheta_j(Y_i^*, \tilde{Y}_j^*, t) > L/M, \tilde{\sigma}_M^*(Y_i^*, \tilde{Y}_j^*) \leqslant t < \tilde{\sigma}_{M+1}^*(Y_i^*, \tilde{Y}_j^*)\}$$

$$+ |\theta b_1 b_2| P\{\varepsilon_i^* \vartheta_i(Y_i^*, \tilde{Y}_j^*, t) > x/(M+1),$$

$$\tilde{\varepsilon}_j \vartheta_j(Y_i^*, \tilde{Y}_j^*, t) > L/M, \tilde{\sigma}_M^*(Y_i^*, \tilde{Y}_j^*) \leqslant t < \tilde{\sigma}_{M+1}^*(Y_i^*, \tilde{Y}_j^*)\}$$

$$= |1 + \theta b_1 b_2| J_{2111}(x, t, L) + |\theta b_1 b_2| J_{2112}(x, t, L)$$
$$+ |\theta b_1 b_2| J_{2113}(x, t, L) + |\theta b_1 b_2| J_{2114}(x, t, L).$$

对于 $J_{2111}(x, t, L)$, (7.18) 和 (7.16) 表明对 $1 \leqslant i, j \leqslant M, i \neq j$, 任意固定的 $B > 1$, 某些 $p > J_F^+$ 和任意大的 x, 有

$$J_{2111}(x, t, L)$$
$$= P\{\varepsilon_i^* \vartheta_i(Y_i^*, Y_j^*, t) > x/(M+1), \varepsilon_j^* \vartheta_j(Y_i^*, Y_j^*, t) > L/M,$$
$$\max(\vartheta_i(Y_i^*, Y_j^*, t), \vartheta_j(Y_i^*, Y_j^*, t)) \leqslant B, \sigma_M^*(Y_i^*, Y_j^*) \leqslant t < \sigma_{M+1}^*(Y_i^*, Y_j^*)\}$$
$$+ P\{\varepsilon_i^* \vartheta_i(Y_i^*, Y_j^*, t) > x/(M+1), \varepsilon_j^* \vartheta_j(Y_i^*, Y_j^*, t) > L/M,$$
$$\max(\vartheta_i(Y_i^*, Y_j^*, t), \vartheta_j(Y_i^*, Y_j^*, t)) > B, \sigma_M^*(Y_i^*, Y_j^*) \leqslant t < \sigma_{M+1}^*(Y_i^*, Y_j^*)\}$$
$$\leqslant P\{\varepsilon_i^* B > x/(M+1), \varepsilon_j^* B > L/M, \sigma_M^*(Y_i^*, Y_j^*) \leqslant t < \sigma_{M+1}^*(Y_i^*, Y_j^*)\}$$
$$+ P\{\varepsilon_i^* \vartheta_i(Y_i^*, Y_j^*, t) > x/(M+1), \max(\vartheta_i(Y_i^*, Y_j^*, t), \vartheta_j(Y_i^*, Y_j^*, t)) > B,$$
$$\sigma_M^*(Y_i^*, Y_j^*) \leqslant t < \sigma_{M+1}^*(Y_i^*, Y_j^*)\}$$
$$\leqslant \overline{F}\left(\frac{x}{(M+1)B}\right) \overline{F}\left(\frac{L}{MB}\right) P\{\sigma_M^*(Y_i^*, Y_j^*) \leqslant t < \sigma_{M+1}^*(Y_i^*, Y_j^*)\}$$
$$+ C\overline{F}(x) E[(M+1)^p \vartheta_i^p(Y_i^*, Y_j^*, t)$$
$$\times I_{\{\max(\vartheta_i(Y_i^*, Y_j^*, t), \vartheta_j(Y_i^*, Y_j^*, t)) > B, \ \sigma_M^*(Y_i^*, Y_j^*) \leqslant t < \sigma_{M+1}^*(Y_i^*, Y_j^*)\}}$$
$$+ I_{\{\max(\vartheta_i(Y_i^*, Y_j^*, t), \vartheta_j(Y_i^*, Y_j^*, t)) > B, \ \sigma_M^*(Y_i^*, Y_j^*) \leqslant t < \sigma_{M+1}^*(Y_i^*, Y_j^*)\}}]$$
$$\leqslant C\overline{F}(x) P\{N(t) = M\} \left\{ (M+1)^p B^p \overline{F}\left(\frac{L}{MB}\right) \right.$$
$$\left. + E[(M+1)^p (M\vartheta^+(T))^p \cdot I_{\{M\vartheta^+(T) > B\}} + I_{\{M\vartheta^+(T) > B\}}] \right\}, \tag{7.41}$$

其中在最后一步利用了 $\{Y_i^*, i \geqslant 1\}$ 是独立且和 $\{Y_n, n \geqslant 1\}$ 具有相同的分布. 然后根据 (7.28), 对于任意固定的 $M \geqslant 1$ 以及常数 θ, b_1, b_2, 均有

$$\lim_{B \to \infty} \limsup_{L \to \infty} \limsup_{x \to \infty} \sup_{t \in \Lambda_T} \frac{|1 + \theta b_1 b_2| J_{2111}(x, t, L)}{\overline{F}(x) P\{N(t) = M\}} = 0.$$

同样地, 我们能够得到关于 $J_{2112}(x, t, L)$, $J_{2113}(x, t, L)$ 和 $J_{2114}(x, t, L)$ 相同的结果. 对于任意固定的正数 $M \geqslant 1$ 和 (7.13), 也得到关于 $J_{211}(x, t, L)$, $J_{212}(x, t, L)$, $J_{213}(x, t, L)$ 和 $J_{214}(x, t, L)$ 相同的结果. 因此, 关于任意固定的正数 $M \geqslant 1$ 均有

$$\lim_{B \to \infty} \limsup_{L \to \infty} \limsup_{x \to \infty} \sup_{t \in \Lambda_T} \frac{J_{21}(x, t, L)}{\overline{F}(x) P\{N(t) = M\}} = 0. \tag{7.42}$$

针对 $J_{22}(x,t,L)$, 类似于 $J_{21}(x,t,L)$ 的证明, 对于任意固定的正数 $M \geqslant 1$, 有

$$\lim_{L \to \infty} \limsup_{x \to \infty} \sup_{t \in \Lambda_T} \frac{J_{22}(x,t,L)}{\overline{F}(x)P\{N(t) = M\}} = 0. \tag{7.43}$$

对于 $J_{23}(x,t,L)$, 利用切比雪夫不等式, (7.17) 和 (7.28), 对于任意固定的正数 $M \geqslant 1$ 和某些 $p > J_F^+$, 当所有的 $t \in \Lambda_T$ 时, 有

$$P\{\varepsilon_0\vartheta_0(t) > x/(M+1), \varepsilon_j\vartheta_j(t) > L/M, N(t) = M\}$$
$$\leqslant P\{\varepsilon_0\vartheta_0(T) > x/(M+1), N(t) = M\}$$
$$\leqslant \frac{E[M\vartheta^+(T)I_{\{N(t)=M\}}]^p \varepsilon_0^p(M+1)^p}{x^p}$$
$$= o(\overline{F}(x)P\{N(t) = M\}). \tag{7.44}$$

因此, 结合 (7.41)—(7.43) 以及 (7.40) 得到

$$\lim_{B \to \infty} \limsup_{L \to \infty} \limsup_{x \to \infty} \sup_{t \in \Lambda_T} \frac{J_2(x,t,L)}{\overline{F}(x)P\{N(t) = M\}} = 0. \tag{7.45}$$

随即, 根据 (7.38), (7.39) 和 (7.43), 以及 (7.22), 对于任意的 $t \in \Lambda_T$, 有

$$P\left\{\sum_{i=0}^{\infty} \varepsilon_i\vartheta_i(t) > x + c_0Z_t, N(t) = M\right\} \lesssim \sum_{i=1}^{M} P\left\{\varepsilon_i^*\vartheta_i^{\theta}(t) > x, N_{\theta}^*(t) = M\right\}.$$

接下来, 我们转向证明 (7.37) 的渐近上界. 利用 Bonferroni 不等式, 有

$$P\left\{\sum_{i=0}^{\infty} \varepsilon_i\vartheta_i(t) > x + c_0Z_t, N(t) = M\right\}$$
$$\geqslant P\left\{\bigcup_{i=1}^{M}(\varepsilon_i\vartheta_i(t) > x + c_0Z_t, N(t) = M)\right\}$$
$$\geqslant \sum_{i=1}^{M} P\{\varepsilon_i\vartheta_i(t) > x + c_0Z_t, N(t) = M\}$$
$$\quad - \sum_{1 \leqslant i < j \leqslant M} P\{\varepsilon_i\vartheta_i(t) > x + c_0Z_t, \varepsilon_j\vartheta_j(t) > x + c_0Z_t, N(t) = M\}$$
$$\geqslant \sum_{i=1}^{M} P\{\varepsilon_i\vartheta_i(t) > x + c_0Z_t, N(t) = M\}$$
$$\quad - \sum_{1 \leqslant i < j \leqslant M} P\{\varepsilon_i\vartheta_i(t) > x, \varepsilon_j\vartheta_j(t) > x, N(t) = M\}$$
$$= I_1(x,t) + I_2(x,t). \tag{7.46}$$

针对 $I_1(x,t)$, 对于任意固定的 $A > 0$, 得到

$$s \sum_{i=1}^{M} P\{\varepsilon_i \vartheta_i(t) > x + c_0 Z_t, N(t) = M\}$$

$$\geqslant \sum_{i=1}^{M} P\{\varepsilon_i \vartheta_i(t) > x + c_0 Z_t, N(t) = M, Z_t \leqslant A\}$$

$$\geqslant \sum_{i=1}^{M} P\{\varepsilon_i \vartheta_i(t) > x + c_0 A, N(t) = M\}$$

$$- \sum_{i=1}^{M} P\{\varepsilon_i \vartheta_i(t) > x + c_0 A, N(t) = M, Z_t > A\}$$

$$= I_{11}(x,t) + I_{12}(x,t). \tag{7.47}$$

针对 $I_{11}(x,t)$, 对于任意固定的整数 $M \geqslant 1$ 和任意固定的 $A > 0$, 引理 7.2.6 表明对于所有的 $t \in \Lambda_T$, 下式一致成立:

$$I_{11}(x,t) \sim \sum_{i=1}^{M} P\{\varepsilon_i^* \vartheta_i^{\theta}(t) > x + c_0 A, N_{\theta}^*(t) = M\}$$

$$\sim \sum_{i=1}^{M} P\{\varepsilon_i^* \vartheta_i^{\theta}(t) > x, N_{\theta}^*(t) = M\}. \tag{7.48}$$

针对 $I_{12}(x,t)$, 类似于 (7.24) 的分解, 关于任意的 $c_0 \geqslant 0$, 得到

$$\sum_{i=1}^{M} P\{\varepsilon_i \vartheta_i(t) > x + c_0 A, N(t) = M, Z_t > A\}$$

$$\leqslant \sum_{i=1}^{M} P\{\varepsilon_i \vartheta_i(t) > x, N(t) = M, Z_t > A\}$$

$$\leqslant \sum_{i=1}^{M} \Bigg[|1 + \theta b_1 b_2| P\{\varepsilon_i^* \vartheta_i(Y_i^*, t) > x, Z_t > A, \sigma_M^*(Y_i^*) \leqslant t < \sigma_{M+1}^*(Y_i^*)\}$$

$$+ |\theta b_1 b_2| P\{\tilde{\varepsilon}_i^* \vartheta_i(Y_i^*, t) > x, Z_t > A, \sigma_M^*(Y_i^*) \leqslant t < \sigma_{M+1}^*(Y_i^*)\}$$

$$+ |\theta b_1 b_2| P\{\varepsilon_i^* \vartheta_i(\tilde{Y}_i^*, t) > x, Z_t > A, \tilde{\sigma}_M^*(\tilde{Y}_i^*) \leqslant t < \tilde{\sigma}_{M+1}^*(\tilde{Y}_i^*)\}$$

$$+ |\theta b_1 b_2| P\{\tilde{\varepsilon}_i^* \vartheta_i(\tilde{Y}_i^*, t) > x, Z_t > A, \tilde{\sigma}_M^*(\tilde{Y}_i^*) \leqslant t < \tilde{\sigma}_{M+1}^*(\tilde{Y}_i^*)\} \Bigg]$$

$$= |1 + \theta b_1 b_2| I_{121}(x,t,A) + |\theta b_1 b_2| I_{122}(x,t,A)$$

$$+ |\theta b_1 b_2| I_{123}(x,t,A) + |\theta b_1 b_2| I_{124}(x,t,A).$$

根据 (7.7), 记 $EZ_T = E \int_0^T e^{-L_\pi(s)} ds = \int_0^T e^{s\psi_\pi(1)} ds < \infty$ 关于任意固定的 $T > 0$. 针对 $I_{121}(x,t,A)$, 由于 $\{\vartheta_i(t)\}_{i \geqslant 0}$ 和 $\{L_\pi(t)\}_{t \geqslant 0}$ 之间的独立, 类似于 $J_{2111}(x,t,L)$ 的证明, 对于任意固定的整数 $M \geqslant 1$ 以及常数 θ, b_1, b_2, 有

$$\lim_{A \to \infty} \limsup_{x \to \infty} \sup_{t \in \Lambda_T} \frac{|1 + \theta b_1 b_2| I_{121}(x,t,A)}{\overline{F}(x) P\{N(t) = M\}} = 0.$$

类似地, 通过 (7.25) 和 (7.30), 得到关于 $I_{122}(x,t,A), I_{123}(x,t,A)$ 和 $I_{124}(x,t,A)$ 的相同的结果. 随即, 对于任意固定的整数 $M \geqslant 1$, 得到

$$\lim_{A \to \infty} \limsup_{x \to \infty} \sup_{t \in \Lambda_T} \frac{I_{12}(x,t,A)}{\overline{F}(x) P\{N(t) = M\}} = 0. \tag{7.49}$$

针对 $I_2(x,t)$, 对于任意固定的整数 $M \geqslant 1$, 引理 7.2.7 一致表明对于任意的 $t \in \Lambda_T$, 有

$$\sum_{1 \leqslant i < j \leqslant M} P\{\varepsilon_i \vartheta_i(t) > x, \varepsilon_j \vartheta_j(t) > x, N(t) = M\} = o(\overline{F}(x) P\{N(t) = M\}). \tag{7.50}$$

因此, 结合 (7.46)—(7.49) 以及 (7.45), 对于所有的 $t \in \Lambda_T$, 有

$$P\left\{ \sum_{i=0}^{\infty} \varepsilon_i \vartheta_i(t) > x + c_0 Z_t, N(t) = M \right\}$$

$$\geqslant (1 - o(1)) \sum_{i=1}^{M} P\{\varepsilon_i^* \vartheta_i^\theta(t) > x, N_\theta^*(t) = M\}.$$

引理 7.2.8 的证明结束.

引理 7.2.9 在定理 7.2.1 的条件下, 对于任意固定的 $T \in \Lambda$ 和 $q \geqslant 0$, 均有

$$\lim_{M \to \infty} \limsup_{x \to \infty} \sup_{t \in \Lambda_T} \frac{\sum_{k=M+1}^{\infty} k^q P\left\{ \sum_{i=0}^{\infty} \varepsilon_i \vartheta_i(t) > x, N(t) = k \right\}}{\overline{F}(x) \lambda_t} = 0 \tag{7.51}$$

和

$$\lim_{M \to \infty} \limsup_{x \to \infty} \sup_{t \in \Lambda_T} \frac{\sum_{k=M+1}^{\infty} k^q P\left\{ \sum_{i=1}^{\infty} \varepsilon_i^* \vartheta_i^\theta(t) + \varepsilon_0 \vartheta_0^\theta(t) > x, N_\theta^*(t) = k \right\}}{\overline{F}(x) \lambda_t^*} = 0. \tag{7.52}$$

证明　给定 $N(t) = k$, 对于任意固定的 $T \in \Lambda$, 得到

$$\vartheta_i(t) \leqslant \sum_{n=0}^{k} \varphi_{n-i} e^{-L_\pi(\sigma_n)} \leqslant (k+1)\vartheta^+(T), \quad 0 \leqslant i \leqslant k; \ \vartheta_i(t), \ i > k.$$

因此有

$$P\left\{\sum_{i=0}^{\infty} \varepsilon_i \vartheta_i(t) > x, N(t) = k\right\}$$

$$\leqslant P\left\{\sum_{i=0}^{k} \varepsilon_i (k+1)\vartheta^+(T) > x, N(t) = k\right\}$$

$$\leqslant \sum_{i=1}^{k} P\{\varepsilon_i \vartheta^+(T) > x/(k+1)^2, N(t) = k\}$$

$$+ P\{\varepsilon_0 \vartheta^+(T) > x/(k+1)^2, N(t) = k\}$$

$$= G_1(x, k) + G_2(x, k).$$

针对 $G_1(x, k)$, 类似于 (7.24) 的分解, 根据 (7.18), (7.28), (7.16) 和 (7.25), 对于某些 $p > J_F^+$, 任意的 $t \in \Lambda_T$ 以及任意大的 x, 得到

$$G_1(x, k) \leqslant Ck|1 + \theta b_1 b_2|\overline{F}\left(\frac{x}{(k+1)^2}\right) E[(\vartheta^+(T))^p + I_{(\vartheta^+(T)<1)}]$$

$$\times P\{\sigma_k^*(Y_i^*) \leqslant t < \sigma_{k+1}^*(Y_i^*)\}$$

$$+ Ck|\theta b_1 b_2|\overline{\overline{F}}\left(\frac{x}{(k+1)^2}\right) E[(\vartheta^+(T))^p + I_{(\vartheta^+(T)<1)}]$$

$$\times P\{\sigma_k^*(Y_i^*) \leqslant t < \sigma_{k+1}^*(Y_i^*)\}$$

$$+ Ck|\theta b_1 b_2|\overline{F}\left(\frac{x}{(k+1)^2}\right) E[(\vartheta^+(T))^p + I_{(\vartheta^+(T)<1)}]$$

$$\times P\{\tilde{\sigma}_k^*(\tilde{Y}_i^*) \leqslant t < \tilde{\sigma}_{k+1}^*(\tilde{Y}_i^*)\}$$

$$+ Ck|\theta b_1 b_2|\overline{\overline{F}}\left(\frac{x}{(k+1)^2}\right) E[(\vartheta^+(T))^p + I_{(\vartheta^+(T)<1)}]$$

$$\times P\{\tilde{\sigma}_k^*(\tilde{Y}_i^*) \leqslant t < \tilde{\sigma}_{k+1}^*(\tilde{Y}_i^*)\}$$

$$\leqslant 2Ck^{2p+1}|1 + \theta b_1 b_2|\overline{F}(x)[P\{\sigma_k^*(Y_i^*) \leqslant t < \sigma_{k+1}^*(Y_i^*)\}$$

$$+ P\{\tilde{\sigma}_k^*(\tilde{Y}_i^*) \leqslant t < \tilde{\sigma}_{k+1}^*(\tilde{Y}_i^*)\}]$$

$$\leqslant Ck^{2p+1}\overline{F}(x)P\{N(t) = M\}.$$

针对 $G_2(x,k)$, 利用切比雪夫不等式、(7.28) 以及 (7.17) 可知, 对于某些 $p > J_F^+$, 有

$$G_2(x,k) \leqslant C(k+1)^{2p} x^{-p} E(\varepsilon_0 \vartheta^+(T))^p P\{N(t) = k\}$$
$$\leqslant Ck^{2p+1} \overline{F}(x) P\{N(t) = k\}.$$

因此, 对于所有的 $t \in \Lambda_T$ 以及任意大的 x,

$$\sum_{k=M+1}^{\infty} k^q P\left\{\sum_{i=0}^{\infty} \varepsilon_i \vartheta_i(t) > x, N(t) = k\right\}$$
$$\leqslant C\overline{F}(x) \sum_{k=M+1}^{\infty} k^{2p+q+1} P\{N(t) = k\}$$
$$= C\overline{F}(x) E\{N(t)^{2p+q+1} I_{\{N(t)>M\}}\}.$$

随即, 由引理 7.2.5 得出式 (7.50).

同样地, 根据 (7.18), 切比雪夫不等式和 (7.16), 对于所有的 $t \in \Lambda_T$, 任意大的 x 和某些 $p > J_F^+$, 下式成立:

$$\sum_{k=M+1}^{\infty} k^q P\left\{\sum_{i=1}^{\infty} \varepsilon_i^* \vartheta_i^\theta(t) + \varepsilon_0 \vartheta_0^\theta(t) > x, N_\theta^*(t) = k\right\}$$
$$\leqslant \sum_{k=M+1}^{\infty} k^q \left[\sum_{i=1}^{k} P\{\varepsilon_i^* \vartheta^+(T) > x/(k+1)^2, N_\theta^*(t) = k\}\right.$$
$$+ P\{\varepsilon_0 \vartheta^+(T) > x/(k+1)^2, N_\theta^*(t) = k\}\right]$$
$$\leqslant \sum_{k=M+1}^{\infty} k^q \left[Ck\overline{F}\left(\frac{x}{(k+1)^2}\right) E[(\vartheta^+(T))^p + I_{\{\vartheta^+(T)<1\}}]\right.$$
$$+ C(k+1)^{2p} x^{-p} E(\vartheta^+(T))^p\right] P\{N_\theta^*(t) = k\}$$
$$\leqslant C\overline{F}(x) \sum_{k=M+1}^{\infty} k^{2p+q+1} P\{N_\theta^*(t) = k\} = C\overline{F}(x) E\{N_\theta^*(t)^{2p+q+1} I_{\{N_\theta^*(t)>M\}}\}.$$

因此, 根据引理 7.2.5 和 (7.11), 我们也能得到式 (7.51). 所以, 我们完成了引理的证明.

引理 7.2.10 在定理 7.2.1 的条件下, 若 $F \in \mathcal{R}_{-\alpha}$, 针对某些 $0 < \alpha < \infty$,

对于任意固定的 $T \in \Lambda, c_0 \geqslant 0$ 以及整数 $M \geqslant 1$, 对于所有的 $t \in \Lambda_T$ 均有

$$P\left\{\sum_{i=0}^{\infty} \varepsilon_i \vartheta_i(t) > x + c_0 Z_t, N(t) = M\right\}$$

$$\sim \overline{F}(x) \sum_{i=1}^{M} E[(\vartheta_i^{\theta}(t))^{\alpha} I_{(N_{\theta}^*(t)=M)}]. \tag{7.53}$$

证明　不失一般性, 对于任意的 $t \in \Lambda_T$, 只考虑 $P\{N(t) = M\} > 0$ 的情形. 首先对于任意固定的 $T \in \Lambda, c_0 \geqslant 0$ 和整数 $M \geqslant 1$, 引理 7.2.8 一致指出对于所有的 $t \in \Lambda_T$, 有

$$P\left\{\sum_{i=0}^{\infty} \varepsilon_i \vartheta_i(t) > x + c_0 Z_t, N(t) = M\right\}$$

$$\sim \sum_{i=1}^{M} P\{\varepsilon_i^* \vartheta_i^{\theta}(t) > x, N_{\theta}^*(t) = M\}. \tag{7.54}$$

接下来, 对于任意固定的 $M \geqslant i \geqslant 1$, 以及所有的 $t \in \Lambda_T$, 统一建立

$$P\{\varepsilon_i^* \vartheta_i^{\theta}(t) > x, N_{\theta}^*(t) = M\} \sim \overline{F}(x) E[(\vartheta_i^{\theta}(t))^{\alpha} I_{(N_{\theta}^*(t)=M)}].$$

对于任意固定的 $0 < a < A < \infty$ 以及 $M \geqslant i \geqslant 1$, 有

$$P\{\varepsilon_i^* \vartheta_i^{\theta}(t) > x, N_{\theta}^*(t) = M\}$$

$$= P\{\varepsilon_i^* \vartheta_i^{\theta}(t) I_{(N_{\theta}^*(t)=M)} > x, a \leqslant \vartheta_i^{\theta}(t) I_{(N_{\theta}^*(t)=M)} \leqslant A\}$$

$$+ P\{\varepsilon_i^* \vartheta_i^{\theta}(t) I_{(N_{\theta}^*(t)=M)} > x, \vartheta_i^{\theta}(t) I_{(N_{\theta}^*(t)=M)} > A\}$$

$$+ P\{\varepsilon_i^* \vartheta_i^{\theta}(t) I_{(N_{\theta}^*(t)=M)} > x, \vartheta_i^{\theta}(t) I_{(N_{\theta}^*(t)=M)} < a\}$$

$$= H_1(x, a, A) + H_2(x, A) + H_3(x, a). \tag{7.55}$$

针对 $H_1(x, a, A)$, 利用 (7.10), 对于所有的 $t \in \Lambda_T$, 均有

$$P\{\varepsilon_i^* \vartheta_i^{\theta}(t) I_{(N_{\theta}^*(t)=M)} > x, a \leqslant \vartheta_i^{\theta}(t) I_{(N_{\theta}^*(t)=M)} \leqslant A\}$$

$$= \int_{0-}^{\infty} P\{\varepsilon_i^* y > x, a \leqslant y \leqslant A\} P\{\vartheta_i^{\theta}(t) I_{(N_{\theta}^*(t)=M)} \in dy\}$$

$$\sim \overline{F}(x) \int_{0-}^{\infty} y^{\alpha} I_{(a \leqslant y \leqslant A)} P\{\vartheta_i^{\theta}(t) I_{(N_{\theta}^*(t)=M)} \in dy\}$$

$$= \overline{F}(x) E[(\vartheta_i^{\theta}(t))^{\alpha} I_{(N_{\theta}^*(t)=M)} I_{(a \leqslant \vartheta_i^{\theta}(t) I_{(N_{\theta}^*(t)=M)} \leqslant A)}]$$

$$= \overline{F}(x) E[(\vartheta_i^{\theta}(t))^{\alpha} I_{(N_{\theta}^*(t)=M)}]$$

$$- \overline{F}(x) E[(\vartheta_i^{\theta}(t))^{\alpha} I_{(N_{\theta}^*(t)=M)} (I_{(\vartheta_i^{\theta}(t) I_{(N_{\theta}^*(t)=M)} > A)} + I_{(\vartheta_i^{\theta}(t) I_{(N_{\theta}^*(t)=M)} < a)})]$$

$$= H_{11}(x) - H_{12}(x, A) - H_{13}(x, a). \tag{7.56}$$

对于所有的 $t \in \Lambda_T$ 以及任意固定的 $M \geqslant i \geqslant 1$, 有

$$\infty > E(M\vartheta^+(T))^\alpha \geqslant E[(\vartheta_i^\theta(t))^\alpha I_{(N_\theta^*(t) = M)}]$$

$$\geqslant \varphi_0^\alpha E[(e^{-L_\pi(\sigma_i^\theta)})^\alpha I_{(N_\theta^*(t) = M)}]$$

$$= \varphi_0^\alpha E \int_{0-}^t e^{-\alpha L_\pi(s)} I_{\left(\sum\limits_{k=i+1}^{M} Y_k + s \leqslant t < \sum\limits_{k=i+1}^{M+1} Y_k + s\right)} P(\sigma_i^\theta \in ds)$$

$$\geqslant \varphi_0^\alpha \int_{0-}^t \min\{e^{T\psi_\pi(\alpha)}, 1\} P\left(\sum_{k=i+1}^{M} Y_k + s \leqslant t < \sum_{k=i+1}^{M+1} Y_k + s\right) P(\sigma_i^\theta \in ds)$$

$$= \varphi_0^\alpha \min\{e^{T\psi_\pi(\alpha)}, 1\} P(N_\theta^*(t) = M) \geqslant C P(N(t) = M) > 0,$$

其中第一步利用式 (7.28) 和最后一步利用式 (7.11). 对于 $H_{12}(x, A)$, 利用 (7.28), 对于任意固定的 $M \geqslant i \geqslant 1$, 以及足够大的 $A > 0$, 对于所有的 $t \in \Lambda_T$, 得到

$$E[\vartheta_i^\theta(t) I_{(N_\theta^*(t) = M)} I_{(\vartheta_i^\theta(t) I_{(N_\theta^*(t) = M)} > A)}]^\alpha \leqslant E[M\vartheta^+(T) I_{(M\vartheta^+(T) > A)}]^\alpha = o(1).$$

然后, 对于任意固定的 $M \geqslant i \geqslant 1$, 有

$$\lim_{A \to \infty} \limsup_{x \to \infty} \sup_{t \in \Lambda_T} \frac{H_{12}(x, A)}{\overline{F}(x) E[\vartheta_i^\theta(t) I_{(N_\theta^*(t) = M)}]^\alpha} = 0. \tag{7.57}$$

对于 $H_{13}(x, a)$, 由于当 $a \to \infty$ 时, $P\{\vartheta^-(T) < a\} = P\{\varphi_0 e^{-\sup_{s \in [0,T]} L_\pi(s)} < a\} \to 0$, 从而对于任意固定的 $M \leqslant i \leqslant 1$, 所有的 $t \in \Lambda_T$ 以及足够小的 $a > 0$, 均有

$$\overline{F}(x) E[(\vartheta_i^\theta(t))^\alpha I_{(N_\theta^*(t) = M)} I_{(\vartheta_i^\theta(t) I_{(N_\theta^*(t) = M)} < a)}]$$

$$\leqslant \overline{F}(x) E[(M\vartheta^+(T))^\alpha I_{(M\vartheta^-(T) < a)}]$$

$$= o(\overline{F}(x) E[(\vartheta_i^\theta(t))^\alpha I_{(N_\theta^*(t) = M)}]). \tag{7.58}$$

对于 $H_2(x, A)$ 和 $H_3(x, a)$, 类似于 (176) 和 (177) 的证明, 对于 $0 < p_1 < \alpha < p_2 < \infty$, 任意大的 x, 足够大的 A 以及足够小的 $a > 0$, (137) 表明下式成立.

$$H_2(x, A) \leqslant C\overline{F}(x) E[(\vartheta_i^\theta(t))^{p_1} I_{(N_\theta^*(t) = M)} I_{(\vartheta_i^\theta(t) I_{(N_\theta^*(t) = M)} > A)}$$

$$+ (\vartheta_i^\theta(t))^{p_2} I_{(N_\theta^*(t) = M)} I_{(\vartheta_i^\theta(t) I_{(N_\theta^*(t) = M)} > A)}]$$

$$= o(\overline{F}(x) E[(\vartheta_i^\theta(t))^\alpha I_{(N_\theta^*(t) = M)}]).$$

$$H_3(x,a) \leqslant C\overline{F}(x)E[(\vartheta_i^\theta(t))^{p_1}I_{(N_\theta^*(t)=M)}I_{(\vartheta_i^\theta(t)I_{(N_\theta^*(t)=M)}<a)}$$

$$+ (\vartheta_i^\theta(t))^{p_2}I_{(N_\theta^*(t)=M)}I_{(\vartheta_i^\theta(t)I_{(N_\theta^*(t)=M)}<a)}]$$

$$= o(\overline{F}(x)E[(\vartheta_i^\theta(t))^\alpha I_{(N_\theta^*(t)=M)}]). \tag{7.59}$$

随即, 结合 (7.54)—(7.58), 对于任意固定的整数 $M \geqslant 1$, 得到 (7.53).

引理 7.2.11　在定理 7.2.2 的条件下, 得到

$$P\left\{\sum_{i=0}^\infty \varepsilon_i\vartheta_i > x\right\} \lesssim \overline{F}(x)\sum_{i=1}^\infty E[\vartheta_i^\theta]^\alpha. \tag{7.60}$$

证明　首先, 我们处理以下不等式, 这对定理 7.2.2 的证明至关重要. 考虑 $0 < p \leqslant 1$ 的情形, 利用 C_r 不等式, $\varphi_0 > 0$ 以及 $\sup_{n\geqslant 0}\varphi_n < \infty$, 对于任意的 $q \geqslant 0$, 得到

$$0 < E(\varphi_0 e^{-L_\pi(\sigma_i)})^p < \sum_{i=1}^\infty i^q E(\vartheta_i)^p$$

$$\leqslant \left(\sup_{n\geqslant 0}\varphi_n\right)^p \sum_{i=1}^\infty i^q \sum_{n=i}^\infty E(e^{-L_\pi(\sigma_n)})^p$$

$$= \left(\sup_{n\geqslant 0}\varphi_n\right)^p \sum_{n=1}^\infty E(e^{-L_\pi(\sigma_n)})^p \sum_{i=1}^n i^q$$

$$\leqslant C\sum_{n=1}^\infty n^{q+1}E(e^{-L_\pi(\sigma_n)})^p, \quad i=1,2,\cdots.$$

针对 $p > 1$ 的情形, 利用 Hölder 不等式, $\varphi_0 > 0$ 以及 $\sup_{n\geqslant 0}\varphi_n < \infty$, 对于任意的 $q \geqslant 0$, 得到

$$0 < E(\varphi_0 e^{-L_\pi(\sigma_i)})^p < \sum_{i=1}^\infty i^q E(\vartheta_i)^p$$

$$\leqslant \left(\sup_{n\geqslant 0}\varphi_n\right)^p \sum_{i=1}^\infty i^q \left(\sum_{n=i}^\infty n^{-2}\right)^{p-1}\sum_{n=i}^\infty n^{2p-2}E(e^{-L_\pi(\sigma_n)})^p$$

$$\leqslant C\sum_{i=1}^\infty i^q \sum_{n=i}^\infty n^{2p-2}E(e^{-L_\pi(\sigma_n)})^p$$

$$\leqslant C\sum_{n=1}^\infty n^{2p+q-1}E(e^{-L_\pi(\sigma_n)})^p, \quad i=1,2,\cdots.$$

对于任意固定的 $\pi \in [0,1)$, 利用 (7.8) 和 κ_π 的定义, 本章就任意的 $0 < p < \kappa_\pi$ 得到 $\psi_\pi(p) < 0$. 根据 (7.7) 和 (7.8), 得到

$$Ee^{-pL_\pi(\sigma_1)} = Ee^{\sigma_1\psi_\pi(p)} < 1.$$

然后, 根据 Lévy 过程 $\{L_\pi(t), t \geqslant 0\}$ 的独立和固定的增量, 对于任意的 $0 < p < \kappa_\pi$ 以及任何的 $q \geqslant 0$, 得到

$$0 < \sum_{i=1}^{\infty} i^q E(\vartheta_i)^p \leqslant C \sum_{n=1}^{\infty} n^{2p+q+1} E(e^{-L_\pi(\sigma_n)})^p$$

$$= C \sum_{n=1}^{\infty} n^{2p+q+1} (Ee^{-pL_\pi(\sigma_1)})^n < \infty. \qquad (7.61)$$

类似于式 (7.52) 的证明, 对于任意的 $0 < p < \kappa_\pi$ 以及 $q \geqslant 0$, 根据式 (7.11) 和 $\phi_2(y)$ 的界可知

$$0 < \sum_{i=1}^{\infty} i^q E(\vartheta_i^\theta)^p \leqslant C \sum_{n=1}^{\infty} n^{2p+q+1} E\left(e^{-pL_\pi(\sigma_n^\theta)}\right)$$

$$= C \sum_{n=1}^{\infty} n^{2p+q+1} E(e^{-pL_\pi(Y_\theta^*)}) E(e^{-pL_\pi(\sigma_1)})^{n-1} < \infty. \quad (7.62)$$

接着, 我们开始处理式 (7.60). 对于任意固定的 $0 < l < 1$ 以及整数 $M \geqslant 1$,

$$P\left\{\sum_{i=0}^{\infty} \varepsilon_i\vartheta_i > x\right\} \leqslant P\left\{\sum_{i=0}^{M} \varepsilon_i\vartheta_i > lx\right\} + P\left\{\sum_{i=M+1}^{\infty} \varepsilon_i\vartheta_i > (1-l)x\right\}$$

$$= K_1(x,l,M) + K_2(x,l,M). \qquad (7.63)$$

针对 $K_1(x,l,M)$, 当对任意的 $0 < \rho < 1$, 可得

$$P\left\{\sum_{i=0}^{M} \varepsilon_i\vartheta_i > lx\right\} \leqslant P\left\{\bigcup_{i=0}^{M}(\varepsilon_i\vartheta_i > \rho lx)\right\} + P\left\{\sum_{i=0}^{M} \varepsilon_i\vartheta_i > lx, \bigcap_{i=0}^{M}(\varepsilon_i\vartheta_i \leqslant \rho lx)\right\}$$

$$= K_{11}(x,l,\rho,M) + K_{12}(x,l,\rho,M). \qquad (7.64)$$

需要注意的是, 类似于 (7.23) 的证明, 利用 (7.61), (7.62) 以及定理 7.2.2 的条件, 有

$$P\{\varepsilon_i\vartheta_i > x\} \sim P\{\varepsilon_i^*\vartheta_i^\theta > x\}, \quad i \geqslant 1.$$

　　根据切比雪夫不等式, 上述关系式,(7.17), (7.61), Breiman 定理 (Breiman, 1965) 及 $\mathfrak{R}_\alpha$ 类的定义, 对于任意固定整数 $M \geqslant 1$, 某些 $\alpha = J_F^+ < p < \kappa_\pi$ 以及所有足够大的 x, 能得到

$$K_{11}(x,l,\rho,M) \leqslant \sum_{i=1}^{M} P\{\varepsilon_i \vartheta_i > \rho l x\} + P\{\varepsilon_0 \vartheta_0 > \rho l x\}$$

$$\leqslant \sum_{i=1}^{M} P\{\varepsilon_i \vartheta_i > \rho l x\} + (\rho l x)^{-p} \varepsilon_0^p E[\vartheta_0]^p$$

$$\lesssim \sum_{i=1}^{M} P\{\varepsilon_i^* \vartheta_i^\theta > \rho l x\} + o(\overline{F}(x))$$

$$\lesssim (\rho l)^{-\alpha} \overline{F}(x) \sum_{i=1}^{M} E[\vartheta_i^\theta]^\alpha + o(\overline{F}(x))$$

$$\leqslant (1 + o(1))(\rho l)^{-\alpha} \overline{F}(x) \sum_{i=1}^{\infty} E[\vartheta_i^\theta]^\alpha, \tag{7.65}$$

其中最后一步利用 (7.61). 针对 $K_{12}(x,l,\rho,M)$, 对于任意固定的整数 $M \geqslant 1$, 得

$$K_{12}(x,l,\rho,M)$$
$$= P\left\{ \sum_{i=0}^{M} \varepsilon_i \vartheta_i > lx, \bigcap_{i=0}^{M}(\varepsilon_i \vartheta_i \leqslant l\rho x), \bigcup_{i=0}^{M}(\varepsilon_i \vartheta_i > lx/(M+1)) \right\}$$
$$\leqslant \sum_{i=1}^{M} P\left\{ \varepsilon_i \vartheta_i > lx/(M+1), \sum_{j=0,j\neq i}^{M} \varepsilon_j \vartheta_j > (1-\rho)lx \right\}$$
$$+ P\left\{ \varepsilon_0 \vartheta_0 > lx/(M+1), \sum_{j=1}^{M} \varepsilon_j \vartheta_j > (1-\rho)lx \right\}$$
$$\leqslant \sum_{i=1}^{M} \sum_{j=1,j\neq i}^{M} P\left\{ \varepsilon_i \vartheta_i > lx/(M+1), \varepsilon_j \vartheta_j > (1-\rho)lx/M \right\}$$
$$+ \sum_{i=1}^{M} P\left\{ \varepsilon_i \vartheta_i > lx/(M+1), \varepsilon_0 \vartheta_0 > (1-\rho)lx/M \right\}$$
$$+ \sum_{j=1}^{M} P\left\{ \varepsilon_0 \vartheta_0 > lx/(M+1), \varepsilon_j \vartheta_j > (1-\rho)lx/M \right\}$$
$$= K_{121}(x,l,\rho,M) + K_{122}(x,l,\rho,M) + K_{123}(x,l,\rho,M). \tag{7.66}$$

需要注意的是, 类似于 (7.36) 的证明, 利用 (7.60) 以及定理 7.2.2 的条件, 有

$$P\{\varepsilon_i \vartheta_i > x, \varepsilon_j \vartheta_j > x\} = o(\overline{F}(x)), \quad 1 \leqslant i < j.$$

针对 $K_{121}(x, l, \rho, M)$ 时, 由于当 $\rho < 1$, 有 $(1 - \rho)/(M + 1) < 1/(M + 1)$ 时, 对于任意固定的整数 $M \geqslant 1$, 任意的 $0 < \rho, l < 1$, 根据 $\mathcal{R}_{-\alpha}$ 类的定义得到

$$\frac{K_{121}(x, l, \rho, M)}{\overline{F}(x)}$$

$$\leqslant \sum_{i=1}^{M} \sum_{j=1, j \neq i}^{M} \frac{P\left\{\varepsilon_i \vartheta_i > \dfrac{(1 - \rho)lx}{M + 1}, \varepsilon_j \vartheta_j > \dfrac{(1 - \rho)lx}{M + 1}\right\}}{\overline{F}((1 - \rho)lx/(M + 1))}$$

$$\times \frac{\overline{F}((1 - \rho)lx/(M + 1))}{\overline{F}(x)} = o(1). \tag{7.67}$$

针对 $K_{122}(x, l, \rho, M)$, 对于任意固定的整数 $M \geqslant 1$, 任意 $0 < \rho, l < 1$ 以及某些 $J_F^+ < p < \kappa_\pi$, 根据切比雪夫不等式和式 (7.60) 可得

$$K_{122}(x, l, \rho, M) \leqslant \sum_{i=1}^{M} P\{\varepsilon_0 \vartheta_0 > (1 - \rho)lx/M\}$$

$$\leqslant M[(1 - \rho)lx/M]^{-p} \varepsilon_0^p E[\vartheta_0]^p$$

$$= o(\overline{F}(x)). \tag{7.68}$$

类似于 $K_{122}(x, l, \rho, M)$ 的证明, 对于任意固定的整数 $M \geqslant 1$ 以及任意的 $0 < \rho, l < 1$, 有

$$K_{123}(x, l, \rho, M) = o(\overline{F}(x)). \tag{7.69}$$

利用 (7.48)—(7.53), 令 $l\rho \to 1$, 可得

$$K_1(x, l, M) \lesssim \overline{F}(x) \sum_{i=1}^{\infty} E[\vartheta_i^\theta]^\alpha. \tag{7.70}$$

针对 $K_2(x, l, M)$, 对于任意整数 M 使 $\displaystyle\sum_{i=M+1}^{\infty} i^{-2} < 1$ 成立, 类似于 (7.24) 的分解得到

$$P\left\{\sum_{i=M+1}^{\infty} \varepsilon_i \vartheta_i > (1 - l)x\right\}$$

$$\leqslant P\left\{\sum_{i=M+1}^{\infty} \varepsilon_i \vartheta_i > \sum_{i=M+1}^{\infty} \frac{(1 - l)x}{i^2}\right\}$$

$$\leqslant \sum_{i=M+1}^{\infty} P\left\{\varepsilon_i \vartheta_i > \frac{(1 - l)x}{i^2}\right\}$$

$$= \sum_{i=M+1}^{\infty} \left[(1 + \theta b_1 b_2) P \left\{ \varepsilon_i^* \vartheta_i(Y_i^*) > \frac{(1-l)x}{i^2} \right\} - \theta b_1 b_2 P \left\{ \tilde{\varepsilon}_i^* \vartheta_i(Y_i^*) > \frac{(1-l)x}{i^2} \right\} \right.$$

$$\left. - \theta b_1 b_2 P \left\{ \varepsilon_i^* \vartheta_i(\tilde{Y}_i^*) > \frac{(1-l)x}{i^2} \right\} + \theta b_1 b_2 P \left\{ \tilde{\varepsilon}_i^* \vartheta_i(\tilde{Y}_i^*) > \frac{(1-l)x}{i^2} \right\} \right]$$

$$= K_{21}(x, M) + K_{22}(x, M) + K_{23}(x, M) + K_{24}(x, M). \tag{7.71}$$

针对 $K_{21}(x, M)$, 利用 (7.19), (7.60) 以及类 $\mathcal{R}_{-\alpha}$ 的定义, 对于任意固定的 $p_1 > 0$ 和 $p_2 > 0$ 使 $0 < p_1 < \alpha = J_F^- = J_F^+ < p_2 < \kappa_\pi < \infty$, 任意大的 x 和足够大的 M, 有

$$K_{21}(x, M) \leqslant C(1-l)^{-\alpha} \overline{F}(x)(1 + \theta b_1 b_2)$$

$$\times \sum_{i=M+1}^{\infty} \left\{ i^{2p_1} E \left[\vartheta_i(Y_i^*) \right]^{p_1} + i^{2p_2} E \left[\vartheta_i(Y_i^*) \right]^{p_2} \right\}$$

$$= o(\overline{F}(x)). \tag{7.72}$$

类似地, 根据 (7.12), (7.10) 以及 $\phi_2(y)$ 的界, 首先令 $x \to \infty$, 然后 $M \to \infty$, 我们得到

$$K_{22}(x, M) = K_{23}(x, M) = K_{24}(x, M) = o(\overline{F}(x)). \tag{7.73}$$

因此, 首先令 $x \to \infty$, 然后 $M \to \infty$, 对于任意的 $0 < l < 1$, 得到

$$K_2(x, l, M) = o(\overline{F}(x)). \tag{7.74}$$

因此, 结合 (7.69) 和 (7.73) 以及 (7.62) 和 (7.61), 随即得到式 (7.60). 引理 7.2.11 的证明结束.

现在本章转向证明定理 7.2.1.

7.2.4 定理及推论的证明

首先, 利用下式来表示折扣净亏损过程

$$V_\pi(t) = x - e^{-L_\pi(t)} U_\pi(t) = \int_0^t e^{-L_\pi(v)} (dS_v - cdv), \quad t \geqslant 0. \tag{7.75}$$

将 (6.1) 代入 (7.75), 对于任意的 $t \geqslant 0$, 得到

$$V_\pi(t) = \sum_{n=1}^{\infty} X_n e^{-L_\pi(\sigma_n)} I_{(\sigma_n \leqslant t)} - c \int_0^t e^{-L_\pi(v)} dv$$

$$= \sum_{i=1}^{\infty} \varepsilon_i \sum_{n=i}^{\infty} \varphi_{n-i} e^{-L_\pi(\sigma_n)} I_{(\sigma_n \leqslant t)}$$

$$+ \varepsilon_0 \sum_{n=1}^{\infty} \varphi_n e^{-L_\pi(\sigma_n)} I_{(\sigma_n \leqslant t)} - c \int_0^t e^{-L_\pi(v)} dv$$

$$= \sum_{i=0}^{\infty} \varepsilon_i \vartheta_i(t) - cZ_t. \tag{7.76}$$

因此, 我们能够分别表示 (7.3) 的 $\Psi_\pi(x, t)$ 和 (7.4) 的 $\Psi_\pi(x)$, 即

$$\Psi_\pi(x, t) = P\left\{ \sup_{0 < s \leqslant t} V_\pi(s) > x \right\}$$

$$= P\left\{ \sup_{0 < s \leqslant t} \left(\sum_{i=0}^{\infty} \varepsilon_i \vartheta_i(s) - cZ_s \right) > x \right\} \tag{7.77}$$

和

$$\Psi_\pi(x) = P\left\{ \sup_{0 < s < \infty} V_\pi(s) > x \right\}$$

$$= P\left\{ \sup_{0 < s < \infty} \left(\sum_{i=0}^{\infty} \varepsilon_i \vartheta_i(s) - cZ_s \right) > x \right\}. \tag{7.78}$$

定理 7.2.1 的证明 式 (7.76) 和 (7.77) 指出

$$P\left\{ \sum_{i=0}^{\infty} \varepsilon_i \vartheta_i(t) > x + cZ_t \right\} \leqslant \Psi_\pi(x, t) \leqslant P\left\{ \sum_{i=0}^{\infty} \varepsilon_i \vartheta_i(t) > x \right\}.$$

首先证明 (7.13) 的渐近上界. 需要注意的是, 利用 (7.77), 对于任意固定的 $M \geqslant 1$, 得到

$$\Psi_\pi(x, t) \leqslant P\left\{ \sum_{i=0}^{\infty} \varepsilon_i \vartheta_i(t) > x \right\}$$

$$= \left(\sum_{k=1}^{M} + \sum_{k=M+1}^{\infty} \right) P\left\{ \sum_{i=0}^{\infty} \varepsilon_i \vartheta_i(t) > x, N(t) = k \right\}. \tag{7.79}$$

利用引理 7.2.8, 对于所有的 $t \in \Lambda_T$ 以及任意固定的 $M \geqslant 1$, 有

$$\sum_{k=1}^{M} P\left\{ \sum_{i=0}^{\infty} \varepsilon_i \vartheta_i(t) > x, N(t) = k \right\}$$

$$\sim \sum_{k=1}^{M} \sum_{i=1}^{k} P\{\varepsilon_i^* \vartheta_i^\theta(t) > x, N_\theta^*(t) = k\}$$

$$\leqslant \sum_{k=1}^{\infty} \sum_{i=1}^{k} P\{\varepsilon_i^* \vartheta_i^\theta(t) > x, N_\theta^*(t) = k\}$$

$$= \sum_{i=1}^{\infty} \sum_{k=i}^{\infty} P\{\varepsilon_i^* \vartheta_i^\theta(t) > x, N_\theta^*(t) = k\}$$

$$= \sum_{i=1}^{\infty} P\{\varepsilon_i^* \vartheta_i^\theta(t) > x, \sigma_i^\theta \leqslant t\}$$

$$= \sum_{i=1}^{\infty} P\{\varepsilon_i^* \vartheta_i^\theta(t) > x\}. \tag{7.80}$$

类似于 (7.27) 的证明, 对于所有的 $t \in \Lambda_T$ 以及任意大的 x, 得到

$$\sum_{i=1}^{\infty} P\{\varepsilon_i^* \vartheta_i^\theta(t) > x, \sigma_i^\theta \leqslant t\}$$

$$\geqslant \sum_{i=1}^{\infty} P\{\varepsilon_i^* \delta > x\} P\{\vartheta^-(T) > \delta\} P\{\sigma_i^\theta \leqslant t\}$$

$$\geqslant C\overline{F}(x)\lambda_t^* \geqslant C\overline{F}(x)\lambda_t. \tag{7.81}$$

结合 (7.50) 可知

$$\lim_{M \to \infty} \limsup_{x \to \infty} \sup_{t \in \Lambda_T} \frac{\displaystyle\sum_{k=M+1}^{\infty} P\left\{\sum_{i=0}^{\infty} \varepsilon_i \vartheta_i(t) > x, N(t) = k\right\}}{\displaystyle\sum_{i=1}^{\infty} P\left\{\varepsilon_i^* \vartheta_i^\theta(t) > x\right\}} = 0. \tag{7.82}$$

根据 (7.11), 结合 (7.80), (7.82) 与 (7.79), 对于任意的 $t \in \Lambda_T$, 有

$$\Psi_\pi(x,t) \lesssim \sum_{i=1}^{\infty} P\{\varepsilon_i^* \vartheta_i^\theta(t) > x, \sigma_i^\theta \leqslant t\}$$

$$= \sum_{i=1}^{\infty} \int_{0-}^{t} P\left\{\varepsilon_i^* \sum_{n=i}^{\infty} \varphi_{n-i} e^{-L_\pi\left(\sum\limits_{k=i+1}^{n} Y_k + s\right)} I_{\left(\sum\limits_{k=i+1}^{n} Y_k + s \leqslant t\right)} > x\right\} P\{\sigma_i^\theta \in ds\}$$

$$= \int_{0-}^{t} P\left\{\varepsilon^* \sum_{l=0}^{\infty} \varphi_l e^{-L_\pi(\sigma_l+s)} I_{(\sigma_l+s \leqslant t)} > x\right\} (1 + \theta d_1 \phi_2(s)) G(ds)$$

$$+ \int_{0-}^{t} P\left\{\varepsilon^* \sum_{l=0}^{\infty} \varphi_l e^{-L_\pi(\sigma_l+s)} I_{(\sigma_l+s \leqslant t)} > x\right\} d\left(\int_0^s \lambda_{s-u}(1 + \theta d_1 \phi_2(u)) G(du)\right)$$

$$= \int_{0-}^{t} P\left\{\varepsilon^* \sum_{l=0}^{\infty} \varphi_l e^{-L_\pi(\sigma_l+s)} I_{(\sigma_l+s \leqslant t)} > x\right\} d\lambda_s^*, \tag{7.83}$$

其中 $\lambda_s^* = \sum\limits_{i=1}^{\infty} P\{\sigma_i^\theta \leqslant s\} = \int_{0-}^{s} (1+\lambda_{s-u})(1+\theta d_1\phi_2(u))G(du).$

接下来, 推导出 (7.13) 的渐近下界. 对于任意固定的整数 $M \geqslant 1$, 利用引理 7.2.8, 关于所有的 $t \in \Lambda_T$, 有

$$\Psi_\pi(x,t) \geqslant P\left\{\sum_{i=0}^{\infty} \varepsilon_i \vartheta_i(t) > x + cZ_t\right\}$$

$$= \sum_{k=1}^{\infty} P\left\{\sum_{i=0}^{\infty} \varepsilon_i \vartheta_i(t) > x + cZ_t, N(t) = k\right\}$$

$$\geqslant \sum_{k=1}^{M} P\left\{\sum_{i=0}^{\infty} \varepsilon_i \vartheta_i(t) > x + cZ_t, N(t) = k\right\}$$

$$\sim \left(\sum_{k=1}^{\infty} - \sum_{k=M+1}^{\infty}\right) \sum_{i=1}^{k} P\{\varepsilon_i^* \vartheta_i^\theta(t) > x, N_\theta^*(t) = k\}$$

$$= \sum_{i=1}^{\infty} P\{\varepsilon_i^* \vartheta_i^\theta(t) > x, \sigma_i^\theta \leqslant t\} - Q(x,t,M).$$

针对 $Q(x,t,M)$, 对于所有的 $k > M$, 得到

$$\sum_{i=1}^{k} P\{\varepsilon_i^* \vartheta_i^\theta(t) > x, N_\theta^*(t) = k\}$$

$$\leqslant kP\left\{\sum_{i=1}^{\infty} \varepsilon_i^* \vartheta_i^\theta(t) + \varepsilon_0 \vartheta_0^\theta(t) > x, N_\theta^*(t) = k\right\}.$$

然后根据引理 7.2.9 的 (7.51) 以及 (7.81) 可知

$$\lim_{M\to\infty} \limsup_{x\to\infty} \sup_{t\in\Lambda_T} \frac{Q(x,t,M)}{\sum\limits_{i=1}^{\infty} P\left\{\sum\limits_{i=1}^{\infty} \varepsilon_i^* \vartheta_i^\theta(t) > x\right\}} = 0.$$

因此, 对于所有的 $t \in \Lambda_T$, 有

$$\Psi_\pi(x,t) \gtrsim \sum_{i=1}^{\infty} P\{\varepsilon_i^* \vartheta_i^\theta(t) > x\}.$$

利用 (7.83), 得到 (7.13) 的下界. 至此, 定理 7.2.1 的证明完成.

定理 7.2.2 的证明 需要注意,

$$\sum_{k=1}^{\infty} \sum_{i=1}^{k} E[(\vartheta_i^\theta(t))^\alpha I_{(N_\theta^*(t)=k)}] = \sum_{i=1}^{\infty} E[(\vartheta_i^\theta(t))^\alpha I_{(\sigma_i^\theta \leqslant t)}] = \sum_{i=1}^{\infty} E[\vartheta_i^\theta(t)]^\alpha.$$

根据定理 7.2.1 的证明, 结合引理 7.2.10, (7.61) 以及 (7.83), 对于所有的 $t \in \Lambda_T$, 建立

$$\Psi_\pi(x,t) \sim \overline{F}(x) \sum_{i=1}^\infty E[\vartheta_i^\theta(t)]^\alpha$$

$$= \overline{F}(x) \sum_{i=1}^\infty \int_{0-}^t E\left(\sum_{n=i}^\infty \varphi_{n-i} e^{-L_\pi \left(\sum_{k=i+1}^n Y_k + s \right)} I_{\left(\sum_{k=i+1}^n Y_k + s \leqslant t \right)} \right)^\alpha P\{\sigma_i^\theta \in ds\}$$

$$= \overline{F}(x) \int_{0-}^t E\left(\sum_{l=0}^\infty \varphi_l e^{-L_\pi(\sigma_l + s)} I_{(\sigma_l + s \leqslant t)} \right)^\alpha d\lambda_s^*, \tag{7.84}$$

其中 $\lambda_s^* = \int_{0-}^s (1 + \lambda_{s-u})(1 + \theta d_1 \phi_2(u)) G(du)$.

接下来, 我们认为 (7.84) 能够适应于所有的 $t \in \Lambda$ 的情况, 取 $0 < \alpha < \kappa_\pi$. 利用 (7.61), 对于任意固定的 $0 < \varepsilon < 1$, 能够取某些 $T_1 \in \Lambda$ 使

$$\sum_{k=1}^\infty E[\vartheta_i^\theta]^\alpha - \sum_{i=1}^\infty E[\vartheta_i^\theta(T_1)]^\alpha \leqslant \varepsilon \sum_{i=1}^\infty E[\vartheta_i^\theta(T_1)]^\alpha. \tag{7.85}$$

注意到, 对于任意的 $i \geqslant 1$, 当 $t \to \infty$ 时, 几乎可以确定 $\vartheta_i^\theta(t)$ 增加到 ϑ_i^θ. 利用 (7.78)、引理 7.2.11 以及 (7.85), 针对所有的 $t \in \Lambda \cap (T_1, \infty]$, 有

$$\Psi_\pi(x,t) \leqslant \Psi_\pi(x) \leqslant P\left\{ \sum_{i=0}^\infty \varepsilon_i \vartheta_i > x \right\}$$

$$\lesssim \overline{F}(x) \sum_{i=1}^\infty E[\vartheta_i^\theta]^\alpha \leqslant (1+\varepsilon)\overline{F}(x) \sum_{i=1}^\infty E[\vartheta_i^\theta(t)]^\alpha. \tag{7.86}$$

另一方面, 利用 (7.84) 和 (7.85), 对于所有的 $t \in \Lambda \cap (T_1, \infty]$, 有

$$\Psi_\pi(x,t) \geqslant \Psi_\pi(x, T_1) \sim \overline{F}(x) \sum_{i=1}^\infty E[\vartheta_i^\theta(T_1)]^\alpha$$

$$\geqslant \overline{F}(x) \left(\sum_{i=1}^\infty E[\vartheta_i^\theta]^\alpha - \varepsilon \sum_{i=1}^\infty E[\vartheta_i^\theta(T_1)]^\alpha \right)$$

$$\geqslant \overline{F}(x) \left(\sum_{i=1}^\infty E[\vartheta_i^\theta(t)]^\alpha - \varepsilon \sum_{i=1}^\infty E[\vartheta_i^\theta(t)]^\alpha \right)$$

$$= (1-\varepsilon)\overline{F}(x) \sum_{i=1}^\infty E[\vartheta_i^\theta(t)]^\alpha. \tag{7.87}$$

结合 (7.86) 和 (7.87), 注意 ε 的任意性, 得到 (7.84) 对于任意的 $t \in \Lambda \cap (T_1, \infty]$ 都一致成立. 从而定理 7.2.2 的证明结束.

推论 7.2.1 的证明　根据 (7.14), Lévy 过程 $\{L_\pi(t),\ t \geqslant 0\}$ 具有平稳独立增量, 针对 $t = \infty$, 能够推导出

$$\Psi_\pi(x) \sim \overline{F}(x) \int_{0-}^{\infty} E\left(\sum_{i=0}^{\infty} \varphi_i e^{-L_\pi(\sigma_i + s)}\right)^\alpha d\lambda_s^*$$

$$= \overline{F}(x) \int_{0-}^{\infty} E e^{-\alpha L_\pi(s)} E\left(\sum_{i=0}^{\infty} \varphi_i e^{-[L_\pi(\sigma_i + s) - L_\pi(s)]}\right)^\alpha d\lambda_s^*$$

$$= \overline{F}(x) E\left(\sum_{i=0}^{\infty} \varphi_i e^{-L_\pi(\sigma_i)}\right)^\alpha \int_{0-}^{\infty} e^{s\psi_\pi(\alpha)} d\lambda_s^*$$

$$= \overline{F}(x) E\left(\sum_{i=0}^{\infty} \varphi_i e^{-L_\pi(\sigma_i)}\right)^\alpha \frac{E\left[(1 + \theta d_1 \phi_2(\sigma_1)) e^{\sigma_1 \psi_\pi(\alpha)}\right]}{1 - E e^{\sigma_1 \psi_\pi(\alpha)}}.$$

7.3　结　论

　　关于随机投资收益的从属更新风险模型中风险概率的一致渐近性, 本章结果表明可以将其扩展到索赔额, 以及索赔额与间隔到达时间之间的相依结构情况. 我们的构造适用于 ARMA (自回归移动平均)、分数 ARIMA 和其他线性模型以及 FGM 结构. 作者希望本章得出的结果在相关领域能够被证实是有用的, 特别是在破产概率取决于保险过程和投资过程之间的相互作用中.

第 8 章 随机投资下具有任意相依结构的风险模型

8.1 模 型 背 景

考虑一个更新风险模型, 其索赔额 $\{X_n\}_{n\geqslant 1}$ 构成了独立同分布的和正随机变量 (r.v.s) 序列, 该序列具有通用随机变量 (r.v.) X, X 的共同分布 F 满足对于所有的 $x > 0$, $\overline{F}(x) = 1 - F(x) > 0$ 成立. 它们的到达时间 $\{\tau_n\}_{n\geqslant 1}$ 构成了更新计数过程

$$N(t) = \sum_{n=1}^{\infty} 1_{[\tau_n \in [0,t]]}, \quad t \geqslant 0,$$

其中 1_A 表示集合 A 的示性函数. 为了以后使用方便, 记 $\tau_0 = 0$. 为了避免平凡, 假设 τ_1 是非负的, 不退化到 0 点. 更新函数 $\{N(t)\}_{t\geqslant 0}$ 表示如下

$$\lambda_t = EN(t) = \sum_{n=1}^{\infty} P\{\tau_n \leqslant t\}.$$

间隔到达时间 $\{T_n\}_{n\geqslant 1}$, $T_n = \tau_n - \tau_{n-1}$ 构成了独立同分布的和正随机变量序列, 该序列具有通用随机变量 T. 因此, 累积到时间 $t \geqslant 0$ 的总索赔额可写成如下形式

$$S(t) = \sum_{n=1}^{N(t)} X_n,$$

其中当 $N(t) = 0$ 时, $S(t) = 0$. 累积至 $t \geqslant 0$ 时刻的总保费由 $C(t) = ct$ 表示, 其中 c 是正的常数.

随着经济环境的日益复杂, $\{X_n\}_{n\geqslant 1}$ 和 $\{T_n\}_{n\geqslant 1}$ 的完全独立性是非常不现实的. 例如, 如果保留给被保险人的扣除额增加, 那么间隔到达时间将会增加, 索赔额将会减少, 因为小的损失将会被排除, 且被保险人保留. 因此, 许多研究者将 $\{X_n\}_{n\geqslant 1}$ 和 $\{T_n\}_{n\geqslant 1}$ 之间的相依结构引入更新风险模型中. 我们向读者推荐文献 (Asimit and Badescu, 2010); Li et al., 2010; Li, 2012; Fu and Ng, 2014). 受此激励, 引入了如下一类相依结构:

假设 8.1.1 $\{(X_n, T_n)\}_{n\geqslant 1}$ 是具有相依成分的 (X, T) 的独立同分布的副本.

假设保险公司可以在无风险和风险资产中做投资. 无风险资产和风险资产的价格过程分别满足

$$R_0(t) = e^{rt} \quad \text{和} \quad R_1(t) = e^{L(t)}, \quad t > 0,$$

其中 $r > 0$ 是无风险利率, $\{L(t)\}_{t \geqslant 0}$ 是 Lévy 过程. 也就是说, $L(0) = 0$, $\{L(t)\}_{t \geqslant 0}$ 具有独立平稳增量性, 具有左极限存在和右连续性. 设 (γ, σ^2, ν) 是 $\{L(t)\}_{t \geqslant 0}$ 的特征三元组, 其中 $\gamma \in \mathbb{R}, \sigma \geqslant 0$, Lévy 测度 ν 满足 $\nu(0) = 0$ 和 $\int_{\mathbb{R}} (x^2 \wedge 1) \nu(dx) < \infty$. 对于 Lévy 过程的一般理论, 见文献 (Sato, 1999; Cont and Tankov, 2004). 假设保险公司不断地以一个常数比例 $\theta \in (0, 1)$ 将它的盈余投资在风险资产中, 将剩余盈余投资于无风险资产中 (见文献 (Emmer et al., 2001; Emmer and Klüppelberg, 2004)). 在金融投资组合优化中这是经典的策略. 比例 θ 被称为投资策略 (见文献 Korn, 1997 中的 Section 2.1).

有了这个投资策略 $\theta \in (0, 1)$, 可以定义投资组合价格过程:

$$R_\theta(t) = e^{L_\theta(t)}, \quad t > 0; \quad R_\theta(0) = 1.$$

由文献 (Emmer and Klüppelberg, 2004) 中的引理 2.5, $\{L_\theta(t)\}_{t \geqslant 0}$ 也是一个 Lévy 过程, 具有特征三元组 $(\gamma_\theta, \sigma_\theta^2, \nu_\theta)$, 其中

$$\gamma_\theta = \gamma\theta + (1 + \theta)\left(r + \frac{\sigma^2}{2}\theta\right)$$
$$+ \int_{\mathbb{R}} (\log(1 + \theta(e^x - 1))1_{[|\log(1+\theta(e^x-1))| \leqslant 1]} - \theta x 1_{[|x| \leqslant 1]})\nu(dx),$$
$$\sigma_\theta^2 = \theta^2\sigma^2,$$
$$\nu_\theta(A) = \nu(\{x \in \mathbb{R} : \log(1 + \theta(e^x - 1)) \in A\}), \quad \forall \, \text{Borel集 } A \subset \mathbb{R}.$$

定义 $\{L(t)\}_{t \geqslant 0}$ 和 $\{L_\theta(t)\}_{t \geqslant 0}$ 过程的拉普拉斯指数为

$$\psi(s) = \log E[e^{-sL(1)}] \quad \text{和} \quad \psi_\theta(s) = \log E[e^{-sL_\theta(1)}].$$

如果 $\psi(s) < \infty$, 则对所有的 $t \geqslant 0$, 有 $E[e^{-sL(t)}] = e^{t\psi(s)} < \infty$ 成立 (见文献 (Sato, 1999) 中的定理 25.17), 对于 $\theta \in (0, 1)$, 文献 (Klüppelberg and Kostadinova, 2008) 中引理 4.1 的证明表明, 对任意的 $s \geqslant 0$, $\psi_\theta(s)$ 是有限的. 如果 $0 < E[L(1)] < \infty$ 或者 $\sigma > 0$ 或者 $\nu((-\infty, 0)) > 0$, 则存在一个唯一的 κ_θ, 使得 $\psi_\theta(\kappa_\theta) = 0$. 因此, 对任意的 $0 < \kappa < \kappa_\theta$), 可以得到

$$\psi_\theta(\kappa) < 0. \tag{8.1}$$

这可以在文献 (Guo and Wang, 2013a) 中找到更多的细节. 从 $t = \tau_n$ 到 $t = 0$ 时刻, 为了获得在零时刻的当前价值, 贴现因子必须乘以时刻 τ_n 的未来资产价格, 且能够标记为 $R_\theta^{-1}(\tau_n) = e^{-L_\theta(\tau_n)}$. 因此, T_n 的贴现因子 (从 τ_n 到 τ_{n-1}) 是 $e^{L_\theta(\tau_{n-1}) - L_\theta(\tau_n)}$, 其与 $e^{-L_\theta(T_n)}$ 有相同的分布.

尽管在经济环境中保险过程和投资过程可能是弱相依, 假设它们是独立的, 这允许一个整合风险过程有清楚的分析. 读者可参考 Klüppelberg 和 Kostadinova, 2008). 因此, 有如下假设.

假设 8.1.2　$L_\theta(t)$ 独立于 $S(t)$.

那么, 根据文献 (Klüppelberg and Kostadinova, 2008) 中的引理 2.2, 能够得到整合风险过程 (IRP)

$$U_\theta(0) = x, \quad U_\theta(t) = e^{L_\theta(t)}\left(x + \int_0^t e^{-L_\theta(v)}(cdv - dS(v))\right), \quad t > 0, \quad (8.2)$$

其中 $x > 0$ 是保险公司的初始盈余. 标记贴现净损失过程为

$$V_\theta(t) = x - U_\theta(t)e^{-L_\theta(t)} = \int_0^t e^{-L_\theta(v)}(dS(v) - cdv), \quad t \geqslant 0. \quad (8.3)$$

现在定义 IRP (8.2) 的有限时间内的破产概率为

$$\Psi(x) = P\left\{\inf_{0\leqslant t<\infty} U_\theta(t) < 0 \middle| U_\theta(0) = x\right\} = P\left\{\sup_{0\leqslant t<\infty} V_\theta(t) > x\right\}. \quad (8.4)$$

由假设 8.1.1, X_n 以及 $e^{L_\theta(\tau_{n-1})-L_\theta(\tau_n)}$ 是相关的, 不考虑特定相依结构的情况下, 我们做出如下的假设.

假设 8.1.3　$\{X_n e^{L_\theta(\tau_{n-1})-L_\theta(\tau_n)}\}_{n\geqslant 1}$ 的共同分布由 H 表示, 属于一致变化族 $(\mathcal{C})$.

一般地, 如果 X_n 独立于 T_n 并且有属于 $\mathcal{C}$ 族的分布, 对于 $\kappa_\theta > \mathbb{J}_F^+$, 能够推出

$$E[(e^{L_\theta(\tau_{n-1})-L_\theta(\tau_n)})^{\kappa_\theta}] = Ee^{-\kappa_\theta L_\theta(T_n)} = Ee^{T_n\psi_\theta(\kappa_\theta)} = 1.$$

那么, 后边的引理 8.3.3 表明 H 属于 $\mathcal{C}$ 族, 若 (X_n, T_n) 服从一个二维 Farlie-Gumbel-Morgenstern (FGM) 分布, 也就是

$$P\{X_n \leqslant x, T_n \leqslant y\}$$
$$= P\{X_n \leqslant x\}P\{T_n \leqslant y\}(1 + \vartheta P\{X_n > x\}P\{T_n > y\}), \quad |\vartheta| < 1.$$

假定 X_n 有一个属于 $\mathcal{C}$ 族的分布. 根据文献 (Chen, 2011)(p. 1041) 的关系 (4.9), 有

$$P\{X_n e^{L_\theta(\tau_{n-1})-L_\theta(\tau_n)} > x\}$$
$$= P\{X_n e^{-L_\theta(T_n)} > x\} \sim P\{X_n e^{-L_\theta(T_n^*)} > x\},$$

其中 T_n^* 是独立于 X_n 的正随机变量, 具有分布

$$P\{T_n^* \leqslant y\} = (1-\vartheta)P\{T_n \leqslant y\} + \vartheta P^2\{T_n \leqslant y\}, \quad y > 0.$$

同样地, 对于 $\kappa_\theta > \mathbb{J}_F^+$, 能够推出

$$Ee^{-\kappa_\theta L_\theta(T_n^*)} = Ee^{T_n^* \psi_\theta(\kappa_\theta)} = 1.$$

然后, 后面的引理 8.3.3, $X_n e^{-L_\theta(T_n^*)}$ 的分布属于 $\mathcal{C}$ 族. 因此, H 属于 $\mathcal{C}$ 族. 若我们使用后面的引理 8.3.4, 可以对正则变化类 $\mathcal{R}_{-\alpha}$ 进行类似的讨论.

8.2　记号和主要结果

为了便于后续的表达, 记

$$Z_{[s,t]} = \int_s^t e^{-L_\theta(v)} dv, \ 0 \leqslant s \leqslant t \quad \text{和} \quad Z_{[0,\infty)} = \int_0^\infty e^{-L_\theta(v)} dv.$$

现在, 我们陈述主要的结论.

定理 8.2.1　在假设 8.1.1—假设 8.1.3 下, 考虑这个 IRP(8.2), 如果 $0 < E[L_\theta(1)] < \infty$, 且存在一个 $\kappa_\theta > 0$, 使得 $\psi_\theta(\kappa_\theta) = 0$ 和 $0 < \mathbb{J}_H^- \leqslant \mathbb{J}_H^+ < \kappa_\theta$, 下式成立

$$\Psi(x) \sim \sum_{n=1}^\infty P\left\{X_n e^{-L_\theta(\tau_n)} > x\right\} = \int_0^\infty P\left\{X_n e^{-L_\theta(s)} > x\right\} d\lambda_s. \tag{8.5}$$

定理 8.2.2　用具有某个 $0 < \alpha < \kappa_\theta$ 的 $H \in \mathcal{R}_{-\alpha}$ 替换定理 8.2.1 中这些条件, $H \in \mathcal{C}$ 和 $0 < \mathbb{J}_H^- \leqslant \mathbb{J}_H^+ < \kappa_\theta$, 有下式

$$\Psi(x) \sim \overline{H}(x) \sum_{n=1}^\infty \left(Ee^{\tau_1 \psi_\theta(\alpha)}\right)^{n-1} = \frac{\overline{H}(x)}{1 - Ee^{\tau_1 \psi_\theta(\alpha)}}. \tag{8.6}$$

8.3　主要结论的证明

按照惯例, 空集的和取为 0, 空集的乘积取为 1.

8.3.1　一些引理

根据文献 (Bingham et al., 1987) 中的命题 2.2.1 可知, 如果 $F \in \mathcal{D}$, 我们知道, 对于任何固定的 $p > J_F^+$ 存在正常数 C_p 和 D_p, 使

$$\frac{\overline{F}(y)}{\overline{F}(x)} \leqslant C_p \left(\frac{x}{y}\right)^p \tag{8.7}$$

成立, 对于所有 $x \geqslant y \geqslant D_p$. 固定 (8.7) 中的变量 y 导致

$$x^{-p} = o(\overline{F}(x)). \tag{8.8}$$

接下来的基本引理将会被使用.

引理 8.3.1   设 ε 和 Θ 是两个独立且非负随机变量, 其中 ε 的分布为 F. 如果 $F \in \mathcal{D}$, 那么对任意固定的 $\delta > 0$ 和 $J_F^+ < p_2 < \infty$, 存在一个与 Θ 和 δ 无关的正常数 C, 使得对于所有大的 x,

$$P\{\varepsilon\Theta > \delta x \mid \Theta\} \leqslant C\overline{F}(x)(\delta^{-p}\Theta^p I_{(\Theta > \delta)} + I_{(\Theta \leqslant \delta)}). \tag{8.9}$$

证明   见文献 (Heyde and Wang, 2009) 中的引理 3.2.

引理 8.3.2   设 ε 和 Θ 是两个独立且非负随机变量, 其中 ε 的分布为 F. 如果 $F \in \mathcal{D}$ 且 $J_F^- > 0$, 则对于任意固定的 $\delta > 0$ 和 $0 < p_1 < J_F^- < J_F^+ < p_2 < \infty$, 存在一个与 Θ 和 δ 无关的正常数 C, 使得对于所有足够大的 x,

$$P\{\varepsilon\Theta > \delta x \mid \Theta\} \leqslant C\overline{F}(x)(\delta^{-p_1}\Theta^{p_1} + \delta^{-p_2}\Theta^{p_2}). \tag{8.10}$$

证明   见文献 (Guo and Wang, 2013a) 中的引理 3.

引理 8.3.3   设 X 和 Y 是两个独立且非负随机变量, 其中 X 的分布 F 和 Y 是非负且零点非退化的随机变量, 满足 $EY^p < \infty$, 对于某个 $p > J_F^+$, $F \in \mathcal{C}$. 从而, XY 的分布属于 $\mathcal{C}$ 类, 且 $P\{XY > x\} \asymp \overline{F}(x)$.

证明   见文献 (Wang et al., 2005) 中的引理 2.4 和引理 2.5.

引理 8.3.4   设 X 和 Y 是两个独立且非负随机变量, 其中 X 的分布 $F \in \mathcal{R}_{-\alpha}$ 决定, $0 < \alpha < \infty$, 对于某个 $p > \alpha$, Y 是非负且零点非退化满足 $EY^p < \infty$ 的随机变量, 从而 XY 的分布属于 $\mathcal{R}_{-\alpha}$ 类, 并且 $P\{XY > x\} \asymp \overline{F}(x)$.

证明   见文献 (Breiman, 1965) 或者文献 (Cline and Samorodnitsky, 1994).

接下来的引理将在定理 8.2.1 中的证明中被使用.

引理 8.3.5   在定理 8.2.1 的条件下, 对任意固定的 $k \in \mathbb{N}^+$, $0 < \delta < 1$, $\mathbb{J}_H^+/\kappa_\theta < \mu < 1$, 有下式成立

$$P\left\{\sum_{n=1}^{k} X_n e^{-L_\theta(\tau_n)} > (1-\delta)x, \bigcap_{n=1}^{k}\{X_n e^{-L_\theta(\tau_n)} \leqslant (1-\delta)x - x^\mu\}\right\}$$
$$\lesssim o(\overline{H}(x)). \tag{8.11}$$

证明 我们可以推出

$$P\left\{\sum_{n=1}^{k}X_n e^{-L_\theta(\tau_n)} > (1-\delta)x, \bigcap_{n=1}^{k}\{X_n e^{-L_\theta(\tau_n)} \leqslant (1-\delta)x - x^\mu\}\right\}$$

$$= P\left\{\sum_{n=1}^{k}X_n e^{-L_\theta(\tau_n)} > (1-\delta)x, \bigcap_{n=1}^{k}\{X_n e^{-L_\theta(\tau_n)} \leqslant (1-\delta)x - x^\mu\},\right.$$

$$\left.\bigcup_{l=1}^{k}\left\{X_l e^{-L_\theta(\tau_l)} > \frac{(1-\delta)x}{k}\right\}\right\}$$

$$\leqslant \sum_{l=1}^{k}P\left\{X_l e^{-L_\theta(\tau_l)} > \frac{(1-\delta)x}{k}, \sum_{n=1,n\neq l}^{k}X_n e^{-L_\theta(\tau_n)} > x^\mu\right\}$$

$$\leqslant \sum_{l=1}^{k}\sum_{n=1,n\neq l}^{k}P\left\{X_l e^{-L_\theta(\tau_l)} > \frac{(1-\delta)x}{k}, X_n e^{-L_\theta(\tau_n)} > \frac{x^\mu}{k-1}\right\}. \tag{8.12}$$

取满足 $\mathbb{J}_H^+/\kappa_\theta < \pi < \mu < 1$ 的任意固定的 π. 在 (8.12) 的最后一个不等式中, 如果 $l < n$, 记 $Y_* = e^{-L_\theta(\tau_{l-1})}1_{\{X_n e^{L_\theta(\tau_l)-L_\theta(\tau_n)}e^{-L_\theta(\tau_{l-1})} > \frac{x^{\mu-\pi}}{k-1}\}}$, 对于充分大的 x, 得到下式

$$P\left\{X_l e^{-L_\theta(\tau_l)} > \frac{(1-\delta)x}{k}, X_n e^{-L_\theta(\tau_n)} > \frac{x^\mu}{k-1}\right\}$$

$$= P\left\{X_l e^{-L_\theta(\tau_l)} > \frac{(1-\delta)x}{k}, X_n e^{-L_\theta(\tau_n)} > \frac{x^\mu}{k-1}, e^{L_\theta(\tau_{l-1})-L_\theta(\tau_l)} > x^\pi\right\}$$

$$+ P\left\{X_l e^{-L_\theta(\tau_l)} > \frac{(1-\delta)x}{k}, X_n e^{-L_\theta(\tau_n)} > \frac{x^\mu}{k-1}, e^{L_\theta(\tau_{l-1})-L_\theta(\tau_l)} \leqslant x^\pi\right\}$$

$$\leqslant P\left\{e^{L_\theta(\tau_{l-1})-L_\theta(\tau_l)} > x^\pi\right\} + P\left\{X_l e^{L_\theta(\tau_{l-1})-L_\theta(\tau_l)}e^{-L_\theta(\tau_{l-1})} > \frac{(1-\delta)x}{k},\right.$$

$$\left.X_n e^{L_\theta(\tau_l)-L_\theta(\tau_n)}e^{-L_\theta(\tau_{l-1})} > \frac{x^{\mu-\pi}}{k-1}\right\}$$

$$= P\left\{e^{L_\theta(\tau_{l-1})-L_\theta(\tau_l)} > x^\pi\right\} + P\left\{X_l e^{L_\theta(\tau_{l-1})-L_\theta(\tau_l)}Y_* > \frac{(1-\delta)x}{k}\right\}$$

$$\leqslant \frac{Ee^{\kappa_\theta L_\theta(\tau_{l-1})-\kappa_\theta L_\theta(\tau_l)}}{x^{\kappa_\theta\pi}} + C\overline{H}(x)E\left[\frac{k^{\kappa_\theta}}{(1-\delta)^{\kappa_\theta}}Y_*^{\kappa_\theta}1_{\{Y_*\geqslant\frac{1-\delta}{k}\}} + 1_{\{Y_*<\frac{1-\delta}{k}\}}\right]$$

$$\leqslant \frac{Ee^{\kappa_\theta L_\theta(\tau_{l-1})-\kappa_\theta L_\theta(\tau_l)}}{x^{\kappa_\theta\pi}} + C\overline{H}(x)E\left[e^{-\kappa_\theta L_\theta(\tau_{l-1})}1_{\{X_n e^{L_\theta(\tau_l)-L_\theta(\tau_n)}e^{-L_\theta(\tau_{l-1})} > \frac{x^{\mu-\pi}}{k-1}\}}\right.$$

$$\left.+1_{\{X_n e^{L_\theta(\tau_l)-L_\theta(\tau_n)}e^{-L_\theta(\tau_{l-1})} > \frac{x^{\mu-\pi}}{k-1}\}}\right], \tag{8.13}$$

其中我们注意到 $X_l e^{L_\theta(\tau_{l-1})-L_\theta(\tau_l)}, Y_*$ 是相互独立的, 在第二个不等式中应用引理

8.3.1. 因为 $\psi_\theta(\kappa_\theta) = 0$, 可以得到

$$Ee^{\kappa_\theta L_\theta(\tau_{l-1}) - \kappa_\theta L_\theta(\tau_l)} = Ee^{-\kappa_\theta L_\theta(\tau_l - \tau_{l-1})} = Ee^{(\tau_l - \tau_{l-1})\psi_\theta(\kappa_\theta)} = 1,$$

$$Ee^{-\kappa_\theta L_\theta(\tau_{l-1})} = 1. \tag{8.14}$$

结合 (8.14), (8.8) 和 (8.13), 对于 $l < n$, 得到

$$P\left\{ X_l e^{-L_\theta(\tau_l)} > \frac{(1-\delta)x}{k}, X_n e^{-L_\theta(\tau_n)} > \frac{x^\mu}{k-1} \right\} \lesssim o(\overline{H}(x)). \tag{8.15}$$

如果 $l > n$, 注意到 $X_l e^{L_\theta(\tau_{l-1}) - L_\theta(\tau_l)}, e^{-L_\theta(\tau_{l-1})} 1_{\{X_n e^{-L_\theta(\tau_n)} > \frac{x^\mu}{k-1}\}}$ 是相互独立的, 并应用这个方法到 (8.13), 获得

$$P\left\{ X_l e^{-L_\theta(\tau_l)} > \frac{(1-\delta)x}{k}, X_n e^{-L_\theta(\tau_n)} > \frac{x^\mu}{k-1} \right\}$$

$$= P\left\{ X_l e^{L_\theta(\tau_{l-1}) - L_\theta(\tau_l)} e^{-L_\theta(\tau_{l-1})} > \frac{(1-\delta)x}{k}, X_n e^{-L_\theta(\tau_n)} > \frac{x^\mu}{k-1} \right\}$$

$$\leqslant C\overline{H}(x)\mathbb{E}\left[e^{-\kappa_\theta L_\theta(\tau_{l-1})} 1_{\{X_n e^{-L_\theta(\tau_n)} > \frac{x^\mu}{k-1}\}} + 1_{\{X_n e^{-L_\theta(\tau_n)} > \frac{x^\mu}{k-1}\}} \right]$$

$$\lesssim o(\overline{H}(x)). \tag{8.16}$$

结合 (8.15) 和 (8.16) 到 (8.12), 我们得到 (8.11).

引理 8.3.6　在定理 8.2.1 的条件下, 存在 $k^* \in \mathbb{N}^+$ 使得对任意固定的 $k \geqslant k^*$ 和 $0 < \delta < 1$, 有下式成立

$$P\left\{ \sum_{n=k+1}^{\infty} X_n e^{-L_\theta(\tau_n)} > \delta x \right\} \lesssim o(\overline{H}(x)). \tag{8.17}$$

证明　取某个 k', 使得对任意 $k \geqslant k'$ 和固定的 $\eta > 0$, 有 $\sum\limits_{n=k+1}^{\infty} \dfrac{1}{n^{1+\eta}} < 1$ 成立. 通过引理 8.3.2, 对任意的 p_1, p_2, 满足 $0 < p_1 < \mathbb{J}_H^- \leqslant \mathbb{J}_H^+ < p_2 < \kappa_\theta$, 以及充分大的 x, 能够推出

$$P\left\{ \sum_{n=k+1}^{\infty} X_n e^{-L_\theta(\tau_n)} > \delta x \right\}$$

$$\leqslant P\left\{ \sum_{n=k+1}^{\infty} X_n e^{-L_\theta(\tau_n)} > \sum_{n=k+1}^{\infty} \frac{\delta x}{n^{1+\eta}} \right\}$$

$$\leqslant \sum_{n=k+1}^{\infty} P\left\{ X_n e^{-L_\theta(\tau_n)} > \frac{\delta x}{n^{1+\eta}} \right\}$$

$$= \sum_{n=k+1}^{\infty} P\left\{ X_n e^{L_\theta(\tau_{n-1}) - L_\theta(\tau_n)} e^{-L_\theta(\tau_{n-1})} > \frac{\delta x}{n^{1+\eta}} \right\}$$

$$\leqslant C\overline{H}(x) \sum_{n=k+1}^{\infty} E\left[n^{(1+\eta)p_1} e^{-p_1 L_\theta(\tau_{n-1})} + n^{(1+\eta)p_2} e^{-p_2 L_\theta(\tau_{n-1})} \right] \tag{8.18}$$

对任意的 $k \geqslant k'$ 和固定的 $\eta > 0$ 成立. 通过 (8.1), 得到 $Ee^{-p_i L_\theta(\tau_1)} = Ee^{\tau_1 \psi_\theta(p_i)} < 1, i = 1, 2.$ 因此

$$\sum_{n=1}^{\infty} E\left[n^{(1+\eta)p_i} e^{-p_i L_\theta(\tau_{n-1})} \right]$$

$$= \sum_{n=1}^{\infty} n^{(1+\eta)p_i} \left[Ee^{-p_i L_\theta(\tau_1)} \right]^{n-1} < \infty, \quad i = 1, 2. \tag{8.19}$$

因此, 存在 $k^* > k'$, 使得对任意的 $k \geqslant k^*$, 均有

$$P\left\{ \sum_{n=k+1}^{\infty} X_n e^{-L_\theta(\tau_n)} > \delta x \right\} \lesssim o(\overline{H}(x)).$$

引理 8.3.7 *如果 $p > 0, \psi_\theta(p) < 0$ 和 $0 < E[L_\theta(1)] < \infty$, 则有 $EZ_{[0,\infty)}^p < \infty$.*

证明 见文献 (Maulik and Zwart, 2006) 中的引理 2.1. 根据拉普拉斯指数的不同定义进行修订.

引理 8.3.8 *在定理 8.2.1 的条件下, 存在 $k^* \in \mathbb{N}^+$ 使得对任意的 $k \geqslant k^*$, 有下式成立*

$$\sum_{n=k+1}^{\infty} P\left\{ X_n e^{-L_\theta(\tau_n)} > x \right\} \lesssim o(\overline{H}(x)). \tag{8.20}$$

证明 由引理 8.3.2 和 (8.19), 存在一个 k^*, 使得对任意的 $k \geqslant k^*$,

$$\sum_{n=k+1}^{\infty} P\left\{ X_n e^{-L_\theta(\tau_n)} > x \right\}$$

$$= \sum_{n=k+1}^{\infty} P\left\{ X_n e^{L_\theta(\tau_{n-1}) - L_\theta(\tau_n)} e^{-L_\theta(\tau_{n-1})} > x \right\}$$

$$\leqslant C\overline{H}(x) \sum_{n=k+1}^{\infty} E\left[e^{-p_1 L_\theta(\tau_{n-1})} + e^{-p_2 L_\theta(\tau_{n-1})} \right]$$

$$\leqslant C\overline{H}(x) \sum_{n=k+1}^{\infty} E\left[n^{(1+\eta)p_1} e^{-p_1 L_\theta(\tau_{n-1})} + n^{(1+\eta)p_2} e^{-p_2 L_\theta(\tau_{n-1})} \right]$$

$$\lesssim o(\overline{H}(x)).$$

8.3.2　定理 8.2.1 的证明

重新写表达式 (8.4) 以后, 有

$$\Psi(x) = P\left\{\sup_{0\leqslant t<\infty}\sum_{n=1}^{\infty}X_n e^{-L_\theta(\tau_n)}1_{[\tau_n\leqslant t]} - cZ_{[0,t]} > x\right\}.$$

显然, 对于任意固定的 $k\in\mathbb{N}^+$,

$$P\left\{\sum_{n=1}^{k}X_n e^{-L_\theta(\tau_n)} - cZ_{[0,\infty)} > x\right\} \leqslant \Psi(x) \leqslant P\left\{\sum_{n=1}^{\infty}X_n e^{-L_\theta(\tau_n)} > x\right\}. \quad (8.21)$$

首先, 处理上界, 对于任意固定的 $0<\delta<1$ 和 $k\in\mathbb{N}^+$, 得到

$$\Psi(x) \leqslant P\left\{\sum_{n=1}^{k}X_n e^{-L_\theta(\tau_n)} > (1-\delta)x\right\} + P\left\{\sum_{n=k+1}^{\infty}X_n e^{-L_\theta(\tau_n)} > \delta x\right\}$$

$$:= P_1 + P_2. \quad (8.22)$$

针对 P_1, 对满足 $\mathbb{J}_H^+/\kappa_\theta < \mu < 1$ 的任意固定的 μ, 能够推出

$$P_1 = P\left\{\sum_{n=1}^{k}X_n e^{-L_\theta(\tau_n)} > (1-\delta)x, \bigcup_{n=1}^{k}\{X_n e^{-L_\theta(\tau_n)} > (1-\delta)x - x^\mu\}\right\}$$

$$+ P\left\{\sum_{n=1}^{k}X_n e^{-L_\theta(\tau_n)} > (1-\delta)x, \bigcap_{n=1}^{k}\{X_n e^{-L_\theta(\tau_n)} \leqslant (1-\delta)x - x^\mu\}\right\}$$

$$\leqslant \sum_{n=1}^{k}P\left\{X_n e^{-L_\theta(\tau_n)} > (1-\delta)x - x^\mu\right\}$$

$$+ P\left\{\sum_{n=1}^{k}X_n e^{-L_\theta(\tau_n)} > (1-\delta)x, \bigcap_{n=1}^{k}\{X_n e^{-L_\theta(\tau_n)} \leqslant (1-\delta)x - x^\mu\}\right\}$$

$$:= P_{11} + P_{12}. \quad (8.23)$$

由 (8.1), 对满足 $\mathbb{J}_H^+ < p < \kappa_\theta$ 的任意 p, 能得到

$$Ee^{-pL_\theta(\tau_{n-1})} = Ee^{\tau_{n-1}\psi_\theta(p)} < 1.$$

然后, 根据引理 8.3.3, 下式的分布

$$X_n e^{-L_\theta(\tau_n)} = X_n e^{L_\theta(\tau_{n-1})-L_\theta(\tau_n)}e^{-L_\theta(\tau_{n-1})}$$

属于 $\mathcal{C}$ 族, 而且

$$P\{X_n e^{-L_\theta(\tau_n)} > x\} \asymp \overline{H}(x). \quad (8.24)$$

因此, 得到

$$\lim_{\delta \downarrow 0} \limsup_{x \to \infty} P_{11} \sim \sum_{n=1}^{k} P\left\{X_n e^{-L_\theta(\tau_n)} > x\right\}, \tag{8.25}$$

其中我们注意到 $(1-\delta)x - x^\mu = x(1 - \delta - x^{\mu-1})$ 和 $(1 - \delta - x^{\mu-1}) \uparrow 1$. 由引理 8.3.5, 有

$$P_{12} \lesssim o(\overline{H}(x)). \tag{8.26}$$

根据引理 8.3.6, 存在一个 k^*, 使得对任意的 $k \geqslant k^*$, 均有

$$P_2 \lesssim o(\overline{H}(x)). \tag{8.27}$$

组合 (8.22), (8.23), (8.25)—(8.27), 存在 $\delta^* > 0$, 使得当 $\delta = \delta^*$ 和 $k = k^*$ 时,

$$\Psi(x) \lesssim \sum_{n=1}^{k} P\left\{X_n e^{-L_\theta(\tau_n)} > x\right\} + o(\overline{H}(x))$$

$$\lesssim \sum_{n=1}^{\infty} P\left\{X_n e^{-L_\theta(\tau_n)} > x\right\}, \tag{8.28}$$

其中在最后一步, 使用了 (8.24) 式.

其次, 处理下界. 对任意固定的 $k \in \mathbb{N}^+$, 有

$$\Psi(x) \geqslant P\left\{\sum_{n=1}^{k} X_n e^{-L_\theta(\tau_n)} > x + cZ_{[0,\infty)}\right\}$$

$$\geqslant P\left\{\bigcup_{n=1}^{k} \left\{X_n e^{-L_\theta(\tau_n)} > x + cZ_{[0,\infty)}\right\}\right\}$$

$$\geqslant \sum_{n=1}^{k} P\left\{X_n e^{-L_\theta(\tau_n)} > x + cZ_{[0,\infty)}\right\}$$

$$- \sum_{n=1}^{k} \sum_{l=1, l \neq n}^{k} P\left\{X_n e^{-L_\theta(\tau_n)} > x, X_l e^{-L_\theta(\tau_l)} > x\right\}$$

$$:= L_1 - L_2. \tag{8.29}$$

对于 L_1, 对任意固定的 p 和 μ 和满足 $\mathbb{J}_H^+ < p < \kappa_\theta$ 和 $\mathbb{J}_H^+/p < \mu < 1$, 能推出

$$P\left\{X_n e^{-L_\theta(\tau_n)} > x + cZ_{[0,\infty)}\right\}$$

$$\geqslant P\left\{X_n e^{-L_\theta(\tau_n)} > x + cZ_{[0,\infty)}, Z_{[0,\infty)} \leqslant x^\mu\right\}$$

$$\geqslant P\left\{X_n e^{-L_\theta(\tau_n)} > x + cx^\mu\right\} - P\left\{X_n e^{-L_\theta(\tau_n)} > x + cx^\mu, Z_{[0,\infty)} > x^\mu\right\}$$

$$\geqslant P\left\{X_n e^{-L_\theta(\tau_n)} > x + cx^\mu\right\} - P\left\{X_n e^{-L_\theta(\tau_n)} > x, Z_{[0,\infty)} > x^\mu\right\}$$

$$:= L_{11} - L_{12}. \tag{8.30}$$

由于 $X_n e^{-L_\theta(\tau_n)}$ 的分布属于 $\mathcal{C}$, 可以得到

$$L_{11} \sim P\left\{X_n e^{-L_\theta(\tau_n)} > x\right\}, \tag{8.31}$$

其中 $x + cx^\mu = x(1 + cx^{\mu-1})$ 和 $(1 + cx^{\mu-1}) \downarrow 1$, 取满足 $\mathbb{J}_H^+/p < \pi < \mu < 1$ 的任意固定的 π, 并使用 (8.13) 中的方法, 对充分大的 x, 能获得

$$L_{12} = P\left\{X_n e^{-L_\theta(\tau_n)} > x, Z_{[0,\infty)} > x^\mu, Z_{[\tau_{n-1},\tau_n]} > x^\pi\right\}$$
$$+ P\left\{X_n e^{-L_\theta(\tau_n)} > x, Z_{[0,\infty)} > x^\mu, Z_{[\tau_{n-1},\tau_n]} \leqslant x^\pi\right\}$$
$$\leqslant P\left\{Z_{[0,\infty)} > x^\mu\right\}$$
$$+ P\left\{X_n e^{L_\theta(\tau_{n-1})-L_\theta(\tau_n)} e^{-L_\theta(\tau_{n-1})} > x, Z_{[0,\tau_{n-1}]} + Z_{[\tau_n,\infty)} > x^\mu - x^\pi\right\}$$
$$\leqslant \frac{EZ_{[0,\infty)}^p}{x^{p\mu}} + C\overline{H}(x) E\left[e^{-\kappa_\theta L_\theta(\tau_{n-1})} 1_{\{Z_{[0,\tau_{n-1}]} + Z_{[\tau_n,\infty)} > x^\mu - x^\pi\}}\right.$$
$$+ \left. 1_{\{Z_{[0,\tau_{n-1}]} + Z_{[\tau_n,\infty)} > x^\mu - x^\pi\}}\right],$$

其中 $X_n e^{L_\theta(\tau_{n-1})-L_\theta(\tau_n)}$ 独立于 $e^{-L_\theta(\tau_{n-1})} 1_{\{Z_{[0,\tau_{n-1}]} + Z_{[\tau_n,\infty)} > x^\mu - x^\pi\}}$. 由 (8.1), 对于 $0 < \mathbb{J}_H^+ < p < \kappa_\theta$, 有 $\psi_\theta(p) < 0$. 重新使用条件 $0 < \mathbb{E}[L_\theta(1)] < \infty$ 和引理 8.3.7, 得到

$$EZ_{[0,\infty)}^p < \infty.$$

然后通过 (8.14) 和 (8.8), 可以得到

$$L_{12} \lesssim o(\overline{H}(x)). \tag{8.32}$$

对于 L_2, 由 (8.15), (8.16) 和

$$P\left\{X_n e^{-L_\theta(\tau_n)} > x, X_l e^{-L_\theta(\tau_l)} > x\right\}$$
$$\leqslant P\left\{X_n e^{-L_\theta(\tau_n)} > \frac{(1-\delta)x}{k}, X_l e^{-L_\theta(\tau_l)} > \frac{x^\mu}{k-1}\right\},$$

可以得到

$$L_2 \lesssim o(\overline{H}(x)). \tag{8.33}$$

组合 (8.29)—(8.33) 并使用引理 8.3.8, 存在一个 k^*, 使得对于 $k = k^*$, 有

$$\Psi(x) \gtrsim \sum_{n=1}^k P\left\{X_n e^{-L_\theta(\tau_n)} > x\right\} + o(\overline{H}(x))$$

$$= \left(\sum_{n=1}^{\infty} - \sum_{n=k+1}^{\infty} \right) P \left\{ X_n e^{-L_\theta(\tau_n)} > x \right\} + o(\overline{H}(x))$$

$$\gtrsim \sum_{n=1}^{\infty} P \left\{ X_n e^{-L_\theta(\tau_n)} > x \right\} + o(\overline{H}(x))$$

$$\gtrsim \sum_{n=1}^{\infty} P \left\{ X_n e^{-L_\theta(\tau_n)} > x \right\}, \tag{8.34}$$

其中在最后一步中, 使用了 (8.24).

由 (8.28) 和 (8.34), 可以得到

$$\Psi(x) \sim \sum_{n=1}^{\infty} P \left\{ X_n e^{-L_\theta(\tau_n)} > x \right\}$$

$$= \sum_{n=1}^{\infty} \int_0^{\infty} P \left\{ X_n e^{-L_\theta(s)} > x \right\} P\{\tau_n \in ds\}$$

$$= \int_0^{\infty} P \left\{ X_n e^{-L_\theta(s)} > x \right\} d\lambda_s.$$

8.3.3 定理 8.2.2 的证明

如果 $H \in \mathcal{R}_{-\alpha}$, 我们能得到 $\mathbb{J}_H^- = \mathbb{J}_H^+ = \alpha$. 然后, 因为 $\mathcal{R}_{-\alpha} \subset \mathcal{C}$ 和定理 8.2.1, 可以得到

$$\Psi(x) \sim \sum_{n=1}^{\infty} P \left\{ X_n e^{-L_\theta(\tau_n)} > x \right\}. \tag{8.35}$$

由 (8.1), 对满足 $\alpha < p < \kappa_\theta$ 的任意的 p, 可以得到

$$E e^{-p L_\theta(\tau_{n-1})} = E e^{\tau_{n-1} \psi_\theta(p)} < 1.$$

因此, 通过引理 8.3.4, 下式的分布

$$X_n e^{-L_\theta(\tau_n)} = X_n e^{L_\theta(\tau_{n-1}) - L_\theta(\tau_n)} e^{-L_\theta(\tau_{n-1})}$$

属于 $\mathcal{R}_{-\alpha}$ 族, 并且

$$P\{X_n e^{-L_\theta(\tau_n)} > x\} \sim \overline{H}(x) E e^{-\alpha L_\theta(\tau_{n-1})}$$

$$= \overline{H}(x) (E e^{-\alpha L_\theta(\tau_1)})^{n-1}$$

$$= \overline{H}(x) (E e^{\tau_1 \psi_\theta(\alpha)})^{n-1}. \tag{8.36}$$

把 (8.36) 式代入 (8.35) 式, 能得到

$$\Psi(x) \sim \overline{H}(x) \sum_{n=1}^{\infty} \left(Ee^{\tau_1 \psi_\theta(\alpha)}\right)^{n-1} = \frac{\overline{H}(x)}{1 - Ee^{\tau_1 \psi_\theta(\alpha)}},$$

其中 $Ee^{\tau_1 \psi_\theta(\alpha)} < 1.$

第三部分　非线性计量经济模型的弱收敛问题

第 9 章 原始条件下弱收敛到随机积分

9.1 模 型 背 景

在具有非平稳时间序列的计量经济学中, 通常需要依赖于随机积分的收敛性. 该结果对于单位根检验线性和非线性协整回归尤其重要. 有关更多例子, 请参阅文献 (Park and Phillips, 2000, 2001; Chang et al., 2001; Chan and Wang, 2015; Wang and Phillips, 2009a, 2009b, 2016; Wang (2015, Chap. 5) 及其他相应的文献.

作为基准, 收敛到随机积分的基本结果如下:

文献 (Kurtz and Protter, 1991) 中的定理 1.1 假设

A1 具有 $\sup_{k \geqslant 1} E v_k^2 < \infty$ 条件, $(v_k, \mathcal{F}_k)$ 构成了一个鞅差;

A2 定义在 Skorohod 拓扑中的 $D_{\mathbb{R}^{d+1}}[0,1]$ 空间上的随机数组对 $\{x_{n,\lfloor nt \rfloor}, y_{n,\lfloor nt \rfloor}\} \Rightarrow$ 随机过程 $\{G_t, W_t\}$, 其中 "$\Rightarrow$" 表示弱收敛.

那么, 对于定义在 $\mathbb{R}^d$ 上的任何连续函数 $g(s)$ 和 $f(s)$, 有

$$\left\{ x_{n,\lfloor nt \rfloor}, \ y_{n,\lfloor nt \rfloor}, \ \frac{1}{n} \sum_{k=1}^n g(x_{nk}), \ \frac{1}{\sqrt{n}} \sum_{k=0}^{n-1} f(x_{nk}) v_{k+1} \right\}$$

$$\Rightarrow \left\{ G_t, \ W_t, \ \int_0^1 g(G_t) dt, \ \int_0^1 f(G_t) \, dW_t \right\} \tag{9.1}$$

定义在 Skorohod 拓扑中的 $D_{\mathbb{R}^{d+1}}[0,1]$ 空间上, 其中

$$x_{nk} = \frac{1}{d_n} \sum_{j=1}^k u_j, \quad y_{nk} = \frac{1}{\sqrt{n}} \sum_{j=1}^k v_j, \quad 0 < d_n^2 \to \infty.$$

而 $(u_j, v_j)_{j \geqslant 1}$ 是 $\mathbb{R}^d \times \mathbb{R}$ 和 $\mathcal{F}_k = \sigma(u_j, v_j, j \leqslant k)$ 上的随机向量序列.

文献 (Kurtz and Protter, 1991)(也可参见文献 (Jacod and Shiryaev, 2003)) 实际上建立了 y_{nk} 作为半鞅而不是 A1 的结果. 对于半鞅以外的一般结果, Liang (2016) 和 Wang (2015, Chap.4.5) 研究了线性过程创新的扩展, 并提供了一个样本量 $\displaystyle\sum_{k=0}^{n-1} f(x_{nk}) w_{k+1}$ 到随机过程的泛函的一个收敛结果, 其中

$$w_k = \sum_{j=0}^{\infty} \varphi_j \, v_{k-j}, \tag{9.2}$$

具有 $\varphi = \sum_{j=0}^{\infty} \varphi_j \neq 0$ 和 $\sum_{j=0}^{\infty} j |\varphi_j| < \infty$, 且 v_k 的定义同 A1 中的. Wang 等 (2016) 和 Wang (2015, Chap. 4.5) 进一步考虑了 α 混合创新的一个扩展. 对其他相关结论, 我们参考文献 (Ibragimov and Phillips, 2008; de Joon, 2004; Chang and Park, 2011; Lin and Wang, 2016).

虽然这些结果很好, 但它们并不足以涵盖许多具有内生性(就是模型中的一个或多个解释变量与随机扰动项相关) 和更一般扰动过程的计量经济学应用. 特别地, (9.2) 中的线性结构或 Liang 等 (2016) 考虑的 α 混合序列众所周知是具有一定的局限性并且没有包含许多重要的实用模型, 如阈值、非线性自回归等. 本章的目的是通过为随机积分的收敛提供新的一般结果来填补这一空白, 其中计量经济学应用具有一些优势. 显然, 我们的框架考虑了 $S_n := \sum_{k=0}^{n-1} f(x_{nk}) w_{k+1}$ 的收敛性, 其中 w_k 的形式:

$$w_k = v_k + z_{k-1} - z_k, \tag{9.3}$$

z_k 满足某些中规则的条件, 并且 v_k 由 A1 所定义.

早期关于弱收敛到随机积分的贡献, 文献通常基于鞅和半鞅结构. 但它们不能充分覆盖许多计量经济的应用, 包含内生性和非线性. 本章的结论提供了新的随机积分弱收敛的条件, 本章的框架工作允许扰动具有长记忆过程、因果过程和近时期相依性,这些在经济计量领域有广泛应用, 比如门限自回归 (TAR)、双线性等非线性模型. 关于随机积分的弱收敛性, 我们表明有可能扩展共同的鞅和半鞅结构, 以包括创新中的长记忆过程、因果过程和近时期依赖. 希望本章得出的结果证明在相关领域是有用的, 特别是在内生性和非线性起主要作用的非线性协整回归中.

9.2　记号及主要框架

9.2.1　主要记号

本章用 $C, C_1, C_2, \cdots$ 表示常数, 它们在每次出现时可能不同. $D_{\mathbb{R}^d}[0,1]$ 表示从 $[0,1]$ 映射到 $\mathbb{R}^d$ 的 càdlàg 函数. 若 $x = (x_1, \cdots, x_m)$, 使用符号 $||x|| = \sum_{j=1}^{m} |x_j|$. 对于一个递增的 σ-域 $\mathcal{F}_k$ 序列, 以及任意的 $E|Z| < \infty$, 记 $\mathcal{P}_k Z = E(Z|\mathcal{F}_k) - E(Z|\mathcal{F}_{k-1})$. 若 $\langle Z \rangle_p = (E|Z|^p)^{1/p} < \infty$, 有 $Z \in \mathcal{L}^p(p > 0)$. 定义在 $\mathbb{R}^d$ 上的实函数 $f(x)$, 据说 $f(x)$ 满足局部的 Lipschitz 条件, 若对于任意的 $K > 0$, 存在一个

常数 C_K 使对于所有的 $||x|| + ||y|| < K$, 有

$$|f(x) - f(y)| \leqslant C_K \sum_{j=1}^{d} |x_j - y_j|.$$

在没有混淆的情况下, 通常使用索引符号 $x_{nk}(y_{nk})$ 表示 $x_{n,k}(y_{n,k})$. 所有其他符号都是标准的.

9.2.2 主要框架工作

在本章中, 我们建立了随机积分收敛的框架.

定理 9.2.1 除了 A1 和 A2, 假定 $\sup_{k \geqslant 1} E(||z_k u_k||) < \infty$ 和 $d_n^2/n \to \infty$. 对于 $\mathbb{R}^d$ 上的任意连续函数 $g(s)$ 以及满足局部的 Lipschitz 条件的任意函数 $f(x)$, 有

$$\left\{ x_{n,\lfloor nt \rfloor}, \; y_{n,\lfloor nt \rfloor}, \; \frac{1}{n} \sum_{k=1}^{n} g(x_{nk}), \; \frac{1}{\sqrt{n}} \sum_{k=0}^{n-1} f(x_{nk}) w_{k+1} \right\}$$

$$\Rightarrow \left\{ G_t, \; W_t, \; \int_0^1 g(G_t) dt, \; \int_0^1 f(G_s) \, dW_s \right\}. \tag{9.4}$$

正如 Liang 等 (2016) 表明的, 局部 Lipschitz 条件只是一个微小的要求并且适用许多连续函数. 若 $\sup_{k \geqslant 1} E(||u_k||^2 + |z_k|^2) < \infty$, 则根据 Hölder 不等式, 自然有 $\sup_{k \geqslant 1} E(||z_k u_k||) < \infty$. 定理 9.2.1 表明, 当 $d_n^2/n \to \infty$ 时,(9.3) 中的额外项 z_k 不会改变 $f(x)$ 和 z_k 在微小的自然条件下的极限行为.

当 u_t 的元素是一个长记忆过程时 (见 9.3.1 节中的例子), 条件 $d_n^2/n \to \infty$ 通常成立. 对于一个常数 σ, 若 $d_n^2/n \to \sigma^2 < \infty$, 情况将变得非常不同, 其中一般适用于短记忆过程 u_t. 在这种情况下, 正如接下来的定理所阐述, z_t 对极限分布有重要的影响.

令 $\mathrm{D}f(x) = \left(\dfrac{\partial f}{\partial x_1}, \cdots, \dfrac{\partial f}{\partial x_d} \right)^{\mathrm{T}}$, 我们理论的发展需要接下来的附加假设:

A3 $\mathrm{D}f(x)$ 在 $\mathbb{R}^d$ 上连续, 且对于任何的 $K > 0$,

$$||\mathrm{D}f(x) - \mathrm{D}f(y)|| \leqslant C_K ||x - y||^\beta, \quad 对某个 \beta > 0,$$

对 $\max(||x||, ||y||) \leqslant K$, 其中 C_K 是一个仅仅依赖 K 的常数.

A4 (i) $\sup_{k \geqslant 1} E||u_k||^2 < \infty$ 且 $\sup_{k \geqslant 1} E|z_k|^{2+\delta} < \infty$, 对某个 $\delta > 0$;

(ii) $E z_k u_k \to A_0 = (A_{10}, \cdots, A_{d0})$, 当 $k \to \infty$;

设 $\lambda_k = z_k u_k - E z_k u_k$.

(iii) $\sup_{k \geqslant 2m} ||E(\lambda_k \mid \mathcal{F}_{k-m})|| = o_P(1)$, 当 $m \to \infty$; or

(iii)′ $\sup_{k \geqslant 2m} E||E(\lambda_k \mid \mathcal{F}_{k-m})|| = o(1)$, 当 $m \to \infty$.

定理 9.2.2　假定 $d_n^2/n \to \sigma^2$, 其中 $\sigma^2 > 0$ 是一个常数. 假定 A1—A4 适用. 那么, 对于定义在 $\mathbb{R}^d$ 上的任意连续函数 $g(s)$, 有

$$\left\{ x_{n,\lfloor nt \rfloor},\ y_{n,\lfloor nt \rfloor},\ \frac{1}{n}\sum_{k=1}^{n} g(x_{nk}),\ \frac{1}{\sqrt{n}}\sum_{k=0}^{n-1} f(x_{nk})\,w_{k+1} \right\}$$

$$\Rightarrow \left\{ G_t,\ W_t,\ \int_0^1 g(G_t)dt,\ \int_0^1 f(G_s)\,dW_s + \sigma^{-1}\sum_{j=1}^{d} A_{j0}\int_0^1 \frac{\partial f}{\partial x_j}(G_s)\,ds \right\}. \tag{9.5}$$

备注 1　条件 A3 类似于先前的研究 (Wang et al., 2015; Liang et al., 2016). 我们需要 A4 (i) 对某个 $\delta > 0$ 成立的矩条件, $\sup_{k \geqslant 1} E|z_k|^{2+\delta} < \infty$ 来消除 z_k 的高阶影响. 根据 (9.2) 的收敛性可知, $\sup_{k \geqslant 1} E|z_k|^2 < \infty$ 是必不可少的. 对于 A4 (i) 中的 δ 能否减到 0 尚不清楚.

备注 2　若 w_k 满足 (9.2), 我们或许令 $w_k = \varphi v_k + z_{k-1} - z_k$, 其中 $z_k = \sum_{j=0}^{\infty} \bar{\varphi}_j\, v_{k-j}$, 关于 $\bar{\varphi}_j = \sum_{m=j+1}^{\infty} \varphi_m$. 我们能够将 (9.3) 的结构表述为 w_k(Phillips and Solo, 1992), 对于这个 w_k, 文献 (Wang, 2015) 中的定理 4.9(也可参见文献 (Liang et al., 2016)) 对于任意的 $i \geqslant 1$, 通过假设 (其他条件) 建立一个类似于 (9.2) 的结果.

$$\sum_{j=0}^{\infty} \bar{\varphi}_j E\big(u_{j+i} v_i \mid \mathcal{F}_{i-1} \big) = A_0, \quad \text{a.s.}, \tag{9.6}$$

其中 A_0 是一个常数, 对于所有的 $i \geqslant 1$, 这是必需的, 当 u_k 是非线性平稳过程时, 证明 (9.3) 是非常困难的, 例如 $u_k = F(\epsilon_k, \epsilon_{k-1}, \cdots)$, 甚至 (ϵ_k, v_k) 是独立且具有相同分布的随机向量的情况. 相比之下, 如 9.3 节, 我们能容易应用 A4 (ii) 和 (iii) (到 (iii)′) 到平稳因果过程和混合序列.

备注 3　我们有 $\dfrac{1}{\sqrt{n}}\sum_{k=1}^{n} w_k = \dfrac{1}{\sqrt{n}}\sum_{k=1}^{n} v_k + \dfrac{1}{\sqrt{n}}(z_0 - z_n)$, 在给定的条件下, $\dfrac{1}{\sqrt{n}}\sum_{k=1}^{n} w_k$ 提供了一个鞅 $\dfrac{1}{\sqrt{n}}\sum_{k=1}^{n} v_k$ 的近似. 然而由于我们不需要 $\dfrac{1}{\sqrt{n}}\sum_{k=1}^{n} w_k$ 这一条件, 所以 $\dfrac{1}{\sqrt{n}}\sum_{k=1}^{n} w_k$ 不是一个半鞅结构. 因此, 定理 9.2.1 和定理 9.2.2 为随机积分的收敛性提供了必要的延伸, 而不是对先前工作的简单的推论. 关于收敛到随机积分的相关结果, 请参考文献 (Kurtz and Protter, 1991; Phillips, 1988a; Jacod and Shiryaev, 2003; Ibragimov and Phillips, 2008; Lin and Wang, 2016).

9.3 三个有用的推论

本节研究的是定理 9.2.1 和定理 9.2.2 的直接应用, 9.3.1 节考虑 u_k 是长记忆过程以及 w_k 是平稳因果过程的情形. 9.3.2 节研究 u_k 和 w_k 作为平稳因果过程的收敛性. 最后, 9.3.3 节研究随机积分的收敛中近期时期相依的影响. 9.4 节将详细验证更实用的模型 (如 GARCH 和非线性自回归时间序列) 的假设.

9.3.1 长记忆过程

令 $(\epsilon_i, \eta_i)_{i \in \mathbb{Z}}$ 是独立同分布的随机向量并且满足零均值以及 $E\epsilon_0^2 = E\eta_0^2 = 1$. 定义长记忆线性过程 u_k 为

$$u_k = \sum_{j=1}^{\infty} \psi_j \epsilon_{k-j},$$

其中 $\psi_j \sim j^{-\mu} h(j)$, $\frac{1}{2} < \mu < 1$ 和 $h(k)$ 是逐渐趋于无穷的函数. 令 F 是一个可测函数形如

$$w_k = F(\cdots, \eta_{k-1}, \eta_k), \quad k \in \mathbb{Z},$$

w_k 是一个具有 $Ew_0 = 0$ 和 $0 < Ew_0^2 < \infty$ 的被很好定义的平稳随机变量, 那么 w_k 是一个平稳因果过程, 在文献 (Wu, 2005, 2007; Wu and Min, 2005) 中被广泛地讨论.

定义 $x_{nk} = \frac{1}{d_n} \sum_{j=1}^{k} u_j$ 和 $y_{nk} = \frac{1}{\sqrt{n}} \sum_{j=1}^{k} w_j$, $d_n^2 = \mathrm{var}\left(\sum_{j=1}^{n} u_j\right)$.

为了研究 $\frac{1}{\sqrt{n}} \sum_{k=0}^{n-1} f(x_{nk}) w_{k+1}$ 的收敛性, 首先介绍一下符号.

令 $\mathcal{F}_k = \sigma(\epsilon_i, \eta_i, i \leqslant k)$ 并且假设 $\sum_{i=1}^{\infty} i \langle \mathcal{P}_0 w_i \rangle_2 < \infty$. 后一个条件暗指 $E(v_k^2 + z_k^2) < \infty$, 其中

$$v_k = \sum_{i=0}^{\infty} \mathcal{P}_k w_{i+k}, \quad z_k = \sum_{i=1}^{\infty} E(w_{i+k}|\mathcal{F}_k).$$

上式可参见文献 (Wu and Min, 2005) 中的引理 7, 所有的过程 w_k, v_k 和 z_k 都是平稳的, 并且满足如下分解

$$w_k = v_k + z_{k-1} - z_k. \tag{9.7}$$

接着令 $\rho = E\epsilon_0 v_0 = \sum_{i=0}^{\infty} E\epsilon_0 w_i$ 是二元布朗运动, 具有协方差 $\Omega = \begin{pmatrix} 1 & \rho \\ \rho & Ev_0^2 \end{pmatrix}$, (B_{1t}, B_{2t}) 是独立于 $\Omega \cdot t$ 和 B_t 的标准布朗运动. 定义一个依赖 (B_t, B_{1t}) 的分数

布朗运动 $B_H(t)$ 如下

$$B_H(t) = \frac{1}{A(d)} \int_{-\infty}^0 \left[(t-s)^d - (-s)^d \right] dB_s + \int_0^t (t-s)^d dB_{1s},$$

其中

$$A(d) = \left(\frac{1}{2d+1} + \int_0^\infty \left[(1+s)^d - s^d \right]^2 ds \right)^{1/2}.$$

在这些符号之后, 对于 u_k 是长记忆过程而 w_k 是一个平稳因果过程的情况, 定理 9.2.1 的简单应用产生以下结论.

定理 9.3.1　假定 $\sum_{i=1}^\infty i \langle \mathcal{P}_0 w_i \rangle_2 < \infty$, 对于某些 $\epsilon > 0$,

$$\sum_{i=1}^\infty i^{1+\epsilon} E|w_i - w_i^*|^2 < \infty, \tag{9.8}$$

其中 $w_k^* = F(\cdots, \eta_{-1}^*, \eta_0^*, \eta_1, \cdots, \eta_{k-1}, \eta_k)$ 和 $\{\eta_k^*\}_{k\in\mathbb{Z}}$ 是 $\{\eta_k\}_{k\in\mathbb{Z}}$ 产生的一个独立且具有相同分布的随机变量序列, 独立于 $(\epsilon_k, \eta_k)_{k\in\mathbb{Z}}$. 然后, 对于任意的连续函数 $g(s)$ 以及满足局部的 Lipschitz 条件的任意函数 $f(x)$, 有

$$\left\{ x_{n,\lfloor nt \rfloor},\ y_{n,\lfloor nt \rfloor},\ \frac{1}{n} \sum_{k=1}^n g(x_{nk}),\ \frac{1}{\sqrt{n}} \sum_{k=0}^{n-1} f(x_{nk})\, w_{k+1} \right\}$$

$$\Rightarrow \left\{ B_{3/2-\mu}(t), B_{2t}, \int_0^1 g\left[B_{3/2-\mu}(t)\right] dt, \int_0^1 f\left[B_{3/2-\mu}(t)\right] dB_{2t} \right\}. \tag{9.9}$$

注意到条件 $\sum_{i=1}^\infty i \langle \mathcal{P}_0 w_i \rangle_2 < \infty$ 是必要的, 如定理 9.3.1 证明所示 (见 9.6 节), 我们能够替代条件 (9.9) 通过

$$E \left[\sum_{i=0}^\infty \mathcal{P}_k(w_{i+k} - w_{i+k}^*) \right]^2 \to 0, \quad k \to \infty.$$

上述条件或者是 (9.9) 均是用来消除 ϵ_{-j} 和 v_j 关于 $j \geqslant 1$ 的相关性, 以至于我们能够定义一个在 $(B_H(t), B_{2t})$ 上依赖于 (B_t, B_{1t}, B_{2t}) 的二元过程 $D_{\mathbb{R}^2}[0,1]$. 没有这种条件或其等价物, (9.3) 中的极限分布可能具有不同的结构. 条件 (9.9) 相当弱且能够适用于大多数常见模型. 9.4 节中将会给出具体例子, 包括线性过程的非线性变换、非线性自回归时间序列和 GARCH.

9.3.2 因果过程

正如 9.3.1 节所示, 令 $(\epsilon_i, \eta_i)_{i \in \mathbb{Z}}$ 是独立且具有相同分布随机向量并且满足零均值以及 $E\epsilon_0^2 = E\eta_0^2 = 1$. 本节令

$$u_k = F_1(\cdots, \epsilon_{k-1}, \epsilon_k); \quad w_k = F(\cdots, \eta_{k-1}, \eta_k), \quad k \in \mathbb{Z},$$

其中 F_1 和 F 是可测函数, 使 u_k 和 w_k 被很好定义的平稳随机变量, 满足 $Eu_0 = Ew_0 = 0$, $Eu_0^2 > 0, Ew_0^2 > 0$ 和 $Eu_0^2 + Ew_0^2 < \infty$; 也就是说, u_k 和 w_k 是平稳因果过程. 令 $\mathcal{F}_k = \sigma(\epsilon_i, \eta_i, i \leqslant k)$,

$$v_{1k} = \sum_{i=0}^{\infty} \mathcal{P}_k u_{i+k}, \quad z_{1k} = \sum_{i=1}^{\infty} E(u_{i+k}|\mathcal{F}_k),$$

$$v_k = \sum_{i=0}^{\infty} \mathcal{P}_k w_{i+k}, \quad z_k = \sum_{i=1}^{\infty} E(w_{i+k}|\mathcal{F}_k).$$

本节使用接下来的假设.

A5 (i) $\displaystyle\sum_{i=1}^{\infty} i \langle \mathcal{P}_0 u_i \rangle_2 < \infty$;

(ii) $\displaystyle\sum_{i=1}^{\infty} i \langle \mathcal{P}_0 w_i \rangle_{2+\delta} < \infty$, 对于 $\delta > 0$;

令 $\widetilde{\lambda}_k = u_k z_k - E u_k z_k$.

(iii) $\displaystyle\sup_{k \geqslant 2m} |E(\widetilde{\lambda}_k \mid \mathcal{F}_{k-m})| = o_P(1)$, 当 $m \to \infty$; 或

(iii)' $\displaystyle\sup_{k \geqslant 2m} E|E(\widetilde{\lambda}_k \mid \mathcal{F}_{k-m})| = o(1)$, 当 $m \to \infty$.

正如 9.3.1 节, 所有的 $u_k, w_k, z_{1k}, z_k, v_{1k}$ 和 v_k 及平稳的且分解式

$$u_k = v_{1k} + z_{1,k-1} - z_{1k}, \quad w_k = v_k + z_{k-1} - z_k. \tag{9.10}$$

而且, A5 (i) 可知 $E(v_{10}^2 + z_{10}^2) < \infty$ 由 (ii) 可知 $(E(|v_0|^{2+\delta} + |z_0|^{2+\delta}) < \infty)$, 因此, 遵循

$$E|u_k z_k| < \infty \quad \text{和} \quad A_0 := E u_0 z_0 = \sum_{i=1}^{\infty} E(u_0 w_i) < \infty.$$

现在令 $\Omega = \begin{pmatrix} 1 & \sigma^{-1} E v_{10} v_0 \\ \sigma^{-1} E v_{10} v_0 & E v_0^2 \end{pmatrix}$, 其中 $\sigma^2 = E v_{10}^2$ 和 (B_{1t}, B_{2t}) 是具有协方差矩阵的二元布朗运动. 定理 9.2.2 的应用给出接下来的结论.

定理 9.3.2　假定 A3 (具有 $d=1$) 以及 A5 对于任意的连续函数 $g(s)$, 有

$$\left\{ x_{n,\lfloor nt \rfloor},\ y_{n,\lfloor nt \rfloor},\ \frac{1}{n}\sum_{k=1}^{n} g(x_{nk}),\ \frac{1}{\sqrt{n}}\sum_{k=0}^{n-1} f(x_{nk})\,w_{k+1} \right\}$$

$$\Rightarrow \left\{ B_{1t},\ B_{2t},\ \int_0^1 g(B_{1s})ds,\ \int_0^1 f(B_{1s})\,dB_{2s} + A_0\int_0^1 f'[B_{1s}]ds \right\}, \tag{9.11}$$

其中 $x_{nk} = \dfrac{1}{\sqrt{n}\sigma}\sum_{j=1}^{k} u_j$ 和 $y_{nk} = \dfrac{1}{\sqrt{n}}\sum_{j=1}^{k} w_j$.

定理 9.3.2 为 u_t 和 w_t 作为因果过程提供了一个相当一般的结论. 在使用文献 (Jacod and Shiryaev, 2003) 的相当复杂技术的相关研究中, Lin 和 Wang (2016) 考虑了 $u_t = w_t$ 的情况. 相比之下, 通过使用定理 9.2.2, 我们的证明非常简单, 如 9.6 节所示. 此外, 我们的条件 A5 易于验证. 下面的推论提供了一个例子, 研究了 u_k 是短记忆线性过程而 w_k 是一般的平稳因果过程的情况.

推论 9.3.1　假定 $u_t = \sum_{j=0}^{\infty} \varphi_j \epsilon_{t-j}$, 其中 $\sum_{i=1}^{\infty} i|\varphi_i| < \infty$ 和 $\varphi = \sum_{j=0}^{\infty} \varphi_j \neq 0$.

结果 (9.11) 适用于 $\sigma = \varphi$ 以及 $A_0 = \sum_{j=0}^{\infty}\sum_{i=1}^{\infty} \varphi_j E\epsilon_{-j}w_i$, 如果, 除了 A3 $(d=1)$,

$$\sum_{k=1}^{\infty} k\langle w_k - w_k' \rangle_{2+\delta} < \infty, \quad 对于 \ \delta > 0, \tag{9.12}$$

其中 $w_k' = F(\cdots, \eta_{-1}, \eta_0^*, \eta_1, \cdots, \eta_k)$ 和 $\{\eta_k^*\}_{k\in\mathbb{Z}}$ 是 $\{\eta_k\}_{k\in\mathbb{Z}}$ 产生的一个独立且具有相同分布的随机变量序列以及独立于 $(\epsilon_k, \eta_k)_{k\in\mathbb{Z}}$.

利用条件 (9.12) 去建立 A5(ii), 当 $u_t = \sum_{j=0}^{\infty} \varphi_j \epsilon_{t-j}$ 和 $\sum_{i=1}^{\infty} i|\varphi_i| < \infty$ 时. 对 A5 (iii) 可以在限制较少的条件下建立: 正如推论 9.3.1 的证明可得 $\sum_{k=1}^{\infty} k\langle w_k - w_k' \rangle_2 < \infty$. 满足 (9.12) 的 w_k 的某些例子, 包括线性过程的非线性变换、非线性自回归时间序列和 GARCH 在 9.4 节中讨论.

9.3.3　近时期相依

令 $\{A_k\}_{k\geqslant 1}$ 是随机向量的序列, 其坐标是其他随机向量过程 $\{\eta_k\}_{k\in\mathbb{Z}}$ 的可测函数. 定义 $\mathcal{F}_s^t = \sigma(\eta_s, \cdots, \eta_t)$, 其中 $s \leqslant t$ 并且用 $\mathcal{F}_t$ 标记 $\mathcal{F}_{-\infty}^t$. 正如文献 (Davidson, 1994), $\{A_k\}_{k\geqslant 1}$ 被认为是以 $\mathcal{L}_P$ 范数依赖于 $\{\eta_k\}_{k\in\mathbb{Z}}$ 的 near-epoch (近时期), 对于 $p > 0$, 若

$$\langle A_t - E\big(A_t \mid \mathcal{F}_{t-m}^{t+m}\big)\rangle_p \leqslant d_t\,\nu(m),$$

其中 d_t 是正常数的序列, 当 $m \to \infty$ 时 $\nu(m) \to 0$. 总之, 若 $d_t \leqslant \langle A_t \rangle_p$ 和对某些 $\epsilon > 0$, $\nu(m) = O(m^{-\mu-\epsilon})$, $\{A_k\}_{k\geqslant 1}$ 被认为是额度 $-\mu$ 的 $\mathcal{L}_P$-NED. 对于 $k \geqslant 1$, 令 $x_{nk} = \dfrac{1}{\sqrt{n}} \sum\limits_{j=1}^{k} u_j$ 和 $y_{nk} = \dfrac{1}{\sqrt{n}} \sum\limits_{j=1}^{k} w_j$, 其中 $(u_k, w_k)_{k\geqslant 1}$ 为定义在 $\mathbb{R}^{d+1}$ 上的 平稳过程, 本节在接下来的条件下研究 $\dfrac{1}{\sqrt{n}} \sum\limits_{k=0}^{n-1} f(x_{nk}) w_{k+1}$ 的收敛性.

A6 (i) $\eta_k = (\eta_{k1}, \cdots, \eta_{km})$, $k \in \mathbb{Z}$, 是额度 -6 的 α 混合列[①];

(ii) $(u_k)_{k\geqslant 1}$ 额度为 -1 的 $\mathcal{L}_2$-NED, 且 u_k 适应于 $\mathcal{F}_k$;

(iii) $(w_k)_{k\geqslant 1}$ 对于某个 $\delta > 0$ 的额度为 -1 的 $\mathcal{L}_{2+\delta}$;

(iv) $E(u_0, w_0) = 0$ 且 $E(\|u_0\|^4 + |w_0|^4) < \infty$.

由于 $(u_k, w_k)_{k\geqslant 1}$ 的平稳性, 很容易从 A6 得到

$$\Omega := \lim_{n\to\infty} \frac{1}{n} \sum_{i,j=1}^{n} E(M_i' M_j) = \begin{pmatrix} \Omega_1 & \rho \\ \rho' & \Omega_2 \end{pmatrix}, \tag{9.13}$$

其中 $M_k = (u_k, w_k)$ 和

$$\Omega_1 = Eu_0'u_0 + 2\sum_{i=1}^{\infty} Eu_0'u_i, \quad \Omega_2 = Ew_0^2 + 2\sum_{i=1}^{\infty} Ew_0 w_i,$$

$$\rho = Eu_0'w_0 + \sum_{i=1}^{\infty}(Eu_0'w_i + Eu_i'w_0).$$

就 (9.13) 和 A6 而言, 由文献 (Davidson, 1994, 第 494 页) 中的推论 29.19 得 出 $n \to \infty$,

$$(x_{n,[nt]}, y_{n,[nt]}) \Rightarrow (B_{1t}, B_{2t}), \tag{9.14}$$

其中 (B_{1t}, B_{2t}) 是具有协方差矩阵 $\Omega \cdot t$ 的 $d+1$ 维的布朗运动. 现在, 通过利用定 理 9.2.2, 我们有如下定理.

定理 9.3.3 假定 A3 和 A6 适用, 对于在 $\mathbb{R}^d$ 上的任意连续函数 $g(s)$, 有

$$\left\{ x_{n,\lfloor nt \rfloor}, \; y_{n,\lfloor nt \rfloor}, \; \frac{1}{n} \sum_{k=1}^{n} g(x_{nk}), \; \frac{1}{\sqrt{n}} \sum_{k=0}^{n-1} f(x_{nk}) w_{k+1} \right\}$$

$$\Rightarrow \left\{ B_{1t}, \; B_{2t}, \; \int_0^1 g(B_{1s})ds, \; \int_0^1 f(B_{1s})\,dB_{2s} + \int_0^1 A_0 \, \mathrm{D}f[B_{1s}]ds \right\}, \tag{9.15}$$

其中 $A_0 = \sum\limits_{i=1}^{\infty} E(u_0 w_i)$.

[①] 关于 α-mixing 的定义, 请参考文献 (Davidson, 1994, Chap. 14).

定理 9.3.3 在较小的矩条件下, 扩展了文献 (Liang et al., 2016) 中的定理 3.1(参见文献 (Wang, 2015) 中的定理 4.11) 从 α-混合序列到近时期相依. 我们提到 NED 方法还允许在许多重要的实际模型中使用我们的结果, 例如双线性、GARCH、门限自回归模型等. 有关详细信息, 请参阅 Davidson (2002).

9.4　例子: (9.8) 和 (9.12) 的验证

如 9.3.1 节和 9.3.2 节所述, 定义一个平稳的因果过程

$$w_k = F(\cdots, \eta_{k-1}, \eta_k), \quad k \in \mathbb{Z},$$

其中 η_i $(i \in \mathbb{Z})$ 是具有 $E\eta_0 = 0$ 和 $E\eta_0^2 = 1$ 的独立且具有相同分布的随机变量. F 是一个可测函数使 $Ew_0 = 0$ 和 $0 < Ew_0^2 < \infty$.

在本节中, 我们验证了 (9.8) 和 (9.12) 一些重要的实际例子, 包括线性过程及线性过程的非线性变换、非线性自回归时间序列和 GARCH 模型. 我们提到, 当 w_t 由一个 GARCH 模型生成时, 定理 9.3.1 和定理 9.3.2 中的渐近行为也可以通过某些修改的定理 9.2.1 产生, 因为在这种情况下, w_t 形成鞅差.

本节考虑的例子部分来自文献 (Wu, 2007; Wu and Min, 2005). 为方便起见, 除非明确提到, 使用与 9.3 节相同的记法; 特别地, $\{\eta_k^*\}_{k \in \mathbb{Z}}$ 是 $\{\eta_k\}_{k \in \mathbb{Z}}$ 产生的一个独立且具有相同分布的随机变量序列, 并且独立于 $(\epsilon_k, \eta_k)_{k \in \mathbb{Z}}$ 及

$$w_k^* = F(\cdots, \eta_{-1}^*, \eta_0^*, \eta_1, \cdots, \eta_{k-1}, \eta_k) \quad \text{和} \quad w_k' = F(\cdots, \eta_{-1}, \eta_0^*, \eta_1, \cdots, \eta_{k-1}, \eta_k).$$

我们提及由于 w_k 的平稳以及 η_k 是独立且具有相同分布的性质,

$$\begin{aligned} E|\mathcal{P}_0 w_n|^p &\leqslant E|w_n - w_n'|^p \\ &\leqslant C_p \left(E|w_n - w_n^*|^p + E|w_{n+1} - w_{n+1}^*|^p \right), \end{aligned} \tag{9.16}$$

对于任意的 $p \geqslant 1$, 其中 C_p 是一个仅依赖于 p 的常数, 因此, (9.8) 和 (9.12) 都成立, 如果能得到

$$E|w_n - w_n^*|^{2+\delta} \leqslant C \, n^{-4-3\delta}, \tag{9.17}$$

对于某个 $\delta > 0$ 以及足够大的 n.

9.4.1 线性过程及其非线性变换

考虑一个线性过程 w_k 定义为, $w_k = \sum_{j=0}^{\infty} \theta_j \eta_{k-j}$ 并且 $E\eta_0 = 0$, 常规计算显示 $w_k - w_k' = \theta_k(\eta_0 - \eta_0^*)$ 和 $w_k - w_k^* = \sum_{j=0}^{\infty} \theta_{j+k}(\eta_{-j} - \eta_{-j}^*)$. 因此, 对某个 $\delta > 0, \sum_{j=1}^{\infty} j|\theta_j| < \infty, \sum_{j=1}^{\infty} j^{2+\delta}\theta_j^2 < \infty$ 和 $E|\eta_0|^{2+\delta} < \infty$, 然后 (9.8) 和 (9.12) 成立.

实际上, (9.12) 来源于 $\sum_{k=1}^{\infty} k\langle w_k - w_k'\rangle_{2+\delta} \leqslant \sum_{k=1}^{\infty} k \cdot |\theta_k| \cdot \langle \eta_0 - \eta_0^*\rangle_{2+\delta} < \infty$ 以及 (9.8) 来自

$$\sum_{i=1}^{\infty} i^{1+\delta} \langle w_i - w_i^*\rangle_2^2 = \sum_{i=1}^{\infty} i^{1+\delta} E\left[\sum_{j=i}^{\infty} \theta_j(\eta_{i-j} - \eta_{i-j}^*)\right]^2$$

$$\leqslant \sum_{i=1}^{\infty} i^{1+\delta} \sum_{j=i}^{\infty} \theta_j^2 E[(\eta_0 - \eta_0^*)]^2$$

$$\leqslant C \sum_{j=1}^{\infty} j^{2+\delta}\theta_j^2 < \infty.$$

可以很容易地将上面的结果扩展到 w_k 的一个非线性变换. 为了举例说明, 令

$$h_k = G(w_k) - EG(w_k),$$

其中 G 是一个 Lipschitz 连续函数, 也就是, 存在一个常数 $C < \infty$ 使

$$|G(x) - G(y)| \leqslant C|x - y|, \quad \forall x, y \in \mathbb{R}. \tag{9.18}$$

这很明显表明, 当 h_k 代替 w_k 时,(9.2) 和 (9.6) 仍然成立, 使用下面的事实:

$$|h_k - h_k'| \leqslant C|w_k - w_k'| \quad \text{和} \quad |h_k - h_k^*| \leqslant C|w_k - w_k^*|.$$

9.4.2 非线性自回归时间序列

设 w_n 递归生成

$$w_n = R(w_{n-1}, \eta_n), \quad n \in \mathbb{Z}, \tag{9.19}$$

其中 R 是一个其组成部分的可度量函数. 令

$$L_{\eta_0} = \sup_{x \neq x'} \frac{|R(x, \eta_0) - R(x', \eta_0)|}{|x - x'|}$$

是 Lipschitz 系数. 假定对于某个 $q > 2$ 和 x_0,

$$E(\log L_{\eta_0}) < 0 \quad 和 \quad E(L_{\eta_0}^q + |x_0 - R(x_0, \eta_0)|^q) < \infty. \tag{9.20}$$

文献 (Wu and Min, 2005) 的引理 2(i) 证实了存在 $C = C(q) > 0$ 和 $r_q \in (0, 1)$, 使得对所有 $n \in \mathbb{N}$,

$$E|w_n - w_n^*|^q \leqslant C r_q^n. \tag{9.21}$$

既然 (9.21) 可推出 (9.17), 由 (9.19) 定义的 w_n 满足 (9.8) 和 (9.12).

我们提到 (9.19) 中定义的 w_n 是一个非线性自回归时间序列, 可以使用许多流行的非线性模型容易验证条件 (9.21), 例如, 门限自回归 (TAR)、双线性自回归、ARCH 和指数自回归模型 (EAR). 以下例子来自文献 (Wu and Min, 2005) 的例 3-4.

TAR 模型　$w_n = \phi_1 \max(w_{n-1}, 0) + \phi_2 x \max(-w_{n-1}, 0) + \eta_n$. 简单的计算表明, 若 $L_{\eta_0} = \max(|\phi_1|, |\phi_2|) < 1$ 和 $E(|\eta_0|^q) < \infty$, 对于某个 $q > 0$, 那么 (9.20) 成立.

双线性模型　$w_n = (\alpha_1 + \beta_1 \eta_{n-1}) w_{n-1} + \eta_n$, 其中 α_1 和 β_1 是实参数以及对于某个 $q > 0$, 有 $E(|\eta_0|^q) < \infty$. 值得注意的是 $L_{\eta_0} = |\alpha_1 + \beta_1 \eta_0|$. (9.20) 成立仅仅在 $E(L_{\eta_0}^q) < 1$.

9.4.3　GARCH 模型

设 $\{w_t\}_{t \geqslant 1}$ 为 GARCH(l, m) 模型, 定义为

$$w_t = \sqrt{h_t} \eta_t \quad 和 \quad h_t = \alpha_0 + \sum_{i=1}^{m} \alpha_i w_{t-i}^2 + \sum_{j=1}^{l} \beta_j h_{t-j}, \tag{9.22}$$

其中 η_t 是独立且具有相同分布的随机变量, 满足 $E\eta_1 = 0$ 和 $E\eta_1^2 = 1$, $\alpha_0 > 0$, $\alpha_j \geqslant 0$ 关于 $1 \leqslant j \leqslant m$ 及 $\beta_i \geqslant 0$. 若 $\sum_{i=1}^{m} \alpha_i + \sum_{j=1}^{l} \beta_j < 1$, 那么 w_t 是一个平稳过程, 具有如下的表示形式 (见 Taniguchi 和 Kakizawa (2000) 的定理 3.2.14 等).

$$Y_t = M_t Y_{t-1} + b_t, \quad M_t = (\theta \eta_t^2, e_1, \cdots, e_{m-1}, \theta, e_{m+1}, \cdots, e_{l+m-1})^{\mathrm{T}},$$

其中 $Y_t = (w_t^2, \cdots, w_{t-m+1}^2, h_t, \cdots, h_{t-l+1})^{\mathrm{T}}$, $b_t = (\alpha_0 \eta_t^2, 0, \cdots, 0, \alpha_0, 0, \cdots, 0)^{\mathrm{T}}$ 和 $\theta = (\alpha_1, \cdots, \alpha_m, \beta_1, \cdots, \beta_l)^{\mathrm{T}}$; $e_i = (0, \cdots, 0, 1, 0, \cdots, 0)^{\mathrm{T}}$ 是具有第 i 个元素 1 的单位列向量, 其中 $1 \leqslant i \leqslant l + m$.

假定 $E|\eta_0|^4 < \infty$ 和 $\rho[E(M_t^{\otimes 2})] < 1$, 其中 $\rho(M)$ 是方阵 M 的最大特征值以及 $\otimes$ 是通常的 Kronecker 积. 文献 (Wu and Min, 2005) 的命题 3 表明, 对于某个 $C < \infty$ 和 $r \in (0,1)$,

$$E(|w_n - w_n^*|^4) \leqslant Cr^n. \tag{9.23}$$

既然 (9.23) 暗示 (9.17) 成立, (9.22) 中定义的 w_n 满足 (9.8) 和 (9.12).

9.5 非线性协整回归

计量经济学中有广泛应用的极限定理, 包含随机积分, 如定理 9.2.1 和定理 9.2.2 (或推论 9.3.1) 中给出的那些. 它们经常出现在时间序列回归中, 具有单整和近似单整过程、单位根检验和非线性协整理论. 例如, 参见 Park 和 Phillips (2000, 2001), Chang 等 (2001), Chan 和 Wang (2015),Wang 和 Phillips (2009a,2009b, 2016) 及 Wang (2015) 的文献. 正如 Liang 等 (2016) 所注意到的那样, 使用该论文中给出的定理, 先前的结果可以扩展到更广泛的生成机制, 例如, 涉及非线性函数和长记忆创新的生成机制. 以下非线性协整回归模型说明了本章讨论的方法的使用. 正如 Liang 等 (2016) 所说, 我们关注内生性和非线性对渐近性的影响, 而不是模型的一般性. 在随后的研究中将考虑更多的应用.

正如 9.3.1 节所示, 假定 $(\epsilon_i, \eta_i)_{i\in\mathbb{Z}}$ 是独立且具有相同分布的随机向量, 具有零均值以及 $E\epsilon_0^2 = E\eta_0^2 = 1$. 令

$$w_k = F(\cdots, \eta_{k-1}, \eta_k), \quad k \in \mathbb{Z},$$

其中 F 是一个可测函数, 使得 w_k 是被很好定义的平稳因果过程, 具有 $Ew_0 = 0$ 以及 $0 < Ew_0^2 < \infty$. 令 u_k 是一个线性过程由 $u_k = \sum_{j=0}^{\infty} \varphi_j \epsilon_{k-j}$ 定义, 其参数 $\varphi_j, j \geqslant 0$, 满足下面的任何一个条件:

C1 $\varphi_j \sim j^{-\mu}\rho(j)$, 其中 $1/2 < \mu < 1$ 和 $\rho(k)$ 是一个在 ∞ 上慢变化的函数.
C2 $\sum_{i=1}^{\infty} i|\varphi_i| < \infty$ 和 $\varphi \equiv \sum_{j=0}^{\infty} \varphi_j \neq 0$.

考虑非线性变量协整模型:

$$y_t = \alpha + \beta h(x_t) + w_t, \tag{9.24}$$

其中 $x_t = \sum_{k=1}^{t} u_k$ 和 $h(x)$ 是一个渐近齐性实函数, 也就是, 存在实函数 $\nu(\lambda) > 0$,

$H(x)$ 和 $R(\lambda x)$(当 $\lambda \to \infty$ 或 $\lambda x \to \infty$ 可以忽略不计) 以便

$$h(\lambda x) = \nu(\lambda)\, H(x) + R(\lambda x). \tag{9.25}$$

在给定条件下, 模型 (9.24) 中存在内生性和非线性, 而回归量 x_t 由短 (在 C2 下) 或长 (在 C1 下) 记忆创新 (innovation) u_k 驱动. 可以写出 α 和 β 的最小二乘估计 (LSE) 为

$$\hat{\beta} = \frac{\sum\limits_{t=1}^{n} y_t h(x_t) - n^{-1} \sum\limits_{t=1}^{n} h(x_t) \sum\limits_{t=1}^{n} y_t}{\sum\limits_{t=1}^{n} h(x_t)^2 - n^{-1}\left[\sum\limits_{t=1}^{n} h(x_t)\right]^2}$$

$$= \beta + \frac{\sum\limits_{t=1}^{n} w_t \left[h(x_t) - n^{-1}\sum\limits_{t=1}^{n} h(x_t)\right]}{\sum\limits_{t=1}^{n} h(x_t)^2 - n^{-1}\left[\sum\limits_{t=1}^{n} h(x_t)\right]^2}, \tag{9.26}$$

$$\hat{\alpha} = \frac{1}{n}\sum\limits_{t=1}^{n} y_t - \frac{\hat{\beta}}{n}\sum\limits_{t=1}^{n} h(x_t)$$

$$= \alpha + \frac{1}{n}\sum\limits_{t=1}^{n} w_t - \frac{\hat{\beta} - \beta}{n}\sum\limits_{t=1}^{n} h(x_t). \tag{9.27}$$

$\hat{\alpha}$ 和 $\hat{\beta}$ 的渐近性显然取决于模型 (9.24) 中 w_t 的结构、内生性和非线性, 可以通过使用定理 9.2.1 和推论 9.3.1 的一些修正来考虑. 为了证明这一点, 我们需要在定理 9.3.1 和推论 9.3.1 中强加于 w_t 的条件, 以及具有 (9.25) 表示的 $h(x)$ 的其他条件.

为了阅读的方便, 使用 9.3.1 节的符号, 令

$$v_k = \sum_{i=0}^{\infty} \mathcal{P}_k w_{i+k}, \quad z_k = \sum_{i=1}^{\infty} E(w_{i+k}|\mathcal{F}_k), \quad \Omega = \begin{pmatrix} 1 & \rho \\ \rho & E v_0^2 \end{pmatrix},$$

其中 $\rho = E\epsilon_0 v_0 = \sum\limits_{i=0}^{\infty} E\epsilon_0 w_i$. 进一步, 令 (B_{1t}, B_{2t}) 是一个具有协方差矩阵 $\Omega \cdot t$ 的二元布朗运动以及定义了一个像 9.3.1 节的分数布朗运动 $B_H(t)$. 我们总是假设 $\sum\limits_{i=1}^{\infty} i \langle \mathcal{P}_0 w_i \rangle_2 < \infty$ 暗示 $E(v_0^2 + z_0^2) < \infty$, 也使用在 $h(x)$ 上的下面假设.

A7　(i) $H(x)$ 满足一个局部的 Lipschitz 条件;

(ii) $H'(x)$ 在 $\mathbb{R}$ 上连续且

$$|H'(x) - H'(y)| \leqslant C_K |x - y|^\beta,$$

对某个 $\beta > 0$, 以及所有的 $\max(|x|, |y|) \leqslant K$, 其中 C_K 是一个仅依赖 K 的常数;

(iii) 存在一个 $a(\lambda)$ 使得 $|R(\lambda x)| \leqslant a(\lambda)(1 + |x|^\gamma)$ 成立, 对某个 $\gamma > 0$ 和

$$|R(\lambda x) - R(\lambda y)| \leqslant a(\lambda)|x - y|,$$

无论 x 和 y 都在一个紧集里.

(iv) 当 $\lambda \to \infty$, 时 $\lim\limits_{\lambda \to \infty} a(\lambda)/\nu(\lambda) = 0$.

接下来的结论提供了 $\hat{\alpha}$ 和 $\hat{\beta}$ 的渐近性.

定理 9.5.1 假设 (9.8), A7(i) 和 (iii) 成立. 若 $u_k = \sum\limits_{j=0}^{\infty} \varphi_j \epsilon_{k-j}$, 有系数 $\varphi_j, j \geqslant 0$, 则

$$\nu(d_n)\sqrt{n}(\hat{\beta}_n - \beta) \to_D \frac{\int_0^1 H[B_{3/2-\mu}(t)]dB_{2t} - B_{2t}\int_0^1 H[B_{3/2-\mu}(t)]dt}{\int_0^1 H^2[B_{3/2-\mu}(t)]dt - \left[\int_0^1 H[B_{3/2-\mu}(t)]dt\right]^2},$$

其中 $d_n^2 = c_\mu n^{3-2\mu}\rho^2(n)$, 对某个 $c_\mu > 0$. 如果特别有 $\nu(\lambda) \to \infty$, 则

$$\sqrt{n}(\hat{\alpha}_n - \alpha) \to_D N(0, Ev_0^2). \tag{9.28}$$

定理 9.5.2 假设 (9.12), A7 (ii) 和 (iii) 成立. 若 $u_k = \sum\limits_{j=0}^{\infty} \varphi_j \epsilon_{k-j}$, 有系数 $\varphi_j, j \geqslant 0$, 满足 C2, 则

$$\nu(\sqrt{n}\varphi)\sqrt{n}(\hat{\beta}_n - \beta)$$
$$\to_D \frac{\int_0^1 H(B_{1t})dB_{2t} + A_0\int_0^1 H'(B_{1t})dt - B_{2t}\int_0^1 H(B_{1t})dt}{\int_0^1 H^2(B_{1t})dt - \left[\int_0^1 H(B_{1t})dt\right]^2}, \tag{9.29}$$

其中 $A_0 = \sum\limits_{j=0}^{\infty}\sum\limits_{i=1}^{\infty} \varphi_j E\epsilon_{-j}w_i$. 如果特别地, $\nu(\lambda) \to \infty$, 则

$$\sqrt{n}(\hat{\alpha}_n - \alpha) \to_D N(0, Ev_0^2). \tag{9.30}$$

根据 (9.25), 结合连续映射定理和下面的命题, 跟从定理 9.3.1 和推论 9.3.1 的证明, 我们易得到定理 9.5.1 和定理 9.5.2. 我们省略了细节.

命题 9.5.1   假定 $R(x)$ 满足 A7(iii). 那么, u_t 和 w_t 满足定理 9.5.1 或定理 9.5.2 的条件, 有

$$\frac{1}{a(\widetilde{d}_n)\sqrt{n}} \sum_{t=1}^{n} R(x_t)w_{t+1} = O_P(1), \tag{9.31}$$

其中 $\widetilde{d}_n = \begin{cases} d_n, & \text{在定理 9.5.1 的条件下,} \\ \sqrt{n}\varphi, & \text{在定理 9.5.2 的条件下.} \end{cases}$

9.6   定理的证明及结束语

本节提供了所有定理的证明. 除非明确提及, 否则本节中使用的符号与前面部分中的相同.

9.6.1   定理 9.2.1 的证明

我们可以写

$$\frac{1}{\sqrt{n}} \sum_{k=1}^{n-1} f(x_{nk})w_{k+1}$$

$$= \frac{1}{\sqrt{n}} \sum_{k=1}^{n-1} f(x_{nk})(v_{k+1} + z_k - z_{k+1})$$

$$= \frac{1}{\sqrt{n}} \sum_{k=1}^{n-1} f(x_{nk})v_{k+1} + \frac{1}{\sqrt{n}} \sum_{k=1}^{n-1} \left[f(x_{nk}) - f(x_{n,k-1}) \right] z_k + o_p(1)$$

$$= \frac{1}{\sqrt{n}} \sum_{k=1}^{n-1} f(x_{nk})v_{k+1} + R_n + o_P(1), \tag{9.32}$$

令 $\Omega_K = \{x_{ni} : \max_{1 \leqslant i \leqslant n} ||x_{ni}|| \leqslant K\}$. 由于 f 满足局部的 Lipschitz 条件, 当 $n \to \infty$ 时, $\sup_k E||z_k u_k|| < \infty$, 容易得出

$$E|R_n|I(\Omega_K) \leqslant C_K \frac{1}{\sqrt{n}d_n} \sum_{k=1}^{n} E||z_k u_k|| \leqslant C_K \left(n/d_n^2 \right)^{1/2} \to 0.$$

这暗示 $R_n = o_P(1)$, 因为当 $K \to \infty$ 时, $P(\Omega_K) \to 1$, 定理 9.2.1 来自文献 (Kurtz and Protter, 1991) 定理 1.1.

9.6.2 定理 9.2.2 的证明

我们可以写

$$
\frac{1}{\sqrt{n}} \sum_{k=1}^{n-1} f(x_{nk}) w_{k+1}
$$

$$
= \frac{1}{\sqrt{n}} \sum_{k=1}^{n-1} f(x_{nk})(v_{k+1} + z_k - z_{k+1})
$$

$$
= \frac{1}{\sqrt{n}} \sum_{k=1}^{n-1} f(x_{nk}) v_{k+1} + \frac{1}{\sqrt{n}} \sum_{k=1}^{n-1} \left[f(x_{nk}) - f(x_{n,k-1}) \right] z_k + o_p(1)
$$

$$
= \frac{1}{\sqrt{n}} \sum_{k=1}^{n-1} f(x_{nk}) v_{k+1} + \frac{1}{\sqrt{n}} \sum_{k=1}^{n-1} (x_{nk} - x_{n,k-1}) \mathrm{D}f(x_{n,k-1}) z_k
$$

$$
+ R_1(n) + o_p(1)
$$

$$
= \frac{1}{\sqrt{n}} \sum_{k=1}^{n-1} f(x_{nk}) v_{k+1} + \frac{1}{\sqrt{n} d_n} \sum_{k=1}^{n-1} E(z_k u_k) \mathrm{D}f(x_{n,k-1})
$$

$$
+ R_1(n) + R_2(n) + o_p(1), \tag{9.33}
$$

其中剩余项是

$$
R_1(n) = \frac{1}{\sqrt{n}} \sum_{k=1}^{n-1} z_k \left[f(x_{nk}) - f(x_{n,k-1}) - (x_{nk} - x_{n,k-1}) \mathrm{D}f(x_{n,k-1}) \right],
$$

$$
R_2(n) = \frac{1}{\sqrt{n} d_n} \sum_{k=1}^{n-1} [z_k u_k - E(z_k u_k)] \mathrm{D}f(x_{n,k-1}).
$$

根据定理 9.2.1, 去证明 (9.5), 很容易得到

$$
R_i(n) = o_P(1), \quad i = 1,\, 2. \tag{9.34}
$$

为了证明 (9.34), 令 $\Omega_K = \{x_{ni} : \max_{1 \leqslant i \leqslant n} \|x_{ni}\| \leqslant K\}$, 注意到, A3 暗示下式成立, 对于任意的 $K > 0$ 和 $\max(\|x\|, \|y\|) \leqslant K$, $\|\mathrm{D}f(x)\| \leqslant C_K$ 以及

$$
|f(x) - f(y) - (x - y)\,\mathrm{D}f(x)| \leqslant C_K \|x - y\|^{1+\beta'},
$$

其中 A4 (i) 给出 $\beta' = \min(\delta/(2+\delta), \beta)$, 对于 $\delta > 0$, 那么

$$
E|R_1(n)|I(\Omega_K) \leqslant \frac{C_K}{\sqrt{n}} \sum_{k=1}^{n} E\big(\|x_{nk} - x_{n,k-1}\|^{1+\beta'} |z_k| \big)
$$

$$
\leqslant C_K\, n^{-(1+\beta'/2)} \sum_{k=1}^{n} E\big(\|u_k\|^{1+\beta'} |z_k| \big) = O(n^{-\beta'/2}), \tag{9.35}
$$

其中由于 A4 (i), 我们使用下面的结论

$$\sup_{k \geqslant 1} E(||u_k||^{1+\beta'}|z_k|) \sup_{k \geqslant 1} \left(E||u_k||^2\right)^{(1+\beta')/2} \sup_{k \geqslant 1} \left(E|z_k|^{2+\delta}\right)^{1/(2+\delta)} < \infty.$$

这暗示 $R_1(n) = O_P(n^{-\beta/2})$, 因为当 $K \to \infty$ 时, $P(\Omega_K) \to 1$.

然后证明 $R_2(n) = o_P(1)$. 为此, 令 $m = m_n \to \infty$ 和 $m_n \leqslant \log n$. 通过回顾 $\lambda_k = z_k u_k - E(z_k u_k)$, 有

$$R_2(n) = \frac{1}{n\sigma} \sum_{k=1}^{2m} \lambda_k \mathrm{D}f(x_{n,k-1}) + \frac{1}{n\sigma} \sum_{k=2m}^{n-1} \lambda_k \mathrm{D}f(x_{n,k-m-1})$$

$$+ \frac{1}{n\sigma} \sum_{k=2m}^{n-1} \lambda_k \big[\mathrm{D}f(x_{n,k-1}) - \mathrm{D}f(x_{n,k-m-1})\big]$$

$$= R_{21}(n) + R_{22}(n) + R_{23}(n).$$

正如 (9.35) 的证明, 从 A3 很清楚得到

$$E|R_{21}(n)|I(\Omega_K) \leqslant C_K mn^{-1} \sup_{k \geqslant 1} E||\lambda_k|| \leqslant C_K n^{-1} \log n,$$

$$E|R_{23}(n)|I(\Omega_K) \leqslant C_K n^{-1} \sum_{k=1}^{n} E\big(||x_{n,k-1} - x_{n,k-m-1}||^{\beta'} ||\lambda_k||\big)$$

$$\leqslant C_K n^{-1-\beta'/2} \sum_{k=1}^{n} \sum_{j=k-m}^{k-1} E(||u_j||^{\beta'} ||\lambda_k||)$$

$$\leqslant C_K n^{-\beta'/2} \log n,$$

其中 $\beta' = \min\{\delta/(2+\delta), \beta\}$. 因此 $R_{21}(n) + R_{23}(n) = o_P(1)$, 因为当 $K \to \infty$ 时, 有 $P(\Omega_K) \to 1$. 为了估计 $R_{22}(n)$, 令

$$IR_1(n) = \frac{1}{n\sigma} \sum_{k=2m}^{n-1} \big[\lambda_k - E(\lambda_k \mid \mathcal{F}_{k-m-1})\big] x_k^*,$$

$$IR_2(n) = \frac{1}{n\sigma} \sum_{k=2m}^{n-1} E(\lambda_k \mid \mathcal{F}_{k-m-1}) x_k^*,$$

其中 $x_k^* = \mathrm{D}f(x_{n,k-m-1})I(\max_{1 \leqslant j \leqslant k-m-1} ||x_{nj}|| \leqslant K)$. 由于 A4 (iii) 和 A3,

$$|IR_2(n)| \leqslant \frac{C_K}{n} \sum_{k=1}^{n} ||E(\lambda_k \mid \mathcal{F}_{k-m-1})||$$

$$\leqslant \sup_{k \geqslant 2m} ||E(\lambda_k \mid \mathcal{F}_{k-m-1})|| = o_P(1).$$

类似地, 若 A4 (iii)′ 和 A3 成立, 那么

$$E|IR_2(n)| \leqslant \frac{C_K}{n} \sum_{k=1}^{n} E\|E(\lambda_k \mid \mathcal{F}_{k-m-1})\|$$
$$\leqslant \sup_{k \geqslant 2m} E\|E(\lambda_k \mid \mathcal{F}_{k-m-1})\| = o(1),$$

其产生 $|IR_2(n)| = o_P(1)$. 另一方面, 有

$$IR_1(n) = \sum_{j=0}^{m} IR_{1j}(n),$$

其中

$$IR_{1j}(n) = \frac{1}{n\sigma} \sum_{k=2m}^{n-1} \big[E(\lambda_k \mid \mathcal{F}_{k-j}) - E(\lambda_k \mid \mathcal{F}_{k-j-1})\big] x_k^*.$$

令 $\lambda_{1k}(j) = \big[E(\lambda_k \mid \mathcal{F}_{k-j}) - E(\lambda_k \mid \mathcal{F}_{k-j-1})\big] x_k^*$. 注意到, 对于每一个 $j \geqslant 0$,

$$IR_{1j}(n) = \frac{1}{n\sigma} \sum_{k=2m}^{n-1} \lambda_{1k}(j)$$

是一个鞅, 具有 $\sup_{k \geqslant 1} E\|\lambda_{1k}(j)\|^{1+\delta} \leqslant C \sup_{k \geqslant 1} E\|\lambda_k\|^{1+\delta} < \infty$ 成立, 对某个 $\delta > 0$. 来自强鞅定律的经典结果 (例如参见文献 (Hall and Heyde, 1980) 中的定理 2.21, 第 41 页) 产生

$$IR_{1j}(n) = o_{a.s}(\log^{-2} n),$$

对于每一个 $0 \leqslant j \leqslant m \leqslant \log n$, 暗示 $IR_1(n) = \sum_{j=0}^{m} IR_{1j}(n) = o_P(1)$. 现在有 $R_{22}(n) = o_P(1)$, 因为当 $K \to \infty$ 时, $P(\Omega_K) \to 1$. 定义在事实上 Ω_k,

$$R_{22}(n) = \frac{1}{n\sigma} \sum_{k=2m}^{n-1} \lambda_k x_k^* = IR_1(n) + IR_2(n) = o_P(1).$$

结合这些结果, 证明了 $R_2(n) = o_P(1)$, 且也完成了 (9.5) 的证明.

定理 9.3.1 的证明 首先, 注意

$$d_n^2 = \text{var}\left(\sum_{j=1}^{n} u_j\right) \sim c_\mu \, n^{3-2\mu} h^2(n),$$

$$c_\mu = \frac{1}{(1-\mu)(3-2\mu)} \int_0^\infty x^{-\mu} (x+1)^{-\mu} dx,$$

也就是, $d_n^2/n \to \infty$ (Wang et al., 2003 的文献). 通过回顾 (9.7) 和使用定理 9.2.1, 如果我们验证 A2, 即在空间 $D_{\mathbb{R}^2}[0,1]$ 上, 定理 9.2.1 将得出

$$\left(\frac{1}{d_n} \sum_{j=1}^{[nt]} u_j, \ \frac{1}{\sqrt{n}} \sum_{j=1}^{[nt]} w_j \right) \Rightarrow \left(B_{3/2-\mu}(t), B_{2t} \right). \tag{9.36}$$

接下来, 证明 (9.36). 既然 $\{(\epsilon_k, v_k), \mathcal{F}_k\}_{k \geqslant 1}$ 构成一个平稳的鞅差具有协方差矩阵 Ω. 应用经典鞅极限定理 (参见文献 (Wang, 2015) 中的定理 3.9), 得到

$$\left(\frac{1}{\sqrt{n}} \sum_{j=1}^{[nt]} \epsilon_j, \ \frac{1}{\sqrt{n}} \sum_{j=1}^{[nt]} v_j \right) \Rightarrow \left(B_{1t}, B_{2t} \right), \tag{9.37}$$

其定义在 $D_{\mathbb{R}^2}[0,1]$ 上. 回忆 $k \geqslant 1$, 对于 $k \geqslant 1$,

$$w_k^* = F(\cdots, \eta_{-1}^*, \eta_0^*, \eta_1, \cdots, \eta_{k-1}, \eta_k),$$

其中 $\{\eta_k^*\}_{k \in \mathbb{Z}}$ 是 $\{\eta_k\}_{k \in \mathbb{Z}}$ 产生的一个独立同分布的随机变量序列, 并且独立于 $(\epsilon_k, \eta_k)_{k \in \mathbb{Z}}$. 令 $v_k^* = \sum_{i=0}^{\infty} \mathcal{P}_k w_{i+k}^*$. 注意到, 对于 $i \geqslant 1$, ϵ_{-i} 独立于 (ϵ_i, v_i^*). 如果有条件

$$\frac{1}{\sqrt{n}} \max_{1 \leqslant k \leqslant n} \left| \sum_{j=1}^{k} (v_j - v_j^*) \right| = o_P(1), \tag{9.38}$$

由 (9.37) 可得到

$$\left(\frac{1}{\sqrt{n}} \sum_{j=1}^{[nt]} \epsilon_{-j}, \ \frac{1}{\sqrt{n}} \sum_{j=1}^{[nt]} \epsilon_j, \ \frac{1}{\sqrt{n}} \sum_{j=1}^{[nt]} v_j \right) \Rightarrow \left(B_t, B_{1t}, B_{2t} \right), \tag{9.39}$$

定义在 $D_{\mathbb{R}^3}[0,1]$ 上, 其中 B_t 是独立于 (B_{1t}, B_{2t}) 的标准布朗运动. 注意到

$$\max_{1 \leqslant k \leqslant n} \left| \frac{1}{\sqrt{n}} \sum_{j=1}^{k} w_j - \frac{1}{\sqrt{n}} \sum_{j=1}^{k} v_j \right| \leqslant \max_{1 \leqslant k \leqslant n} |z_k| / \sqrt{n} = o_P(1).$$

结论 (9.39) 意味着

$$\left(\frac{1}{\sqrt{n}} \sum_{j=1}^{[nt]} \epsilon_{-j}, \ \frac{1}{\sqrt{n}} \sum_{j=1}^{[nt]} \epsilon_j, \ \frac{1}{\sqrt{n}} \sum_{j=1}^{[nt]} w_j \right) \Rightarrow \left(B_t, B_{1t}, B_{2t} \right),$$

定义在 $D_{\mathbb{R}^3}[0,1]$ 上. 因此, 由连续映射定理和类似于文献 (Wang et al., 2003) 中相应部分, 我们能得到 (9.39).

然后表明 (9.8) 暗示 (9.38) 成立. 事实上, 根据 $\{v_k - v_k^*, \mathcal{F}_k\}_{k \geqslant 1}$ 形成了一个鞅差, 鞅最大不等式清楚地表明, 对于任意的 $\epsilon > 0$,

$$P\left(\max_{1 \leqslant k \leqslant n}\left|\sum_{j=1}^{k}(v_j - v_j^*)\right| \geqslant \epsilon\sqrt{n}\right) \leqslant \frac{2}{n\epsilon^2}\sum_{j=1}^{n}E(v_j - v_j^*)^2 \tag{9.40}$$

$$\leqslant \frac{2}{n\epsilon^2}\sum_{k=1}^{n}E\left[\sum_{i=0}^{\infty}\mathcal{P}_k(w_{i+k} - w_{i+k}^*)\right]^2. \tag{9.41}$$

利用 Hölder 不等式和 (9.8), 有

$$E\left[\sum_{i=0}^{\infty}\mathcal{P}_k(w_{i+k} - w_{i+k}^*)\right]^2 \leqslant \sum_{i=0}^{\infty}(i+k)^{-1-\epsilon}\sum_{i=0}^{\infty}(i+k)^{1+\epsilon}E\left[\mathcal{P}_k(w_{i+k} - w_{i+k}^*)\right]^2$$

$$\leqslant C\sum_{i=k}^{\infty}i^{1+\epsilon}E(w_i - w_i^*)^2 \to 0,$$

当 $k \to \infty$ 时. 将这个估计值代入 (9.40), 得到 (9.38), 并完成定理 9.3.1 的证明.

定理 9.3.2 的证明　如在定理 9.2.1 的证明中, 通过回忆 (9.12) 和使用定理 9.2.2 只需要验证 A2, 即定义在 $D_{\mathbb{R}^2}[0,1]$ 上

$$\left(\frac{1}{\sqrt{n}}\sum_{k=1}^{[nt]}u_k, \ \frac{1}{\sqrt{n}}\sum_{k=1}^{[nt]}w_k\right) \Rightarrow (B_{1t}, B_{2t}). \tag{9.42}$$

事实上, 通过注意到 $\{(v_{1k}, v_k), \mathcal{F}_k\}_{k \geqslant 1}$ 形成一个平稳的鞅差, 具有 $E(v_{10}^2 + v_0^2) < \infty$ 典型的鞅极值理论 (见文献 (Wang, 2015) 中的定理 3.9) 产生

$$\left(\frac{1}{\sqrt{n}\sigma}\sum_{k=1}^{[nt]}v_{1k}, \ \frac{1}{\sqrt{n}}\sum_{k=1}^{[nt]}v_k\right) \Rightarrow (B_{1t}, B_{2t}),$$

定义在 $D_{\mathbb{R}^2}[0,1]$ 上, 其中 $(B_{1t}, B_{2t})_{t \geqslant 0}$ 是一个 2 维高斯过程, 具有零均值、平稳且独立增量及协方差矩阵

$$\Omega_t = \lim_{n \to \infty}\frac{1}{n}\sum_{k=1}^{[nt]}\text{cov}\left[\begin{pmatrix} \sigma^{-1}v_{1k} \\ v_k \end{pmatrix}(\sigma^{-1}v_{1k}, v_k)\right] = \Omega\, t.$$

因此, 有

$$(x_{n,[nt]}, y_{n,[nt]}) = \left(\frac{1}{\sqrt{n}\sigma}\sum_{k=1}^{[nt]}v_{1k}, \ \frac{1}{\sqrt{n}}\sum_{k=1}^{[nt]}v_k\right) + R_{n,t}$$

$$\Rightarrow (B_{1t}, B_{2t}),$$

通过回忆 $E(|z_{10}|^2 + |z_0|^2) < \infty$,

$$\sup_{0 \leqslant t \leqslant 1} \|R_{n,t}\| \leqslant \max_{1 \leqslant k \leqslant n} (|z_{1k}| + |z_k|) / \sqrt{n} = o_P(1).$$

这产生了 (9.42), 也完成了定理 9.2.2 的证明.

推论 9.3.1 证明　我们仅需要证明 A5, 首先, 一个简单的计算显示 $\mathcal{P}_k u_{i+k} = \varphi_i \epsilon_k$. 因此, $\displaystyle\sum_{i=1}^{\infty} i \langle \mathcal{P}_0 u_i \rangle_2 < \infty$, 也就是, A5(i) 成立.

因为 (9.12) 意味着 (9.16), A5(ii). 接下来表明 A5(iii) 成立, 若 $\displaystyle\sum_{t=1}^{\infty} t \langle w_t - w_t^{'} \rangle_2 < \infty$, 既然后者是 (9.12) 的结果, 事实上, 若 $j < k$, 通过令 $\displaystyle\sum_{i=k}^{j} = 0$, 可以有

$$
\begin{aligned}
E\left(\widetilde{\lambda}_k \mid \mathcal{F}_{k-m}\right) &= \sum_{j=-\infty}^{k-m} \mathcal{P}_j(u_k z_k) = \sum_{i=0}^{\infty} \varphi_i \sum_{j=m}^{\infty} \mathcal{P}_{k-j}(\epsilon_{k-i} z_k) \\
&= \sum_{i=0}^{\infty} \varphi_i \left(\sum_{j=m}^{\max(m,i)} + \sum_{j=\max(m,i)+1}^{\infty} \right) \mathcal{P}_0(\epsilon_{j-i} z_j) \\
&= \sum_{i=0}^{\infty} \varphi_i \sum_{j=m}^{\max(m,i)} \mathcal{P}_0(\epsilon_{j-i} z_j) + \sum_{i=0}^{\infty} \varphi_i \sum_{j=\max(m,i)+1}^{\infty} \sum_{t=1}^{\infty} \mathcal{P}_0(\epsilon_{j-i} w_{t+j}) \\
&:= A_{1m} + A_{2m}.
\end{aligned}
\tag{9.43}
$$

这很容易从 $E|z_k|^2 = E|z_0|^2 < \infty$ 得到

$$E|A_{1m}| \leqslant 2 \sum_{i=m}^{\infty} i |\varphi_i| (E\epsilon_0^2)^{1/2} (Ez_0^2)^{1/2} \to 0,$$

如 $m \to \infty$ 至于 A_{2m}, 通过注意到 $\mathcal{P}_0(\epsilon_{j-i} w_{t+j}) = E[\epsilon_{j-i}(w_{t+j} - w_{t+j}^{'}) \mid \mathcal{F}_0]$ 当 $j > i$, 有

$$
\begin{aligned}
E|A_{2m}| &\leqslant \sum_{i=0}^{\infty} |\varphi_i| \sum_{j=m+1}^{\infty} \sum_{t=1}^{\infty} E|\epsilon_{j-i}(w_{t+j} - w_{t+j}^{'})| \\
&\leqslant C \sum_{j=m+1}^{\infty} \sum_{t=1+j}^{\infty} \langle w_t - w_t^{'} \rangle_2 \\
&\leqslant C \sum_{t=m}^{\infty} t \langle w_t - w_t^{'} \rangle_2 \to 0,
\end{aligned}
$$

正如 $m \to \infty$, 将这些估计代入 (9.43), 获得

$$E\left[\sup_{k \geqslant 2m} |E(\widetilde{\lambda}_k \mid \mathcal{F}_{k-m})|\right] \leqslant E|A_{1m}| + E|A_{2m}| \to 0,$$

意指 A5(iii).

定理 9.3.3 的证明 首先要注意的是, 在 A6 下, 根据文献 (Davidson, 1994) 中的定理 17.5 得出 w_k $(k \in \mathbb{Z})$ 是一个大小为 -1 的平稳 $\mathcal{L}_{2+\delta}$ 混合鞅, 具有常数 $\langle w_0 \rangle_4$,

$$\langle E(w_k \mid \mathcal{F}_{k-m}) \rangle_{2+\delta} \leqslant C \langle w_1 \rangle_4 \, m^{-\gamma}, \tag{9.44}$$

$$\langle w_k - E(w_k \mid \mathcal{F}_{k+m}) \rangle_{2+\delta} \leqslant C \langle w_1 \rangle_4 \, m^{-\gamma} \tag{9.45}$$

成立于所有的 k, $m \geqslant 1$, 某个 $\gamma > 1$. 此外, 根据文献 (Davidson, 1994) 中的定理 16.6, 可以写

$$w_k = v_k + z_{k-1} - z_k,$$

其中, 在 9.3.2 节

$$v_k = \sum_{i=0}^{\infty} \mathcal{P}_k w_{i+k}, \quad z_k = \sum_{i=1}^{\infty} E(w_{i+k} \mid \mathcal{F}_k).$$

我们清楚地知道 v_k 和 z_k 是平稳的, 并且 $(v_k, \mathcal{F}_k)_{k \geqslant 1}$ 形成了一个鞅差具有 $Ev_1^2 \leqslant 2Ew_1^2 + 4Ez_1^2 < \infty$. 利用 (9.44), 接下来的结论成立 (意指 $Ez_1^2 < \infty$):

$$\langle z_{k,j} \rangle_{2+\delta} \leqslant \sum_{i=j+1}^{\infty} \langle E(w_i \mid \mathcal{F}_0) \rangle_{2+\delta} \leqslant C \langle w_1 \rangle_4 \sum_{i=j+1}^{\infty} i^{-\gamma} < \infty, \tag{9.46}$$

对于所有的 $j \geqslant 0$, 其中 $z_{k,j} = \sum\limits_{i=j+1}^{\infty} E(w_{i+k} \mid \mathcal{F}_k)$. 利用 (9.44) 和 (9.45), 对于所有的 $k \geqslant 1$, 也有

$$|E(w_1 w_k)| \leqslant E\big(|w_1 - w_1^*| \, |w_k|\big) + E\big[|w_1^*| \, |E(w_k \mid \mathcal{F}_{k/2})|\big]$$

$$\leqslant \langle w_1 \rangle_2 \big\{ \langle w_1 - w_1^* \rangle_2 + \langle E(w_k \mid \mathcal{F}_{k/2}) \rangle_2 \big\}$$

$$\leqslant C \langle w_1 \rangle_2 \langle w_1 \rangle_4 \, k^{-\gamma}, \tag{9.47}$$

其中 $w_1^* = E(w_1 \mid \mathcal{F}_{k/2})$. 我们随后使用 (9.47) 的结论.

注意, w_k 具有满足 A1 的 v_k 的结构 (9.3) 和 (9.14) 表示 A1; 在 $j = 0$ 时, A6(iii) 和 (9.46) 推出 A4(i). 如果证明 (9.13), 定理 9.2.2 和定理 9.3.3 将得出

$$\sup_{k \geqslant 2m} E\|E(\lambda_k \mid \mathcal{F}_{k-m})\| \to 0, \tag{9.48}$$

其中 $\lambda_k = z_k u_k - E z_k u_k$, 当 $m \to \infty$ 时.

通过回忆 $(u_k, w_k)_{k \geqslant 1}$ 的平稳性, 为了证明 (9.13), 充分表示 Ω_1, Ω_2 和 ρ 是有限的. 事实上, (9.47) 意味着 $|\Omega_2| \leqslant E w_0^2 + C \sum\limits_{j=1}^{\infty} j^{-\gamma} < \infty$. 类似地, 可以证实 $(u_k)_{k \geqslant 1}$ 是一个关于常数 $\langle u_0 \rangle_4$ 的大小为 -1 的平稳 $\mathcal{L}_2$ 混合鞅. 因此, 相同的结论产生 $|\Omega_1| < \infty$ 和 $|\rho| < \infty$.

为了证明 (9.48), 令 $z_k^* = z_k - z_{k, \alpha_m} = \sum\limits_{i=1}^{\alpha_m} E(w_{i+k} | \mathcal{F}_k)$

$$\lambda_{k,1} = z_k^* u_k - E z_k^* u_k, \qquad \lambda_{k,2} = z_{k, \alpha_m} u_k - E z_{k, \alpha_m} u_k,$$

其中 $\alpha_m \to \infty$ 和就如 (9.46) 中给的 z_{k, α_m}. 因为 (9.46), 有

$$E||E(\lambda_{k,2} | \mathcal{F}_{k-m})|| \leqslant E||\lambda_{k,2}|| \leqslant 2 \langle z_{k, \lambda_m} \rangle_2 \langle u_0 \rangle_2 \to 0 \tag{9.49}$$

成立, 当 $m \to \infty$ 时, 一致对所有的 $k \geqslant 2m$ 和所有的整数序列 $\alpha_m \to \infty$. 通过回忆 u_k, 适应于 $\mathcal{F}_k$ 以及 $\mathcal{F}_{k-m} \subset \mathcal{F}_k$, 可以写

$$E||E(\lambda_{k,1} | \mathcal{F}_{k-m})|| \leqslant \sum\limits_{i=1}^{\alpha_m} E||E(A_k | \mathcal{F}_{k-m})||,$$

其中 $A_k = u_k w_{i+k} - E u_k w_{i+k}$. 既然 u_k 和 w_k 都是大小为 -1 的 $\mathcal{L}_2$-NED. 文献 (Davidson, 1994) 中的推论 17.11 暗示 A_k 是大小为 -1 的 $\mathcal{L}_1$-NED. 因此, 正如 (9.44) 的证明, 存在一个 v_m 的序列使得 $v_m \to 0$ 以及

$$E||E(A_k | \mathcal{F}_{k-m})|| \leqslant C v_m.$$

因此, 一致对 $k \geqslant 2m$,

$$E||E(\lambda_{k,1} | \mathcal{F}_{k-m})|| \leqslant C \alpha_m v_m \to 0,$$

正如 $m \to \infty$, 通过取 α_m 作为一个整数序列, 其中 $\alpha_m \to \infty$ 和 $\alpha_m v_m \to 0$, 结合 (9.49), 产生

$$\sup\limits_{k \geqslant 2m} E||E(\lambda_k | \mathcal{F}_{k-m})|| \leqslant C (\alpha_m v_m + 2 \langle z_{k, \alpha_m} \rangle_2 \langle u_0 \rangle_2) \to 0,$$

当 $m \to \infty$ 时, 正如所需要的, 定理 9.3.3 的证明完成.

命题 9.5.1 的证明 回忆 $w_k = v_k + z_{k-1} - z_k$, 可以写

$$\sum_{k=1}^{n} R(x_k)w_{k+1}$$

$$= \sum_{k=1}^{n} R(x_k)(v_{k+1} + z_k - z_{k+1})$$

$$= \sum_{k=1}^{n} R(x_k)v_{k+1} + \sum_{k=1}^{n} \Big[R(x_k) - R(x_{k-1}) \Big] z_k$$

$$+ R(x_n)z_{n+1} - R(x_0)z_1$$

$$= \Delta_{1n} + \Delta_{2n} + \Delta_{3n}, \tag{9.50}$$

对于某个 $K > 0$, 令 $\tilde{x}_k = x_k I(|x_k|/\tilde{d}_n \leqslant K)$,

$$\widetilde{\Delta}_{1n} = \sum_{k=1}^{n} R(\tilde{x}_k)v_{k+1} \quad \text{和} \quad \widetilde{\Delta}_{2n} = \Delta_{2n} I\Big(\max_{1 \leqslant i \leqslant n} |x_i|/\tilde{d}_n \leqslant K \Big).$$

在 A7(iii) 下, 由 $\sup_k E|z_k u_k| < \infty$ 很容易得到, 对于任意的 $K > 0$,

$$E|\widetilde{\Delta}_{2n}| \leqslant \frac{a(\tilde{d}_n)}{\tilde{d}_n} \sum_{k=1}^{n} E\|z_k u_k\| \leqslant C \frac{na(\tilde{d}_n)}{\tilde{d}_n},$$

意指 $\Delta_{2n} = O_P\big[\sqrt{n}\,a(\tilde{d}_n)\big]$, 因为当 $K \to \infty$ 时,

$$P(\Delta_{2n} \neq \widetilde{\Delta}_{2n}) \leqslant P\Big(\max_{1 \leqslant i \leqslant n} |x_i|/\tilde{d}_n > K \Big) \to 0.$$

类似地, $\Delta_{2n} = O_P\big[\sqrt{n}\,a(\tilde{d}_n)\big]$. 至于 Δ_{1n}, 通过注意到 Δ_{1n} 形成了一个鞅差, 从 A7(iii) 能得到

$$E\widetilde{\Delta}_{1n}^2 \leqslant \sum_{k=1}^{n} ER^2(\tilde{x}_k) \leqslant na^2(\tilde{d}_n)(1 + C_K^{\gamma}),$$

表明 $\Delta_{1n} = O_P\big[\sqrt{n}\,a(\tilde{d}_n)\big]$, 因为正如 $K \to \infty$,

$$P(\Delta_{1n} \neq \widetilde{\Delta}_{1n}) \leqslant P\Big(\max_{1 \leqslant i \leqslant n} |x_i|/\tilde{d}_n > K \Big) \to 0.$$

结合所有的事实, 证明 $\sum_{k=1}^{n} R(x_k)w_{k+1} = O_P\big[\sqrt{n}\,a(\tilde{d}_n)\big]$ 正如需要.

9.6.3　全文总结

　　关于随机积分的弱收敛性, 我们表明有可能扩展共同的鞅和半鞅结构, 以包括扰动中的长记忆过程、因果过程和近时期依赖. 我们的框架适用于门限自回归、双线性和其他非线性模型. 如 9.5 节所示, 计量经济学中具有非平稳时间序列的渐近性通常依赖于随机积分的收敛性. 我们希望本章得出的结论在相关领域证明是有用的, 特别是在内生性和非线性起主要作用的非线性协整回归中.

参 考 文 献

成世学. 2002. 破产论研究综述. 数学进展, 31(5): 403-422.

汉斯 U·盖伯. 1997. 数学风险论导引. 成世学, 严颖, 译. 北京: 世界图书出版发行公司.

胡迪鹤. 2008. 高等概率论及其应用. 北京: 高等教育出版社.

卡尔斯 R, 胡法兹 M, 达呐 J, 狄尼特 M. 2005. 现代精算风险理论. 唐启鹤, 胡太忠, 译. 北京: 科学出版社.

彭江艳, 黄晋, 武德安. 2011. 常利率下自回归索赔模型的破产概率的界. 数学的实践与认识, 41(27): 17-22.

苏淳, 王岳宝. 1998. 同分布 NA 序列的强收敛性. 应用概率统计, 14(2): 131-140.

徐沈新, 方大凡. 2008. 破产理论研究的历史和现状. 吉林大学学报 (自然科学版), 29(1): 29-33.

钟开莱. 1989. 概率论教程. 刘文, 吴让泉, 译. 上海: 上海科学技术出版社.

Asmussen S. 1998. Subexponential asymptotics for stochastic processes: Extremal behavior, stationary distributions and first passage probabilities. Ann. Appl. Probab., 8(2): 354-374.

Asmussen S. Ruin Probabilities. Singapore: World Scientific, 2000.

Albreche H, Boxma O J. 2004. A ruin model with dependence between claim sizes and claim intervals. Insurance: Mathematics and Economics, 35: 245-254.

Albrecher H, Teugels J L. 2006. Exponential behavior in the presence of dependence in risk theory. Journal of Applied Probability, 43: 257-273.

Asimit A V, Badescu A L. 2010. Extremes on the discounted aggregate claims in a time-dependent risk model. Scandinavian Actuarial Journal, 2010: 93-104.

Asmussen S. 2003. Ruin Probabilities. London: World Scientific.

Asmussen S, Schmidli H, Schmidt V. 1999. Tail probabilities for non-standard risk and queueing processes with subexponential jumps. Advances in Applied Probability, 31: 422-447.

Badescu A L, Cheung E C K, Landriault D. 2009. Dependent risk models with bivariate phase-type distributions. Journal of Applied Probability, 46: 113-131.

Bingham N H, Goldie C M, Teugels J L. 1987. Regular Variation. Cambridge: Cambridge University Press.

Boudreault M, Cossette H, Landriault D, Marceau E. 2006. On a risk model with dependence between interclaim arrivals and claim sizes. Scandinavian Actuarial Journal, 2006: 265-285.

Borovskikh Y V, Korolyuk V S. 1997. Martingale Approximation. Utrecht: VSP.

Breiman L. 1965. On some limit theorems similar to the arc-sin law. Theory of Probability and Its Applications, 10: 351-360.

Brockwell P J, Davis R A. 1991. Time Series: Theory and Methods. 2nd ed. New York: Springer-Verlag.

Cai J. 2004. Ruin probabilities and penalty functions with stochastic rates of interest. Stochastic Processes and Their Applications, 112: 53-78.

Chan N. Wang Q. 2015. Nonlinear regression with nonstationary time series. Journal of Econometrics, 185: 182-195.

Chang Y, Park J Y. 2011. Endogeneity in nonlinear regressions with integrated time series. Econometric Reviews, 30: 51-87.

Chang Y, Park J Y, Phillips P C B. 2001. Nonlinear econometric models with cointegrated and deterministically trending regressors. Econometrics Journal, 4: 1-36.

Chen Y Q, Ng K W. 2007. The ruin probability of the renewal model with constant interest force and negatively dependent heavy-tailed claims. Insurance Math. Econom., 40(3): 415-423.

Chen Y Q, Ng K W, Tang Q. 2005. Weighted sums of subexponential random variables and their maxima. Adv. Appl. Probab., 37(2): 510-522.

Cline D B H, Samorodnitsky G. 1994. Subexponentiality of the product of independent random variables. Stochastic Processes and their Applications, 49 :75-98.

Cont R, Tankov P. Financial Modelling with Jump Processes. London: Chapman and Hall/ CRC, 2004.

Cossette H, Marceau E, Marri F. 2008. On the compound Poisson risk model with dependence based on a generalized Farlie-Gumbel-Morgenstern copula. Insurance: Mathematics and Economics, 43: 444-455.

Davidson J. 1994. Stochastic Limit Theory: An Introduction for Econometricians. Oxford: Oxford University Press.

Davidson J. 2002. Establishing conditions for the functional central limit theorem in nonlinear and semiparametric time series processes. Journal of Econometrics, 106: 243-269.

de Jong R. 2004. Nonlinear estimators with integrated regressors but without exogeneity. Econometric Society North American Winter Meetings, 324.

Embrechts P, Klüppelberg C, Mikosch T. 1997. Modelling Extremal Events for Insurance and Finance. Berlin: Springer-Verlag.

Embrechts P, Veraverbeke N. Estimates for the probability of ruin with special emphasis on the possibility of large claims. Insurance: Mathematics and Economics, 1982.

Emmer S, Klüppelberg C. 2004. Optimal portfolios when stock prices follow an exponential Lévy process. Finance and Stochastics, 8: 17-44.

Esary J D, Proschan F, Walkup D W. 1967. Association of random variables, with applications. Ann. Math. Statist., 38(5): 1466-1474.

Feller W. An Introduction to Probability Theory and Its Applications. New York: John Wiley Sons, 1971.

Fu K A, Ng C Y A. 2014. Asymptotics for the ruin probability of a time-dependent renewal risk model with geometric Lévy process investment returns and dominatedly-varying-tailed claims. Insurance: Mathematics and Economics, 56: 80-87.

Gerber H U. Martingales in risk theory. Mitt. Ver. Schweiz. Vers. Math., 1973, 73: 205-216.

Guo F, Wang D. 2013a. Uniform asymptotic estimates for ruin probabilities of renewal risk models with exponential Lévy process investment returns and dependent claims. Applied Stochastic Models in Business and Industry, 29: 295-313.

Guo F, Wang D. 2013b. Finite-and infinite-time ruin probabilities with general stochastic investment return processes and bivariate upper tail independent and heavy-tailed claims. Advances in Applied Probability, 45: 241-273.

Hall P, Heyde C C. 1980. Martingale Limit Theory and Its Application. Probability and Mathematics Statistics. New York: Academic Press, Inc.

Hao X. Tang X. 2008. A uniform asymptotic estimate for discounted aggregate claims with subexponential tails. Insurance: Mathematics and Economics, 43: 116-120.

Harrison J M. 1977. Ruin problems with compounding assets. Stochastic Process. Appl., 5(1): 67-79.

Heyde C C, Wang D. 2009. Finite-time ruin probability with an exponential Lévy process investment return and heavy-tailed claims. Advances in Applied Probability, 41: 206-224.

Ibragimov R, Phillips P C B. 2008. Regression asymptotics using martingale convergence methods. Econometric Theory, 24: 888-947.

Jacod J, Shiryaev A N. 2003. Limit Theorems for Stochastic Processes. 2nd ed. New York: Springer Verlag.

Kalashnikov V, Norberg R. 2002. Power tailed ruin probabilities in presence of risky investment. Stochastic Processes and their Applications, 98: 211-228.

Kingman J F C. 1970. Inequalities in the theory of queues. J. Royal Statist. Soc. Ser. B, 32: 102-110.

Klüppelberg C, Kostadinova R. 2008. Integrated insurance risk models with exponential Levy investment. Insurance: Mathematics and Economics, 42: 560-577.

Klüppelberg C, Stadtmüller U. 1998. Ruin probabilities in the presence of heavy-tails and interest rates. Scand. Actuar. J., (1): 49-58.

Korn R. 1997. Optimal Portfolios. Singapore: World Scientific.

Kotz S, Balakrishnan N. 2000. Continuous Multivariate Distributions. New York: Wiley-Interscience.

Kurtz T G, Protter P. 1991. Weak limit theorems for stochastic integrals and stochastic differential equations. Annals of Probability, 19: 1035-1070.

Lundberg F. Approximerad Framstallning av Sannolikhetsfunktionen. Återforsäkring av Kollek- tivrisker. Uppsala: Almqvist Wiksell, 1903.

Li J. 2012. Asymptotics in a time-dependent renewal risk model with stochastic return. Journal of Mathematical Analysis and Applications, 387: 1009-1023.

Li J, Tang Q, Wu R. 2010. Subexponential tails of discounted aggregate claims a timedependent renewal risk model. Advances in Applied Probability, 42: 1126-1146.

Liang H Y, Phillips P C B, Wang H, Wang Q. 2016. Weak convergence to stochastic integrals for econometric applications. Econometric Theory, 32: 1349-1375.

Lin Z, Wang H. 2016. On convergence to stochastic integrals. Journal of Theoretical Probability, 29(3): 717-736.

Liu R F, Wang D C, Peng J Y. 2017. Infinite-time ruin probability of a renewal risk model with exponential Lévy process investment and dependent claims and inter-arrival times. Journal of Industrial and Management Optimization, 13 (2): 995-1007.

Maulik K, Zwart B. 2006. Tail asymptotics for exponential functionals of Lévy processes. Stochastic Processes and Their Applications, 116: 156-177.

Mikosch T, Samorodnitsky G. 2000. The supremum of a negative drift random walk with dependent heavy-tailed steps. Annals of Applied Probability, 10: 1025-1064.

Paulsen J. 1993. Risk theory in a stochastic economic environment. Stochastic Process. Appl., 46(2): 327-361.

Paulsen J. 1998. Ruin theory with compounding assets-a survey. Insur. Math. Econ., 22(1): 3-16.

Paulsen J. 1998. Sharp conditions for certain ruin in a risk process with stochastic return on investments. Stochastic Process. Appl., 75(1): 135-148.

Paulsen J, Gjessing H K. 1997. Ruin theory with stochastic return on investments. Adv. Appl. Probab., 29(4): 965-985.

Park J Y, Phillips P C B. 2000. Nonstationary binary choice. Econometrica, 68: 1249-1280.

Park J Y, Phillips P C B. 2001. Nonstationary regressions with integrated time series. Econometrica, 69: 117-161.

Paulsen J. 2002. On Cramér-like asymptotics for risk processes with stochastic return on investments. Annals of Applied Probability, 12: 1247-1260.

Paulsen J. 2008. Ruin models with investment income. Probability Surveys, 5: 416-434.

Peng J Y. 2009. Randomly weighted sums of negatively associated random variables with heavy tails. International Conference on Computational Intelligence and Software Engineering (Special Session on Applied Mathematics and Information Management). Wuhan, China.

Peng J Y, Huang J. 2009. High accuracy Nystrom methods for solving mixed BIEs of scattering problems. International Conference on Computational Intelligence and Software Engineering (Special Session on Applied Mathematics and Information Management). Wuhan, China.

Peng J Y, Huang J. 2010a. Ruin probability in a one-sided linear model with constant interest rate. Statistics & Probability Letters, 80: 662-669.

Peng J Y, Huang J. 2010b. Generalized Lundberg-type upper bounds for ruin probability in an autoregressive model. International Conference on Computer Applications and System Modeling, Taiyuan, China.

Peng J Y, Huang J, Wang D C. 2011. The ruin probability of a discrete-time risk model with a one-sided linear claim process. Communications in Statistics-Theory and Methods, 40(24): 4387-4399.

Peng J Y, Wang D C. 2017. Asymptotics for ruin probabilities of a non-standard renewal risk model with dependence structures and exponential Lévy process investment returns. Journal of Industrial and Management Optimization, 13(1): 155-185.

Peng J Y, Wang D C. 2018. Uniform asymptotics for ruin probabilities in a dependent renewal risk model with stochastic return on investments. Stochastics: An International Journal of Probability and Stochastic Processes, 90(3): 432-471.

Peng J Y, Wang Q Y. 2018. Weak convergence to stochastic integrals under primitive conditions in nonlinear econometric models. Econometric Theory, 34: 1132-1157.

Peng J Y, Wang D. 2017. Asymptotics for ruin probabilities of a non-standard renewal risk model with dependence structures and exponential Lévy process investment returns. J. Ind. Manage. Optim., 13(1): 155-185.

Phillips P C B. 1988. Weak convergence to sample covariance matrices to stochastic integrals via martingale approximation. Econometric Theory, 4: 528-533.

Phillips P C B, Solo V. 1992. Asymptotics for linear processes. Annals of Statistics, 20: 971-1001.

Rossberg H J, Siegel G. 1974. On Kingman's integral inequalities for approximations of the waiting time distribution in the queuing model GI/G/1 with and without warming-up time. Zastos. Math., 14: 27-30.

Rolski T, Schmidli V, Schmidt V, Teugels J L. Stochastic Processes for Insurance and Finance. Chichester: John Wiley, 1999.

Sato K. 1999. Lévy Processes and Infinitely Divisible Distributions. Cambridge: Cambridge University Press.

Tang Q. 2004. The ruin probability of a discrete time risk model under constant interest rate with heavy tails. Scand. Actuar. J., 3: 229-240.

Tang Q. 2007. Heavy tails of discounted aggregate claims in the continuous-time renewal model. J. Appl. Probab., 44(2): 285-294.

Tang Q. 2008. Insensitivity to negative dependence of asymptotic tail probabilities of sums and maxima of sums. Stochastic Analysis and Applications, 26: 435-450.

Tang Q, Tsitsiashvili G. 2003. Precise estimates for the ruin probability infinite horizon in a discrete-time model with heavy-tailed insurance and financial risks. Stochastic Processes and their Applications, 108: 299-325.

Tang Q, Tsitsiashvili G. 2003. Randomly weighted sums of subexponential random variables with application to ruin theory. Extremes, 6(3): 171-188.

Tang Q, Wang G, Yuen K C. 2010. Uniform tail asymptotics for the stochastic present value of aggregate claims in the renewal risk model. Insur. Math. Econ., 46(2): 362-370.

Taniguchi M, Kakizawa Y. 2000. Asymptotic Theory of Statistical Inference for Time Series. New York: Springer.

Taylor G C. 1976. Use of differential and integral inequalities to bound ruin and queueing probabilities. Scand. Actuar. J., (4): 197-208.

Wang D, Su C, Zeng Y. 2005. Uniform estimate for maximum of randomly weighted sums with applications to insurance risk theory. Science in China Series A: Mathematics, 48: 1379-1394.

Wang D, Tang Q. 2006. Tail probabilities of randomly weighted sums of random variables with dominated variation. Stochastic Models, 22: 253-272.

Wang K, Wang Y, Gao Q. 2013. Uniform asymptotics for the finite-time ruin probability of a dependent risk model with a constant interest rate. Methodology and Computing in Applied Probability, 15: 109-124.

Wang Q, Lin Y X, Gulati C M. 2003. Asymptotics for general fractionally integrated processes with applications to unit root tests. Econometric Theory, 19: 143-164.

Wang Q, Phillips P C B. 2009a. Asymptotic theory for local time density estimation and nonparametric cointegrating regression. Econometric Theory, 25: 710-738.

Wang Q, Phillips P C B. 2009b. Structural nonparametric cointegrating regression. Econometrica, 77: 1901-1948.

Wang Q. 2015. Limit Theorems for Nonlinear Cointegrating Regression. Singapore World Scientific.

Wang Q, Phillips P C B. 2016. Nonparametric cointegrating regression with endogeneity and long memory. Econometric Theory, 32: 359-401.

Willekens E. 1987. On the supremum of an infinitely divisible process. Stoch. Process. Appl., 26: 173-175.

Weng C G, Zhang Y, Tan K S. 2009. Ruin probabilities in a discrete time risk model with dependent risks of heavy tail. Scand. Actuar. J., 3: 205-218.

Wu W. 2007. Strong invariance principles for dependent random variables. Annals of Probability, 35(6): 2294-2320.

Wu W, Rosenblatt M. 2005. Nonlinear system theory: Another look at dependence. Proceedings of the National Academy of Sciences of the United States of America, 101: 14150 14154.

Wu W, Min W. 2005. On linear processes with dependent innovations. Stochastic Processes and Their Applications, 115(6): 939-958.

Yang H, Zhang L. 2003. Martingale method for ruin probability in an autoregressive model with constant interest rate. Probability in the Engineering and Informational Sciences, 17: 183-198.

Yang Y, Wang K Y, Konstantinides D G. 2014. Uniform asymptotics for discounted aggregate claims in dependent risk models. Journal of Applied Probability, 51: 669-684.

Yang Y, Wang Y. 2013. Tail behavior of the product of two dependent random variables with applications to risk theory. Extremes, 16: 55-74.

Yang Y, Zhang Z, Jiang T, Cheng D. 2015. Uniformly asymptotic behavior of ruin probabilities in a time-dependent renewal risk model with stochastic return. J. Comput. Appl. Math., 287: 32-43.

Yuen K C, Wang G, Ng K W. 2004. Ruin probabilities for a risk process with stochastic return on investments. Stochastic Processes and Their Applications, 110: 259-274.

Yuen K C, Wang G, Wu R. 2006. On the renewal risk process with stochastic interest. Stochastic Processes and Their Applications, 116: 1496-1510.

Zhou M, Wang K, Wang Y. 2012. Estimates for the finite-time ruin probability with insurance and financial risks. Acta Mathematicae Applicatae Sinica-English Series, 28: 795-806.

索　引